- DIPLOMICA -
BAND 25

Herausgegeben von Björn Bedey

Progressive Rock

Musik zwischen Kunstanspruch und Kommerz

von

Andreas Hinners

Tectum Verlag
Marburg 2005

Die Reihe *diplomica* ist entstanden aus einer Zusammenarbeit der
Diplomarbeitenagentur *diplom.de* und dem *Tectum Verlag*.
Herausgegeben wird die Reihe von Björn Bedey.

Hinners, Andreas:
Progressive Rock.
Musik zwischen Kunstanspruch und Kommerz
diplomica, Band 25
/ von Andreas Hinners
- Marburg : Tectum Verlag, 2005
ISBN 978-3-8288-8942-2

© Tectum Verlag

Tectum Verlag
Marburg 2005

Inhaltsverzeichnis

1. Einleitung 5

2. Terminologische Überlegungen 9

3. Die Entwicklung des *Progressive Rock* 17

   3.1 Die Entstehung einer progressiven Rockmusik und Gedanken zu ihrer Ästhetik 17

   3.2 Die Stile des *Progressive Rock* mit Beispielen 21

        3.2.1 Art Rock 21

                GENTLE GIANT 28

                KING CRIMSON 30

        3.2.2 Avantgarde Rock 32

                Frank Zappa 36

                Fred Frith 38

        3.2.3 Jazz Rock 41

                SOFT MACHINE 45

                MAHAVISHNU ORCHESTRA 47

   3.3 Der Bruch durch *New Wave* und Punk 49

        3.3.1 Free Funk 56

                Bill Laswell 58

        3.3.2 *Progressive Metal* und *Neo Prog* 60

                DREAM THEATER 67

   3.4. Beispiele für neuere Produktionen des *Progressive Rock* 70

        I.   KING CRIMSON: *the construKction of light* 71

        II.   BRUFORD LEVIN UPPER EXTREMITIES: *BLUE Nights* 74

        III.   THE TREY GUNN BAND: *The Joy of Molybdenum* 76

        IV.   TRIBAL TECH: *Rocket Science* 77

        V.   Victor Smolski: *The Heretic* 78

        VI.   Terje Rypdal: *Double Concerto/5th Symphony* 81

        VII. Heiner Goebbels: *Surrogate Cities* 83

        VIII. Fred Frith / ENSEMBLE MODERN: *Traffic Continues* 85

   3.5 Tendenzen in der Rockmusikentwicklung 88

4. *Progressive Rock* auf dem Tonträgermarkt 97

4.1 Die Tonträgerindustrie 97

    4.1.1 Aufbau und Funktion einer Tonträgerfirma 97

    4.1.2 *Major Companies* 99

    4.1.3 *Independent* Labels 103

    4.1.4 Label unabhängige Produktionen 107

    4.1.5 Kalkulationen im Vergleich 108

    4.1.6 Chancen durch das Internet? 113

4.2 *Progressive Rock* als Ware 116

    4.2.1 Warenwert 116

    4.2.2 Repertoire-Politik 124

    4.2.3 Einflussfaktoren beim Tonträgerkauf 128

4.3 Analyse des Tonträgermarktes 130

    4.3.1 Die Marktforschung der Phonographischen Wirtschaft 130

    4.3.2 *Progressive Rock* in den Charts 136

4.4 *Progressive Rock* in den Medien 144

    4.4.1 Radio 144

    4.4.2 Fernsehen 155

    4.4.3 Printmedien 156

5. Schlussbetrachtung 159

6. Nachwort 2005 163

7. Bibliographie 165

7.1 Enzyklopädien und Lexika 165

7.2 Literatur zur Geschichte und Ästhetik 166

7.3 Literatur zur Musikindustrie und den Medien 170

7.4 Radioprogramme der Rundfunkanstalten 172

7.5 Artikel und Interviews aus Musikzeitschriften und Zeitungen 172

7.6 Rezensionen aus Musikzeitschriften und Zeitungen 175

7.7 Chart-Notierungen und Diskographien 178

8. Personen- und Gruppenregister 179

1. Einleitung

Die vorliegende Arbeit beschäftigt sich mit der als *Progressive Rock* bezeichneten Stilrichtung der Rockmusik. Entstanden ist dieser Stil aus einer Weiterentwicklung der durch die industriellen Produktionsverhältnisse geprägten Rockmusik in Richtung Jazz und Kunstmusik. Ziel der Arbeit ist es, die Problematik dieser Musikrichtung zwischen dem künstlerischen Anspruch der Musiker sowie der kommerziellen Vermarktung durch die Musikindustrie darzustellen.

Die *Progressive-Rock*-Musiker haben das Bestreben, mit ihren Produktionen nicht mehr allein den kommerziellen Vorstellungen der Tonträgerwirtschaft zu genügen. Diese Musik bildet damit ein Gegenmodell zu dem auf wirtschaftlichen Erfolg ausgerichteten *Mainstream* der Popularmusik. Bei der derzeitigen Vermarktungsform der Popmusik spielt die Musik nur eine untergeordnete Rolle, wichtig ist lediglich die visuelle Präsenz der Interpreten. Ein sehr erfolgreicher Titel im Jahr 2000 wurde von einem ehemaligen, musikalisch untalentierten Teilnehmer einer TV-Show (Zlatko aus der RTL *Real-Life-Soap* „Big Brother") gesungen.[1]

Trotzdem ist auch bei künstlerisch anspruchsvoller Musik eine kommerzielle Verwertung durch die Musikindustrie nicht unbedingt ausgeschlossen; dies hat die Rock- und auch die Jazzgeschichte immer wieder gezeigt. Die Bandbreite der Musik, die man unter dem Begriff *Progressive Rock* zusammenfassen kann, ist äußerst groß. Der Begriff umfasst dabei extrem avantgardistische Minderheiten-Musik wie auch Produktionen, die kommerzielle Kompromisse eingegangen sind. Darüber hinaus wird mit der Bezeichnung „progressiv" aber auch ein Etikettenschwindel betrieben. Nicht alle Produktionen, die von der Musikindustrie als *Progressive Rock* verkauft werden, sind auch als fortschrittlich einzustufen.

---

[1] Der Titel „Ich vermiss dich...", wie auch der Nachfolgetitel „Großer Bruder", schafften es beide von Null auf Platz Eins der Single-Charts zu gelangen (*Musikmarkt*, Nr. 19-22/2000 und 26-29/2000).

Aktualität gewinnt diese Arbeit durch ein sich andeutendes Comeback des *Progressive Rock*.[1] Erkennbar ist dies an einer Vielzahl von Neuproduktionen sowie Wiederveröffentlichungen älterer Aufnahmen aus den siebziger Jahren.[2] Inwieweit diese Musik auch größere Hörerschichten erreichen kann, muss die Zukunft erst zeigen. Noch befindet sich diese Musik in einer ökonomischen Nische. Zurzeit befassen sich – von wenigen Ausnahmen abgesehen – nur *Independent* Labels mit der Veröffentlichung progressiver Rockmusik. Doch auch die Musikindustrie scheint inzwischen diesen Trend wahrgenommen zu haben. Der *Musikmarkt*, das Branchenmagazin der Musikindustrie, schreibt anlässlich einer CD-Neuerscheinung (auf einem *Independent* Label) der Gruppe SPOCK'S BEARD:

> „Seit einigen Jahren brodelt es an der Progrock-Basis, zahllose Fanzines, Meetings und Mailorder-Spezialisten huldigen jener Musik, die eigentlich seit Peter Gabriels Abgang von GENESIS offiziell für tot erklärt wird. Prog-Rock lebt jedoch, ...". (N.N., *Musikmarkt*, Nr. 31/2000, 47)

Anders als die überwiegende Mehrheit der Veröffentlichungen, die sich mit progressiver Rockmusik beschäftigt, hat diese Arbeit zum Ziel, die verschiedenen Stile dieses Genres zusammenzufassen. Die meisten Publikationen befassen sich entweder primär mit dem *Art Rock* – z.B. Tibor Kneifs Aufsatz „Rockmusik und Bildungsmusik" (1977b) –, dem *Jazz Rock* – z.B. Karl Lippegaus' Aufsatz „Rock Jazz" (1975) – oder dem *Avantgarde Rock* – z.B. das von Patrik Landolt und Ruedi Wyss herausgegebene Buch *Die lachenden Aussenseiter* (1993).

Obwohl unterschiedliche Einflüsse und kompositorische Merkmale diese verschiedenen Stilformen prägen, gibt es dennoch Gemeinsamkeiten zwischen ihnen. Auch die Musiker lassen sich oftmals nicht nur einer dieser Stilrichtungen der progressiven Rockmusik zuordnen.

---

[1] Ein Comeback sieht beispielsweise Matthias Mineur in seinen Zeitschriftenartikeln „Art Rock 2000" (2000a, 96-99) und „TRANSATLANTIC – Elitäres Progrock-Projekt" (2000b, 64).
[2] Wiederauflagen und bisher unveröffentlichte Live-Aufnahmen erschienen im Jahr 2000 beispielsweise von SOFT MACHINE, CENTIPEDE, HENRY COW und PINK FLOYD. Ein verstärktes Interesse an alten Aufnahmen bemerkt auch Michael Möhring in seiner Rezension zur CENTIPEDE-Neuauflage (*Jazzthetik*, Juni 2000, 99).

1. Einleitung

Ein Komponist, der mit Musikern der unterschiedlichsten Richtungen progressiver Rockmusik zusammengearbeitet hat, ist beispielsweise Michael Mantler; an seinen Projekten beteiligten sich neben Jazzmusikern auch Musiker aus den Bereichen *Art Rock* (z.B. Nick Mason), Jazz Rock (z.B. Robert Wyatt, Terje Rypdal) und Avantgarde Rock (z.B. John Greaves).

Zur Klärung der teilweise recht verwirrenden, weil mehrdeutig oder synonym verwendeten Begrifflichkeiten im Bereich der Rockmusik, sind dem Hauptteil die terminologischen Überlegungen vorangestellt.

Der Hauptteil gliedert sich in zwei Abschnitte. Der erste Teil schildert die künstlerische Entwicklung des *Progressive Rock* von seinen Anfängen bis zur Gegenwart. Den Beschreibungen der jeweiligen Stilformen der progressiven Rockmusik folgen typische Beispiele für Vertreter dieses Genres. Diese Arbeit hat selbstverständlich nicht – wie ein Lexikon – den Anspruch auf Vollständigkeit. Als Quellen für dieses Kapitel dienten die zahlreichen Publikationen über die progressive Rockmusik – beispielsweise von Kneif, Kemper und Lippegaus – sowie diverse Rock-Lexika. Materialien für die aktuelle Entwicklung (Jahr 2000) waren insbesondere Interviews, Berichte und Rezensionen aus Musikzeitschriften. Bei Rezensionen wurde im Text die jeweilige Zeitschrift als eine zusätzliche Quelle zu dem Autor-Jahr-System mit aufgeführt. Diese Information für den Leser soll den Kontext, in dem die Kritik steht, darstellen.

Der zweite Abschnitt beschäftigt sich vor allem mit der Funktion des *Progressive Rock* als Ware auf dem Tonträgermarkt. Als Materialien für die Darstellung der Musikindustrie lagen zahlreiche Publikationen vor, darunter die Aufsätze von Gassner, Renner, Schmidt und Vormehr im *Handbuch der Musikwirtschaft* sowie das Buch der ehemaligen A&R-Managerin Jahnke. Leider war aus Gründen des Wettbewerbs kein Label bereit, Informationen über ihre Produktions- und Repertoire-Kalkulationen herauszugeben. Dagegen waren zwei Rockgruppen bereit, mir für diese Arbeit ihre Kalkulation ihrer selbstproduzierten Tonträger zur Verfügung zu stellen. Die Daten für die Marktanalyse stammen aus dem jährlich erscheinenden *Jahrbuch* der Phonographischen Wirtschaft, dem wöchentlich erscheinenden Branchenblatt der *Musikmarkt* und aus den Chartnotierungen von Ehnert. Grundlage der Warenwertdiskussion waren insbesondere die Publikationen von Adorno und Feurich. Zur Darstellung der Medien und ihrer Bedeutung dienten vor allem die Forschungsergebnisse der Rundfunkanstalten und die Medienkritik von Prokop.

Damit spannt diese Arbeit einen Bogen von der künstlerischen Entwicklung des *Progressive Rock* bis zu seiner Vermarktung als Ware durch die Musikindustrie. Schwerpunkt ist dabei immer die Problematik aus den Gegensätzen Kunst und Kommerz.

2. Terminologische Überlegungen

Die Verwendung der Popularmusik-Termini ist problematisch. Entweder haben sie verschiedene, sich auch ausschließende Bedeutungen oder mehrere Begriffe überschneiden sich in ihrer Bedeutung. Die Ursache dafür sehen die Autoren Flender und Rauhe in dem noch nicht abgeschlossenen Entwicklungsprozess:

„Die terminologischen Verwirrungen, die wir bei dem Begriff der Popularmusik und seinen Unterbegriffen antreffen, sind charakteristisch. Sie sind der Spiegel eines Umwälzungsprozesses, der es nicht erlaubt, Entwicklungen begrifflich festzunageln, weil sie noch im Gärungszustand sind und gar nicht abschließend beurteilt werden können." (Flender/Rauhe, 1989, 15)

Auch für Wolfgang Sandner ist „die Geschichte der Rockmusik ... die Geschichte ihrer Begriffe." (Sandner, 1977, 11)

a) Popularmusik

Die Autoren Flender und Rauhe sehen zum gegenwärtigen Zeitpunkt zwei Thesen als Gewissheit an:

„- Popularmusik stellt eine neue kulturelle Ausdrucksform der Massenmedien dar, die als 'Industriekultur' angesehen werden muß...
- Popularmusik umfaßt ein weites Spektrum von Stilrichtungen, die ebenso 'unterhaltende' wie 'ernste' Musiken einschließen... Es gibt zweifelsohne Musiken aus dem Repertoire der Jazz- und Rockmusik (wie z. B. *Bebop, Free Jazz, Avantgarde-Rock* usw.), die der 'E'-Musik zugerechnet werden müssen." (Flender/Rauhe, 1989, 15)

Problematisch bei der Verwendung des Begriffes „Popularmusik" ist die Einbeziehung nicht populärer Stilbereiche wie beispielsweise des Free Jazz und des Avantgarde Rock; von daher halte ich es für angebracht, diese Bezeichnung möglichst zu vermeiden.

b) Rockmusik

Das *Handbuch der populären Musik* definiert Rockmusik als:

„Form der populären Musik, die auf Jugendliche, ihre Bedürfnisse, sozialen Erfahrungen, geistigen und kulturellen Ansprüche bezogen ist und auf den Produktions- und Verbreitungsbedingungen der audiovisuellen Massenmedien basiert. Die Bezeichnung dafür ist Mitte der sechziger Jahre in den USA aufgekommen und stellt eigentlich eine Kurzform des Begriffs Rock'n'Roll Music dar". (Wicke/Ziegenrücker, 1997, s.v. 'Rockmusik')

Die Bezeichnung Rockmusik (oder nur Rock) hat sich gegen den britischen Begriff Beat durchgesetzt, nachdem die amerikanische Musikindustrie den kurzzeitig englisch dominierten Musikmarkt (*British Invasion*) wieder zurückerobert hat (ebd.). Nach der Beat-Ära hat sich die Rockmusik in verschiedene Stilbereiche aufgesplittet:

„Zwischen 1966 und 1976 haben sich unzählige neue Trends gebildet, die das 'ewige' Thema Rockmusik modifizieren. Jazz-Rock, Klassik-Rock, Nostalgie-Rock, Glitter-Sound, Reggae, Electronic-Rock, Hard-Rock, um nur die hervorstechendsten zu nennen." (Sandner, 1977, 32)

c) Popmusik

Für den Terminus „Popmusik" oder seiner Kurzform „Pop" existiert eine Mehrdeutigkeit. Das *Handbuch der populären Musik* gibt folgende Definition für den Begriff „Popmusik":

„Kurzform von *Popular Music*, häufig aber mit einem musikalisch spezifischeren Sinn, nämlich als Bezeichnung für solche Musik, die in Stilistik und Soundform Extreme sowie den ausschließlichen Bezug auf bestimmte Segmente des Publikums (Subkulturen) vermeidet." (Wicke/Ziegenrücker, 1997, s.v. 'Popmusik')

Das *Sachlexikon Rockmusik* bietet drei Bedeutungen an:

„1. Der Ausdruck ist ein Hinweis auf den Popularitätsgrad einer Musik, Popmusik ist schlicht populäre Musik und beschränkt sich als solche nicht auf die sog. Unterhaltungsmusik. ...
2. Eine musikalische Gattung, deren Inhalt und Umfang bald mit dem deutschen Schlager, bald mit der Rockmusik usw., auch allgemein mit der Unterhaltungsmusik übereinstimmen kann. ....
3. .... Musik ..., die zwar ihrer Machart nach nichts anderes als Rockmusik ist, der aber bewußt – sei es im Text, sei es in der Komposition – kein höherer Anspruch beigemessen wird." (Halbscheffel/Kneif, 1992, s.v. 'Popmusik')

Wolfgang Sandner unterscheidet zwei Bedeutungen der Popmusik, einerseits als umgangssprachlichen Ausdruck und andererseits als musikalische Entsprechung der Pop *Art*:

„Als Pop *Art* gilt Popmusik erst seit sie nicht mehr reines Konsumgut ist, sondern sich der Techniken von Pop *Art*, der Mischung aus Unterhaltung und Reflexion bedient, zur Affirmation Kritik hinzutritt, der Konsumtraum der Überflußgesellschaft ... ausgeträumt wird.
Von Popmusik im Sinne einer Pop *Art* läßt sich somit erst seit dem Auftauchen der BEATLES ... sprechen". (Sandner 1977, 14)

2. Terminologische Überlegungen

„Was die Popmusik in der Frühzeit, das heißt in den 50er Jahren von der gleichzeitigen Pop *Art* unterscheidet, ist der Mangel an künstlerischem Bewußtsein bei den Musikern. Die Pop *Art*, so sehr sie mit Alltagsthemen operiert, Verbrauchsgüter, Waren einbezieht, bleibt *Kunst*. Sie ist als Kunst zwar populärer als jede andere Kunstäußerung des 20. Jahrhunderts, eine Massenkunst ist sie damit aber nicht geworden. Sie ist nicht wirklich populär, sondern ihr *Sujet* ist das Populäre." (ebd., 12)

„Umgangssprachlich wird der Begriff *Popmusik* allerdings meist ohne Beziehung zur bildenden Kunst als Oberbegriff für 'populäre' Musik, Schlager, jazznahe Evergreens gebraucht. Popmusik, so verstanden, wird als stilistisch nicht eingegrenztes Sammelbecken für alle Abarten 'leichter Musik' verwendet und zwar unabhängig davon, wie weit das Klangmaterial sich von der ursprünglichen Funktion emanzipiert hat." (ebd., 19)

Die Autoren Flender/Rauhe fassen die Bedeutung des Begriffes „Popmusik" folgendermaßen zusammen:

„Während Ende der 60er Jahre Pop noch Ausdruck für die progressiven Stile innerhalb des Rock'n'Roll und Beat war, ist heute Pop eher Bezeichnung für die 'verschlagerte' Rockmusik zum Beispiel einer Gruppe wie ABBA." (Flender/Rauhe, 1989, 14)

Durch diesen Begriffswandel ist es zu erklären, dass der Musikstil vieler Bands in den 60er Jahren (z.B. BEATLES, Frank Zappa) als „Pop" bezeichnet wurde, heute aber der Rockmusik zugerechnet wird. Die Bezeichnung „Popmusik" für eine „verschlagerte" Rockmusik halte ich aus heutiger Sicht für die gebräuchlichste und eindeutigste, deshalb werde ich den Begriff in diesem Sinne verwenden.

d) *Mainstream*

Das *Handbuch der Populären Musik* führt den Begriff auf den Jazz-Kritiker Stanley Dance zurück, der damit alle Jazz Formen meint:

„Die sich musikalisch zwischen seinen Extremen von Tradition (Old Time Jazz, traditioneller Jazz) und Avantgarde (Modern Jazz, Free Jazz) bewegen...
Der Begriff wird inzwischen auch in einem weitergefaßten Sinne gebraucht und meint dann, eher abwertend, den kommerziellen Hauptstrom der populären Musik insgesamt oder in der jeweiligen Entwicklung eines ihrer Genres und Gattungen." (Wicke/Ziegenrücker, 1997, s.v. 'Mainstream')

Auf die Rockmusik bezogen, besteht eine weitgehende Überschneidung der unter den Begriffen *Mainstream* und Pop subsumierten Musik.

e) *Progressive Rock*

Die Begriffe AOR, *Art Rock, Baroque Rock, Classic Rock, Electronic Rock, Progressive Rock, Symphonic Rock* und weitere Bezeichnungen werden oft synonym verwendet.[1] Daher schlage ich vor, nicht eindeutige Begriffe auszuschließen oder sie in ihrer Verwendung auf bestimmte stilistische Bereiche zu beschränken.

Den von Flender und Rauhe verwendeten Begriff *Classic Rock* (1989, 152-153) halte ich für nicht sehr geeignet, da er nicht eindeutig ist. Die meisten Einflüsse der unter dieser Bezeichnung zusammengefassten Musikgruppen stammen, neben dem Jazz, nicht aus der klassischen Musik in ihrem eigentlichen Sinne. Die von den Autoren Flender und Rauhe aufgeführte Gruppe EMERSON, LAKE AND PALMER hat z.B. neben starken Jazzeinflüssen Werke von Bach, Mussorgskij, Janáček, Bartók und Copland, aber keine von Haydn, Mozart oder Beethoven bearbeitet und die Gruppe PINK FLOYD hat mit elektronischen Musikinstrumenten und *Musique concrète* experimentiert! Der Begriff „Klassik" wird hier also ganz allgemein im Sinne einer „Zweiteilung der Musik in sogenannte ernste oder klassische (E-Musik) und Unterhaltungsmusik (U-Musik)" (Dahlhaus/Eggebrecht, 1995, s.v. 'Klassik') verwendet. Sachlich genauso unbrauchbar ist die Bezeichnung *Baroque Rock*. Dieser Ausdruck wird gleichermaßen in einer sehr allgemeinen Anlehnung an die „klassische Musik" verwendet.

Die Begriffe *Symphonic Rock* und *Electronic Rock* halte ich ebenfalls für unbrauchbar, da nur sehr wenige Gruppen überwiegend mit symphonischen Klangbildern (Orchester oder synthetisch erzeugt) oder mit elektronischen Instrumenten gearbeitet haben. Im Falle des *Symphonic Rock* sind es oft Einzelwerke einer Band – z.B. das *Concerto for Group and Orchestra* (1970) von DEEP PURPLE. Ähnliches gilt für den Begriff *Electronic Rock*, im *Handbuch der populären Musik* (Wicke/Ziegenrücker, 1997) werden beispielsweise die Gruppen PINK FLOYD und EMERSON, LAKE AND PALMER genannt, die neben elektronischen vor allem elektrisch verstärkte Instrumente (Gitarre, Bass, E-Piano) sowie akustische Instrumente (Schlagzeug, Gitarre, Klavier) und Gesang verwendet haben.

---

[1] Vgl. Wicke/Ziegenrücker, 1997, s.v. 'Album Oriented Rock'; 'Adult Oriented Rock'; 'Art Rock'; 'Progressive Rock'; 'Classic Rock'; 'Electronic Rock'. – Flender/Rauhe, 1989, 152-153.

2. Terminologische Überlegungen

Die als AOR abgekürzten Bezeichnungen *Adult Oriented Rock* und *Album Oriented Rock* – die aus der amerikanischen Rundfunkpraxis bzw. Rock-Kritik stammen (Wicke/Ziegenrücker, 1997, s.v. 'Adult Oriented Rock'; 'Album Oriented Rock') – halte ich zur Beschreibung der progressiven Rockmusik für ungeeignet. Beide sind zu allgemein gehalten. Der eine Begriff bezieht sich nur auf das Alter der Hörer, es kann also auch eine „verschlagerte" Rockmusik gemeint sein, der andere Begriff sagt nichts über den Stil, sondern nur etwas über die Verkaufsform durch die Musikindustrie (Album statt Single) aus. Umgangssprachlich versteht man unter der Abkürzung AOR eine aus Amerika kommende, kommerzialisierte Variante des *Art Rock*. Der Begriff lässt sich stilistisch aber nicht konkret festlegen:

„Eine wie immer auch geartete stilistische Charakterisierung der Musik ist mit diesem Begriff jedoch nicht verbunden, auch wenn er später häufig einfach als Synonym für Art Rock gebraucht wurde." (Wicke/Ziegenrücker, 1997, s.v. 'Album Oriented Rock')

Inhaltlich besser, aber überhaupt nicht gebräuchlich, ist die von Unterberger verwendete Bezeichnung *Pop-Rock Prog-Rock* (Unterberger, 1995b, 904-905). Da die Terminologie aber allgemein verständlich sein sollte, verwende ich für die kommerzialisierte Form des *Art Rock* die gebräuchlichere Abkürzung AOR.

Der Begriff *Art Rock* meint in der Regel die „in der ersten Hälfte der siebziger Jahre vor allem in Großbritannien verbreitete Spielart der Rockmusik", die an dem bürgerlichen Kunstverständnis des 19. Jh. orientiert war (Wicke/Ziegenrücker, 1997, s.v. 'Art Rock'). Der Begriff fand aber auch später seine Verwendung, beispielsweise bei dem *1st International Art Rock Festival* (1987) in Frankfurt. Peter Kemper, der für die Konzeption des Festivals verantwortliche Mitarbeiter des Hessischen Rundfunks, verwendete die Bezeichnung *Art Rock* zwar in Kenntnis ihrer ursprünglichen Bedeutung, aber nicht als eine direkte Anknüpfung.[1] Während früher (ca. 1967-1979) die Bezeichnung für die Rockmusik verwendet wurde, die sich der Ästhetik der europäischen Kunstmusik genähert hat, meint Kemper die musikalischen Grenzgänger der im Jahr 1987 gegenwärtigen Rockmusik. Im Programmheft zum Festival schreibt er:

„Ob Mainstream, Funk, Punk, New Wave, No Wave, Ethno-, Noise-, Minimal-Rock, Jazz, oder wie all die Etikettierungen heißen mögen – erst im Niemandsland ihrer unreinen Mischungen schlagen die Funken des Unerhörten, öffnen sich neue Assoziationsräume und blitzt kreative Verstörung auf. Der so verstandene Typus eines neuen Art-Rock verdankt

---

[1] Persönliches Telefongespräch mit Peter Kemper, Hessischer Rundfunk, am 23.04.01.

sich dem unberechenbaren Zusammenspiel von handwerklicher Perfektion, stilistischer Offenheit und 'erkenntnistheoretischem Witz'." (Kemper, 1987, Editorial des Programmheftes)

Für die grenzüberschreitenden Rockprojekte, wie sie auf dem Festival (Näheres hierzu in Kapitel 3.5) präsentiert wurden – beispielsweise Heiner Goebbels und Michael Mantler, an denen aber auch *Art-Rock*-Musiker im ursprünglichen Sinne beteiligt waren –, verwendet Kemper in seinen Publikationen meist die Bezeichnung Avantgarde Rock (Kemper, 1988, 313-328).

Die Bezeichnung *Art* hat keinen zeitlichen Bezug, die Einflüsse können hier aus verschiedenen Epochen der Musikgeschichte stammen. Im Gegensatz dazu meint der Begriff Avantgarde die neuesten und fortschrittlichsten Entwicklungen der Musik. Deshalb ist es zur Unterscheidung sinnvoll, den Begriff *Art Rock* für die am bürgerlichen Kunstverständnis orientierte Rockmusik der siebziger Jahre und die Bezeichnung Avantgarde Rock für die an den neusten Entwicklungen der Jazz- und Kunstmusik-Avantgarde orientierte Rockmusik zu verwenden.

Der Bezeichnung *Progressive Rock* fehlt im Gegensatz zu dem Begriff *Art Rock* „der konkrete Bezug auf irgendeine bestimmte Musikrichtung" (Wicke/Ziegenrücker, 1997, s.v. 'Progressive Rock'). Der Begriff wird von der Musikindustrie immer wieder für Produktionen verschiedenster Stilrichtungen mit Kunstanspruch verwendet. Da sich die Bezeichnung *Progressive Rock* allgemein auf alle fortschrittlichen Entwicklungen im Rock beziehen lässt, werde ich *Art Rock* als Unterbegriff für eine Stil- und Zeitepoche, dagegen *Progressive Rock* als Oberbegriff aller progressiven Rockstile verwenden.

Dem Oberbegriff *Progressive Rock* ordnet der Autor Richie Unterberger folgende stilistischen Richtungen mit Beispielen zu:

- *British Late '60s Psychedelia-Prog-Rock* (z.B. PINK FLOYD; SOFT MACHINE)
- *Early Symphonic Rock* (= *Art Rock*; z.B. MOODY BLUES; PROCOL HARUM; THE NICE; KING CRIMSON)
- *Canterbury Scene* (= britischer Jazz Rock; z.B. CARAVAN; GONG; Robert Wyatt; Kevin Ayers, HATFIELD & THE NORTH, MATCHING MOLE)
- *Prog-Rock Superstars* (= *Art Rock*; z.B. GENESIS; YES; EMERSON, LAKE & PALMER)
- *Instrumental/Electronic Prog-Rock* (z.B. Mike Oldfield; CAN)
- *Continental Prog-Rock* (z.B. APHRODITES CHILD; FOCUS)
- *'70s Prog-Rock Innovators* (z.B. Brian Eno; Robert Fripp)

- *Pop-Rock Prog-Rock* (= AOR; z.B. BOSTON; FOREIGNER; KANSAS; JOURNEY; SUPERTRAMP)
- *Prog-Rock-Derived Experimental Rock* (= Avantgarde Rock und *Free Funk*; z.B. HENRY COW; Fred Frith; MATERIAL).

(Unterberger, 1995b, 905)

Unterbergers *Progressive Rock* Definition bezieht sich primär auf die britische Entwicklung und deren Einfluss:

„Virtually all of the major prog-rock groups were British in origin, although some came from the European continent as well." (ebd., 904)

In der amerikanischen Rockmusik hat es aber durchaus eine analoge Entwicklung gegeben. Beispiele dafür sind die von Unterberger gesondert aufgeführten Stile *Psychedelic Rock* und *Jazz Rock*. Unterberger nennt als Beispiele für den *Psychedelic Rock* (1995a, 896-898) neben den amerikanischen MOTHERS OF INVENTION (Zappa) auch die britischen Gruppen PINK FLOYD und SOFT MACHINE, die er gleichfalls beim *Progressive Rock* aufgeführt hat; außerdem ist *Psychedelic* mehr eine Zeiterscheinung (Mitte bis Ende der sechziger Jahre) als ein eindeutig definierbarer Stil. Beim Jazz Rock nennt Unterberger (1995c, 907-909) neben den mehrheitlich amerikanischen Gruppen wiederum die britische Band SOFT MACHINE als auch den Stilbereich *Free Funk* (hier verwendet er die Bezeichnung *Jazz-Rock-Funk Hybrids*). Zwischen diesem und dem von Unterberger als *Prog-Rock-Derived Experimental Rock* bezeichneten Stilbereich besteht aber eine deutliche personelle Überschneidung.

Um einen einheitlichen Oberbegriff für alle fortschrittlichen Bestrebungen innerhalb der Rockmusik zu erhalten, werde ich auch den amerikanischen Avantgarde- und Jazz Rock der Bezeichnung *Progressive Rock* unterordnen.

Als Avantgarde werden im Rockbereich im Allgemeinen diejenigen Gruppen bezeichnet, „deren Musikauffassung sich der gängigen Spartierung von Jazz, Rock, und E-Musik entzieht, die sich um eine Synthese des wirklich Neuen aus allen Bereichen bemühen" (Wicke/Ziegenrücker, 1997, s.v. 'Avantgarde').

Als Jazz Rock bezeichnet man „die Verbindung von Stilmitteln aus Jazz und Rockmusik" (Halbscheffel/Kneif, 1992, s.v. 'Jazz-Rock').

Neuere Entwicklungen des *Progressive Rock* sind *Free Funk, Neo Prog* und *Progressive Metal.*

Der *Free Funk* stellt eine Verbindung aus „Free Jazz, Punk Rock und *Funk*" dar (Wicke/Ziegenrücker, 1997, s.v. 'Free Funk').

Neo Prog und *Prog Rock* sind die umgangssprachlichen Bezeichnungen einiger Musikzeitschriften (*Musikexpress, Metal Hammer, Rock Hard*) für diejenigen Rockgruppen der neunziger Jahre, die sich auf den *Art Rock* bzw. *Progressive Rock* der siebziger Jahre beziehen; beispielsweise benutzt der *Musikexpress* beide Begriffe in einer Rezension ('mfg', „FLOWER KINGS: Alive on Planet E-arth", Juni 2000, 56).

Progressive Metal „steht für eine Verbindung des Heavy Metal mit Strukturen des Art bzw. Progressive Rock" (Wicke/Ziegenrücker, 1997, s.v. 'Heavy Metal Rock').

3. Die Entwicklung des *Progressive Rock*

3.1 Die Entstehung einer progressiven Rockmusik und Gedanken zu ihrer Ästhetik

Die ersten Musiker, die die Rockmusik in Richtung eines abgeschlossenen Werkes weiterentwickelten, waren Frank Zappa und die BEATLES. Da die Rockmusik eine Tonträgerkultur ist, war das Resultat dieser Entwicklung das Konzept-Album:

„Zu einer Schallplatte also, die entweder von einer durchgehenden Idee im Text oder/und von einer motivisch-thematischen Substanzgemeinschaft beherrscht wird." (Kneif, 1977b, 136)

Welche Produktion als das erste Konzept-Album angesehen werden kann, lässt sich nicht endgültig klären.

Aufgekommen ist der Begriff mit der LP *Sgt. Pepper's Lonely Hearts Club Band* der BEATLES (Wicke/Ziegenrücker, 1997, s.v. 'Konzept-Album'). Der Autor Tibor Kneif bezeichnet dagegen *Absolutly Free* von Frank Zappa als das erste Konzept-Album. Nach seinen Angaben ist es einen Monat früher erschienen als *Sgt. Pepper* (1977b, 136). In den US-Album-Charts sind allerdings die BEATLES (10.06.67) über einen Monat vor Frank Zappa (08.07.67) notiert (Ehnert, 1990, s.v. 'BEATLES'; 'Zappa, Frank'). Da aber in beiden Fällen der zeitliche Abstand nur einen Monat beträgt, die Kompositions- und Produktionszeiten wahrscheinlich deutlich länger waren, kann man von einer analogen Entwicklung in den USA (Zappa) und Großbritannien (BEATLES) ausgehen. Eine direkte Antwort und Parodie auf *Sgt. Pepper* stellt dann das nachfolgende Album von Frank Zappa *We're only in it for the Money* (ebenfalls 1967) dar. Andere Autoren sehen dagegen schon die erste Frank Zappa Produktion *Freak Out* (1966) als das erste Konzept-Album der Rock-Geschichte an (Döhring, 1978, 110).

Den BEATLES-Kompositionen wurde mit Hilfe von George Martin ein klassisches Instrumentarium hinzugefügt. Die Ausdrucksmittel wurden verfeinert und differenziert und in der Harmonik wurde eine eigene Idiomatik entwickelt, die über das Übliche der Rockmusik weit hinausging (Flender/Rauhe 1989, 152).

Frank Zappa produzierte Alben mit durchgearbeiteten Kompositionen, in denen er die an der neuen Kunstmusik orientierte Collagen-Technik, Takt- und Tempowechsel, Motiv-Verwandtschaften und modernste Schockeffekte der Massenmedien verarbeitete (Kneif 1977b, 136).

Durch diesen Einfluss hat sich eine Vielzahl neuer Gruppen gebildet, die eine progressive Rockmusik spielen wollten. Diese Entwicklung führte letztlich zu einer „Spaltung der Popmusik in eine gängige und eine sich progressiv gebende" (Meyer-Denkmann, 1974, 609).

In der Folgezeit ist die progressive Rockmusik „um artifizielle Errungenschaften bemüht (die letzten Produktionen der BEATLES, Gruppen wie BLOOD, SWEAT UND TEARS [sic.]; YES; CAN; PINK FLOYD u.a.), deren Studioproduktionen auf das Charakteristikum eines abgerundeten Werks hinzielen" (ebd., 610).

Kennzeichen des *Progressive Rock* ist nicht eine einheitliche Stilistik, sondern eine Vielzahl von unterschiedlichen Spielkonzepten und Klangästhetiken, die sich in ihren Extremen auch gegenseitig ausschließen können. Gemeinsames Merkmal ist ein verstärktes künstlerisches Bewusstsein, bei weitgehender Beibehaltung typischer Rockelemente wie Sound (insb. durch E-Gitarre und Schlagzeug) und Beat (als metrisches Pulsieren). Als Haupttendenzen mit jeweils unterschiedlichen Einflüssen haben sich drei Stilbereiche herauskristallisiert, auf die sich auch neuere Formen zurückführen lassen:

1) *Art Rock*, in der Tradition der BEATLES, mit Einflüssen aus allen Epochen der europäischen Kunstmusik, aber auch des Jazz. Neuere Stilformen sind z.B. *Neo Prog* und *Progressive Metal*.

2) Avantgarde Rock, als deren erster und bekanntester Vertreter Frank Zappa gilt, mit Einflüssen aus der Jazz- und Kunstmusik-Avantgarde.

3) Jazz Rock, in der Tradition der Miles Davis Produktion *Bitches Brew*, mit Einflüssen aus dem Jazz; neuere Stilformen sind z.B. *Fusion* und *Free Funk*. Aber auch der unabhängig davon entstandene spezifisch britische Jazz Rock, beispielsweise von SOFT MACHINE.

Während der *Art Rock* seine Einflüsse vorwiegend aus älteren Musikformen entlehnt, bedienen sich der Jazz- und der Avantgarde Rock meist aus aktuellen Musikentwicklungen. Dadurch sind diese beiden Stilformen mehr durch eine direkte Zusammenarbeit, oftmals in nur kurzlebigen Projekten, mit Jazz- beziehungsweise Avantgarde-Musikern geprägt. Der *Art Rock* bleibt dagegen

3. Die Entwicklung des *Progressive Rock*

eher eine durch den Gruppencharakter, teilweise mit einer jahrzehntelangen Zusammenarbeit, geprägte Musizierform.

Gegen die Verwendung der Bezeichnung „progressiv" im Zusammenhang mit der Rockmusik bestehen jedoch auch Einwände. Ein Beispiel dafür ist der Aufsatz von Hans-Christian Schmidt „Per aspera ad Nirwanam. Oder: wie progressiv ist die Rockmusik-Ästhetik der 70er Jahre?" (1978, 94-106). Die Hypothese von Schmidt ist, dass „die Ästhetik des Rockmusikers identisch wäre mit der ästhetischen Grundanschauung des Romantikers" (ebd., 98).

In den Texten und Titeln der Rockmusik zeigt sich der Wunsch nach Entrückung und Transzendierung in einer gegenständlichen Welt, eine Flucht in die Innerlichkeit:

„Dämmerung, Mond, Wald, Nacht, Zauber, Geister, Wunder, Traum, Stimmung – so lauten die bevorzugten Symbole im 19. Jahrhundert. Sie bekunden ein Verlangen nach Transzendenz, nach einer Entgrenzung, die sich in meditativer Versenkung, als Flucht ins Exotische, in die Vergangenheit oder Zukunft, äußert. Weit über 100 Jahre später sieht das nicht anders aus." (ebd., 99)

Die Folge ist eine ähnliche Entwicklung in der Rockmusik, nur in einem schnelleren Tempo, wie zuvor in der Romantik. Die Auflösung der Harmonik sowie die an Eigenständigkeit gewinnende Klangfarbe in der Romantik haben ihre Entsprechung in der Rockmusik. Hier werden einfache Akkordmuster durch eine komplexe Harmonik abgelöst, und der Sound wird zum gruppenspezifischen Qualitätsmerkmal (ebd., 98/99).

Rockmusik ist demnach keine ganz andere Musik, kein Gegenentwurf zu dem, was geschichtlich überliefert und angeblich verkrustet ist:

„Wäre die Geschichte der Ästhetik, wie gesagt, tatsächlich eine Geschichte des mählichen Fortschritts, so müßten wir der Rockmusikästhetik unterstellen, sie sei regressiv." (ebd., 103/104)

Anders als Schmidt sieht Gerhard Dietel die Pop- und Rock-Ästhetik als einen erneuernden Einfluss für die in der Tradition der Romantik stehende Neue-Musik-Ästhetik an. In einer Rezension schreibt er:

„In einem Punkt hat auch die Neue Musik sich noch nicht deutlich von der Ästhetik der Romantik gelöst: im unbefragten Glauben an das schöpferische Individuum... Vielleicht braucht es Musiker, deren Entwicklung von der Popmusik geprägt wurde, um mit der Individualästhetik zu brechen, Personen wie Helmut Oehring und Iris ter Schiphorst, ..." (*Neue Zeitschrift für Musik*, Nr. 4, Juli/August 2000, 80)

Außerdem muss eine Rückbesinnung, die nur einen Teilbereich der Ästhetik betrifft, hier der Textinhalt und der Titel, nicht unbedingt auch eine Regression bedeuten. Es besteht durchaus die Möglichkeit, dass eine Rückbesinnung zu einer neuen und fortschrittlichen Kunstform weiterentwickelt wird. Ein Beispiel dafür ist die Wiederbelebung der antiken Einstimmigkeit (Monodie) in der Florentiner „Camerata", einer Vereinigung, die Ende des 16. Jahrhunderts führend zur Entstehung der Oper beigetragen hat (Dahlhaus/Eggebrecht, 1995, s.v. 'Camerata').

Zweifelsohne knüpft die Rockmusik auch an ältere Traditionen der Musikgeschichte an, die sie dann in ihrem Sinne verarbeitet. Progressiv ist sie aber vor allem in ihrem „Primärfaktor" Sound. Die Rockmusik hat für ihre Klangästhetik bestimmte elektrische Instrumente, Verstärker und Effekte verwendet sowie Spieltechniken entwickelt, bevor diese im Jazz und in der Neuen Musik eingesetzt wurden. Beispiele hierfür sind der E-Bass, die durch Übersteuerung eines Verstärkers erzeugte Rückkopplung und Verzerrung, das Wah-Wah-Pedal sowie die *E-Bow-* und die *Tapping*-Technik auf der E-Gitarre.

Einer der ersten Musiker des Jazz, der die Sound-Möglichkeiten der Rockmusik genutzt hat, war sicherlich Miles Davis. Die Verwendung des Wah-Wah-Pedals für die Trompete durch Davis ab 1971 wurde aber von vielen puristischen Jazz-Musikern und -Kritikern abgelehnt (Nisenson, 1992, 173-174).

In der Neuen Musik wurden diese Techniken in erster Linie von Komponisten eingesetzt, die mit Rockmusikern zusammengearbeitet haben. Zu nennen wäre hier der Luigi-Nono-Schüler David Bedford, der sich der Rockmusik zuwandte, „um der Avantgarde-Isolation zu entgehen" (Dibelius, 1988, 313-314).

Beispiele für Kompositionen Bedfords mit Rock-Einflüssen sind *18 Bricks Left on April 21st* (1967) für zwei elektrische Gitarren sowie *Star's End* (1974) für Rockgruppe und Orchester. Auf dem Studioalbum hört man neben Bedford (Keyb.) die Rockmusiker Mike Oldfield (E-Gitarre, E-Bass) und Chris Cutler (Perkussion).

Ein weiteres Beispiel für die frühe Zusammenarbeit von Rock und Avantgarde bietet der Minimal-Music-Komponist Terry Riley. Seit Mitte der 60er Jahre hat er immer wieder mit Rockmusikern zusammengearbeitet. Eine der letzten dieser Kooperationen ist die Mitwirkung Rileys als Musiker (Tamboura und Gesang) bei einem Konzert des ehemaligen SUPERTRAMP Mitgliedes Roger Hodgson. Zu hören ist Riley auf der Live-Aufnahme der Komposition *Time Waits For No One* des 1997 veröffentlichten Albums *Rites of Passage*. Kompositionen Terry Rileys mit einer mehr rockorientierten Spielweise finden sich auf den Alben *Church of Anthrax* (mit John Cale, 1971) sowie *A Rainbow in Curved Air* (1971).

Obwohl die Popularmusik eigene, zuvor noch nie gehörte Ausdrucksformen entwickelt hat, sieht sich die Neue Musik oftmals als den „einzigen Fortschritt" der Musikentwicklung an.

Über die Borniertheit der Neuen Musik, sich auch bei der Übernahme alter Rocktechniken noch als Neuerer zu betrachten, schreibt Heiner Goebbels:

„So gilt in der Tradition der akademischen Moderne längst als kalter Kaffee, was die U-Musik gerade zu entdecken sich anschickt. Auf der anderen Seite ist es für alle RockmusikerInnen, die seit vielen Jahren mit digitalen Effektprozessoren arbeiten, peinlich zu lesen, wie zum Beispiel (in einem Programmheftbeitrag der Alten Oper in Frankfurt zu 'Prometheo' von Luigi Nono) der Eindruck erweckt wird, plötzlich das Delay in die Musik einzuführen." (Goebbels, 1993, 77)

Kompositorische Qualifikationen finden für Goebbels längst nicht mehr nur in der „harmonischen, rhythmischen und melodischen Differenzierung" statt, sondern auch „bei der Abmischung, dem Klang der Snare, dem Abstand des Mikrophons zur Stimme, der Wahl der Hallräume und vielem anderen" (ebd., 79).

Demnach müssen heute die Innovationen der Rockmusik den kompositorischen Mitteln zugerechnet werden. Darüber hinaus ist Goebbels der Ansicht, dass die Neue Musik für die Instrumente der Popularmusik (z.B. E-Gitarre, Saxophon) noch kein Vokabular entwickelt hat:

„Immer noch werden diese Instrumente und ihre Parts ausschliesslich von der akademischen Instrumentaltechnik her gedacht und konzipiert, und die ganze körperliche Geschichte, die auf beiden Instrumenten in den letzten fünfzig Jahren geschrieben wurde, scheint in den kompliziert gedachten und brav ausgeführten Stimmen nicht einmal auf." (ebd., 77-78)

3.2 Die Stile des *Progressive Rock* mit Beispielen

3.2.1 *Art Rock*

Bekanntester Stilbereich der progressiven Rockmusik ist der um 1967 vor allem in Großbritannien entstandene *Art Rock*. Angeregt durch die späteren, von George Martin beeinflussten BEATLES begannen die Rockmusiker – oftmals mit klassischer Ausbildung – sich aus den verschiedenen Epochen der europäischen Kunstmusik bis zur heutigen Avantgarde, aber auch aus dem Jazz zu bedienen. Auf die Affinität der britischen Rockmusik zur „klassisch-romantischen Musik" haben die Autoren Flender und Rauhe hingewiesen (1989, 152). Ein stärkeres Bildungsbewusstsein als beim amerikanischen Rock sieht auch Tibor Kneif (1977a, 104-105).

Die frühesten Versuche – neben denen der BEATLES –, die in diese Richtung weisen, stammen von den 1964 gegründeten MOODY BLUES. Mit ihrem Album *Days of Future Passed* (1967) waren sie die erste Gruppe,

> „die mit einer Mischung aus Rock, Spätromantik, Mystizismus und Religion ein komplettes Sinfonieorchester bemühte". (Wicke/Ziegenrücker, 1997, s.v. 'Art Rock')

Der Antagonismus der BEATLES auf der einen sowie der ROLLING STONES auf der anderen Seite führte dann in den siebziger Jahren zu einer Spaltung der Rockmusik:

> „Hier der Kulturrock mit einigen Nebenströmungen, dort der vom Blues beeinflußte Rock, der sich in Blues-Bands, Blues-Rock-Gruppen, Hardrock und letzten Endes auch Heavy Metal aufteilte." (Halbscheffel/Kneif, 1992, s.v. 'Britische Rockmusik')

Eine Ausnahme dieser Zweiteilung stellt die kanadische Gruppe RUSH (Debüt 1973) dar. Sie haben den Sound und die Energie des Hard Rock als eine dynamische Steigerung aufgefasst, die sie mit den Strukturen des *Art Rock* kombinierte. Sie gelten daher als „Vorreiter" des *Progressive Metal* der neunziger Jahre (Wicke/Ziegenrücker, 1997, s.v. 'Heavy Metal Rock').

Ein Merkmal des *Art Rock* ist, dass jede Gruppe einen eigenen Personalstil entwickelt hat, der auch die Klangästhetik und oft auch die Gestaltung der Plattenhülle, beispielsweise die *Cover Art* von Roger Dean (GENTLE GIANT, YES u.a.) und HIPGNOSIS (PINK FLOYD u.a.), mit umfasst. Typische Vertreter dieser Musikrichtung sind:

- GENESIS (mit Peter Gabriel und Steve Hackett)
- GENTLE GIANT
- KING CRIMSON (sowie die Solo Projekte von Fripp und Bruford)
- YES

(Wicke/Ziegenrücker, 1997, s.v. 'Art Rock')

3. Die Entwicklung des *Progressive Rock*

Weitere Gruppen dieses Genres sind:

- CURVED AIR, die nach einer Terry Riley Komposition benannte Gruppe von Francis Monkman spielte eine Mischung aus „unkommerzieller Intellektualität und avantgardistischer Verstiegenheit", „Klassik-Exkur-sionen" und „Folksong-Simplizismen" (Graves/Schmidt-Joos/Halbschef-fel, 1998, s.v. 'CURVED AIR') sowie Monkmans Nachfolge-Band SKY, mit dem Gitarristen John Williams.
- EMERSON, LAKE AND PALMER sowie zuvor Emersons THE NICE (Wicke/Ziegenrücker, 1997, s.v. 'Classic Rock').
- Brian Eno, zunächst mit ROXY MUSIC, dann Solo und Kooperationen mit Robert Fripp, John Cale sowie Produzententätigkeit (Graves/Schmidt-Joos/Halbscheffel, 1998, s.v. 'Eno, Brian').
- PINK FLOYD mit Roger Waters (Kneif, 1982, 319).

Durch den Einfluss dieser britischen Bands hat sich dann in den USA eine kommerzielle, als AOR bezeichnete Variante des *Art Rock* gebildet. Die Übernahme des „bombastischen" Klangbildes des *Art Rock*, verbunden mit einer Vereinfachung der musikalischen Strukturen, oft mit Hard Rock Einflüssen und dem Verzicht auf extreme Klangexperimente, sollte eine größere Käuferschicht erreichen. Typische Vertreter dieser Richtung sind:

- FOREIGNER (mit dem Ex KING CRIMSON Musiker Ian McDonald)
- KANSAS
- STYX

(Wicke/Ziegenrücker, 1997, s.v. 'Album Oriented Rock')

Weitere, nicht nur amerikanische Vertreter des AOR sind:
- ASIA (mit Musikern von YES, ELP und KING CRIMSON)
- BOSTON
- JOURNEY
- SUPERTRAMP (Unterberger, 1995b, 904)
- THE ALAN PARSONS PROJECT

Als Merkmale einer Annäherung der Rockmusik an die Kunstmusik und das zunehmende Kunstverständnis der Rockmusiker führt Tibor Kneif in seinem Aufsatz „Rockmusik und Bildungsmusik"[1] folgende Punkte an:

---

[1] Tibor Kneif hat diesen Begriff gewählt, weil andere Wendungen wie „klassische Musik" oder „E-Musik" irreführend einseitig sind. Er versteht darunter Musik vom mittelalterlichen Organum bis zur gegenwärtigen Avantgarde. (Kneif, 1977b, 131)

a. „Literarisch anspruchsvolle Texte" (Kneif, 1977b, 131)

Beispiele dafür finden sich unter anderen bei den Gruppen FUGS, GENESIS und RUSH, aber auch im Hard Rock sind vereinzelt literarisch anspruchsvolle Texte zu finden. Die Texte für die Gruppe BLUE ÖYSTER CULT schrieben unter anderem der Science-Fiction-Autor Michael Moorcock sowie die *Crawdaddy*-Journalisten Sandy Pearlman und Richard Meltzer. Durch die anspruchsvollen Texte und ihre technische Überlegenheit standen BLUE ÖYSTER CULT im Gegensatz zu dem „ritualistischen Humbug und verquälten Kinderschreck-Theater" anderer Hard-Rock-Gruppen (Graves/ Schmidt-Joos/Halbscheffel, 1998, s.v. 'BLUE ÖYSTER CULT').

b. „Notengetreue Übertragungen von Werken der Bildungsmusik ins Rockidiom, also bloße Arrangements oder Adaptationen (auch: Adaptionen)." (Kneif, 1977b, 133)

Ein Beispiel für ein Rockarrangement der Mussorgskij Komposition *Bilder einer Austellung* bietet die Gruppe EMERSON, LAKE AND PALMER auf ihrem Album *Pictures at an Exhibition* (1971).

c. „Eine etwas sublimere, obwohl immer noch direkte Form der Angleichung an die Bildungsmusik stellen eingestreute Zitate innerhalb eines Rockstückes dar. Zwischen Adaption und Zitat läßt sich dabei nicht immer scharf unterscheiden". (ebd, 134)

THE NICE bieten ein Beispiel für das Zitieren von Barockthemen in den Kompositionen *Rondo* und *War and Peace* auf ihrem Album *The Thoughts Of Emerlist Davjack* (1968).

d. „Zu den fortgeschrittenen Mitteln musikalischer Gestaltung gehört nicht zuletzt die Collage." (ebd., 135)

Mit Geräuschcollagen hat die Gruppe PINK FLOYD gearbeitet, so z.B. in den Kompositionen *Several Species Of Small Furry Animals Gathered Together In A Cave And Grooving With A Pict* auf *Ummagumma* (1969) sowie *Time* und *Money* auf *The Dark Side Of The Moon* (1973).

e. „Mehr Aufschluß über das wirkliche Niveau einer Gruppe geben Text und vor allem die musikalische Gestalt, deren weitgefaßter Begriff hier Form und Gattung ebenso wie polyphone, akkordische usw. Faktur umfängt." (ebd., 136)

Beispiele für die Komposition einer Suite findet man bei den Gruppen COLOSSEUM mit der *Valentyne Suite* (1969) und bei EMERSON, LAKE AND PALMER mit *Karn Evil 9* auf *Brain Salad Surgery* (1973).

Konzeptalben produzierte die Gruppe PINK FLOYD. Mit *The Dark side of the Moon* (1973) gelang ihnen ein düsteres „Tongemälde über die Pressionen des Alltagslebens und die Reaktion darauf: Entfremdung, Verdrängung, Schizophrenie" (Graves/ Schmidt-Joos/Halbscheffel, 1998, s.v. 'PINK FLOYD'). Auch die folgenden Produktionen *Wish You Where Here* (1975), *Animals* (1977), *The Wall* (1979) – Thema wieder „die Isoliertheit und Bedeutungslosigkeit des (jungen) Menschen in der Massengesellschaft" (ebd.) – sowie *The Final Cut* (1983), das mit dem Untertitel *A Requiem For The Post War Dream* den Falkland-Krieg Großbritanniens kritisiert, waren als Konzeptalben konzipiert. Die Texte wurden alle von dem Bassisten Roger Waters geschrieben.

f. „Die konsequente Wiederholung eines Motivs bei Variierung der übrigen Stimmen ist als Riff auch im älteren Rock bekannt. ... In den letzten Jahren läßt sich nun eine Ausdehnung sowie Komplizierung solcher ostinater Figuren beobachten." (Kneif, 1977b, 137/138)

Zur Komplexisierung gehört auch, dass diese Ostinatos oft in ungeraden oder zusammengesetzten Taktarten (z.B. 5/4, 7/8, 6/8 + 3/4) gespielt werden. Die rhythmischen Einflüsse können sowohl auf die Kunstmusik (Bartók) als auch auf den Jazz (Brubeck) zurückgeführt werden.

Beispiele für Riffs in diesem Sinne bieten die Gruppen YES mit *Heart Of The Sunrise* auf *Fragile* (1972), EMERSON, LAKE AND PALMER mit *Tank* auf *Emerson, Lake and Palmer* (1970) sowie KING CRIMSON mit *Larks' Tongues in Aspic, Part Two* auf *Larks' Tongues in Aspic* (1973) an.

g. „Der um Nachweis Bemühte muß schon stunden- und vielleicht tagelang einschlägige Platten abhören, bevor er eine nennenswerte kontrapunktische Stelle in der Rockmusik findet." (ebd., 138)

In dem Fehlen einer polyphonen Satzweise sieht Kneif jedoch keinen Mangel an der gestalterischen Fähigkeit der Rockmusiker. Auch in der europäischen Kunstmusik wurde in ganzen Geschichtsepochen eine überwiegend akkordisch-homophone Setzweise verwendet (ebd.). Dennoch findet sich vereinzelt Polyphonie in der Rockmusik, öfter hört man aber Scheinpolyphonie und Heterophonie:

„Am häufigsten tritt die Baßgitarre bewegt-figurierend auf, indem sie akkordisch konzipierte Zieltöne über mehrere Durchgangsnoten oder auch über Quart- und Quintsprünge erreicht: unter der scheinpolyphonen Oberfläche vollzieht sich einfache akkordische Fortschreitung...
Als besondere Art von Heterophonie kann Minimal Art in jener Auffassung bzw. Praxis

angesehen werden, wie Terry Riley sie versteht. Schichten von einfachster, oft wiederholter Tonbewegung werden übereinander gelagert, unmerklich verschoben und in andere Schichten permutierend eingefügt, wieder ausgekoppelt und kaleidoskopisch gebrochen." (ebd., 139)

Scheinpolyphonie durch eine bewegt-figurierend gespielte Bassgitarre findet man bei dem Bassisten der Gruppe CARAVAN, Richard Sinclair, beispielsweise in der Komposition *Winter Wine* auf dem Album *In The Land Of Grey And Pink* (1971).

Ein Beispiel für Heterophonie im Sinne der Minimal Art zeigt Mike Oldfield auf dem Album *Tubular Bells* (1973).

Polyphonie findet man vor allem bei GENTLE GIANT, z.B. in der Komposition *Design* auf dem Album *Interview* (1976).

h. „Die großzügige Verwendung elektronischer Mittel in der Rockmusik (...) erklärt sich einesteils aus der Experimentierfreudigkeit dieser Musik, mehr noch aus dem Umstand, daß Klangfarbe wie überhaupt Klangqualität – in der Bildungsmusik als 'Sekundärfaktor' eingestuft – im Rock jenen Parameter bildet, auf welchen die größte Sorgfalt, sozusagen der größte Fortschrittsehrgeiz bei der Plattenherstellung gelegt wird...
Eine intelligente, künstlerisch gerechtfertigte Anwendung von Elektronik findet man bei den musikalisch erfinderischen Gruppen fast durchweg, so daß es fast willkürlich erscheint, wenn Beispiele genannt werden." (ebd., 140)

Darüber hinaus sind weitere, von Tibor Kneif nicht aufgeführte Merkmale des *Art Rock*:

i. die Annäherung an die Klangästhetik der Kunstmusik, insbesondere an die eines Symphonieorchesters. Erreicht wird dies teilweise durch das direkte Zusammenarbeiten mit einem Orchester oder aber, aus praktischen und finanziellen Gründen häufiger, durch synthetisch erzeugte Klänge (z.B. durch Synthesizer, Mellotron, siehe auch Punkt h.).

Beispiele für die Zusammenarbeit mit Orchestern bieten die Soloalben der Keyboarder Rick Wakeman (YES), mit *The Myths and Legends of King Arthur and the Knights of the Round Table* (1975) und Jon Lord (DEEP PURPLE), mit *Sarabande* (1976).

Synthetische Orchester-Klänge hört man in der KING CRIMSON Komposition *The Devil's Triangle* auf dem Album *In the wake of Poseidon* (1970) und bei der EMERSON, LAKE AND POWELL Bearbeitung der Gustav Holst Komposition *Mars, The Bringer Of War* auf dem Album *Emerson, Lake and Powell* (1986).

j. Des weiteren findet man auch bei den *Art-Rock*-Bands Einflüsse aus dem Jazz. Die Grenzen zum Jazz Rock oder Avantgarde Rock sind fließend. Deutlich ist dies bei den Gruppen SOFT MACHINE und KING CRIMSON, die man nicht unbedingt nur einer Richtung zuordnen kann. Jazz-Einflüsse finden sich meist in der Phrasierung und in der Improvisation einzelner Instrumentalisten wieder. Ein Beispiel für einen Musiker mit Jazz-Einfluss ist der YES Gitarrist Steve Howe. Zu seinem Stil sagt er in einem Interview in der Zeitschrift *Jazzthetik*:

„Ich spielte zwar immer in Beat-, Rock- und Pop-Bands, holte mir meine Einflüsse aber vor allem aus dem Jazz... Denn es liegt mir mehr, mich in einer Musik zu artikulieren, die zwar Momente des Jazz vorausnimmt, sie aber zugleich umwandelt. Insofern fehlen mir natürlich auch jegliche Ambitionen, mich als einen Jazz-Gitarristen definieren zu wollen. Dafür hätte ich ehrlich gesagt auch kaum das entsprechende Know-how." (Schmidt, 2000, 47/49)

Seltener sind Einflüsse aus dem Free Jazz, am häufigsten zu hören bei KING CRIMSON, bei deren Produktionen zeitweise auch der Free-Jazz-Pianist Keith Tippett und die Musiker seiner Gruppe CENTIPEDE beteiligt waren.

Einflüsse aus dem Free Jazz zeigen z.B. die KING CRIMSON Kompositionen *The Letters* auf *Islands* (1970) und *Moonchild (including The Dream and The Illusion)* auf *In the Court of the Crimson King* (1969).

k. Ein weiteres Merkmal des *Art Rock* ist die Verwendung von Instrumenten, die für die Rockmusik eigentlich untypisch sind. Ein Beispiel dafür ist der Musiker David Cross, der Violine und Viola auf den KING CRIMSON Alben *Larks' Tongues in Aspic* (1973) und *Starless and Bible Black* (1974) spielt. Ein Streichquartett durch die Bandmusiker Kerry Minnear und Ray Shulman findet man in der GENTLE GIANT Komposition *Black Cat* auf *Acquiring the Taste* (1971).

Einen Sonderfall stellt der *Stick* dar.[1] Das auch nach seinem Erfinder als *Chapman Stick* oder von anderen Herstellern als die *Touch Guitar* bezeichnete Instrument wird wegen seiner schweren Bespielbarkeit[2] praktisch nur im *Art Rock* – und auch hier überwiegend im Umfeld von KING CRIMSON – verwendet. Es handelt sich hierbei um ein meist 10-saitiges Instrument (fünf Melodie- und fünf Bass-Saiten), welches mit beiden Händen in der *Tapping*-Technik auf dem Griffbrett gespielt wird. Dies ermöglicht den Musikern (in

---

[1] Siehe Wicke/Ziegenrücker, 1997, s.v. 'Stick'
[2] Halbscheffel/Kneif sehen dagegen den Stick, obwohl ihn nur wenige Musiker „konzertreif beherrschen", als „leicht erlernbar" an. (1992, s.v. 'Chapman Stick')

der Regel sind es Bassisten) polyphones oder polymetrisches Spielen. Die Klangvielfalt des Instrumentes ist groß, die Bass- und Melodiesaiten können getrennt voneinander verstärkt werden, und über Midi ist es möglich, einen Synthesizer anzusteuern. Musiker, die den Stick spielen, sind z.B. Tony Levin (zu hören bei Peter Gabriel, BRUFORD LEVIN UPPER EXTREMITIES und KING CRIMSON) sowie Trey Gunn (KING CRIMSON, TREY GUNN BAND).

Eine Produktion, an der drei *Stick*-Spieler beteiligt waren, ist das Album-Projekt GORDIAN KNOT (*Gordian Knot*, o.J., 1999 ?) von Sean Malone. Bei dieser Aufnahme spielen neben Malone noch Trey Gunn und John Myung (DREAM THEATER) den *Stick* bzw. die *Touch Guitar*.

GENTLE GIANT

Die 1970 in London gegründete Rockgruppe – Debüt-Album *Gentle Giant* (1970) – setzte sich aus den Multiinstrumentalisten Kerry Minnear (div. Keyb., Cembalo, Clavichord, Cello, gestimmte Perkussion, Gesang), den Shulman Brüdern Derek (Gesang, Sopran- und Alt-Saxophone, Flöte), Phil (Gesang, Saxophon, Klarinette, Trompete, Flöte) und Ray (Bass, Violine, Viola, Gitarre, Gesang), dem Gitarristen Gary Green sowie dem Schlagzeuger Martin Smith zusammen. Mit dem neuen Schlagzeuger John Weathers (seit *Octopus*, 1973), und nach Ausscheiden von Phil Shulman blieb die Besetzung von der Produktion des Albums *In a Glass House* (1973) bis zur Band-Auflösung (letztes Album: *Civillian* 1980) konstant. Die Stücke von GENTLE GIANT waren im Verhältnis zu anderen *Art-Rock*-Gruppen meist kurz (ca. 3-7 Min.), dicht und stark differenziert.

„Free Jazz und Madrigale, Rondo- und Ostinatoformen, Strawinsky-Dissonanzen und Folksong-Harmonien, Blues und Achtzehnteltakt wurden in zumeist überzeugender Collagetechnik miteinander verknüpft." (Graves/Schmidt-Joos/Halbscheffel, 1998, s.v. 'GENTLE GIANT')

Die ausgereifte polyphone Kompositionstechnik der Gruppe GENTLE GIANT – verantwortlich dafür waren die Shulman Brüder und Kerry Minnear – wird von Tibor Kneif folgendermaßen beschrieben:

„GENTLE GIANT schreiben die ausgetüfteltste polyphone Musik im Rockbereich, und ihre Kunst ist der Freizeitentspannung so sehr entgegengesetzt, sie genügt auch den rigorosesten Vorschriften des Kontrapunktes so einwandfrei, daß man sie entweder nicht mehr zu den Rockgruppen zählt oder – die zweite Möglichkeit ist konstruktiver – den Begriff von Rockmusik neu und anspruchsvoller als bisher definiert. Unter den kontrapunktischen Verfahren überwiegen die kanonisch-imitatorischen Passagen, darunter auch jene der

Augmentation (vgl. die zweite Strophe von Design). Die lineare Selbständigkeit der Stimmen führt zuweilen zu harten, herausgestellten Dissonanzen ..." (Kneif, 1977c, 168)

Das Stück *Design* auf dem Album *Interview* (1976) enthält neben einer ungewöhnlichen Instrumentierung mit sieben Gesangsstimmen und Schlagzeug (kein Rock *Drumset*) auch eine für die Rockmusik untypische Kompositionstechnik:

Über ein vierstimmiges vokales Ostinato mit einer Textebene treten drei weitere Stimmen, jede metrisch gegenläufig und kontrapunktisch sowie mit einer zweiten Textebene, dazu. Der zweite Teil stellt einen starken Kontrast dazu dar, eine rhythmisch gesprochene Stimme wird durch kurze Schlagzeugeinwürfe unterbrochen.[1]

Darüber hinaus sieht Tibor Kneif in der kompositorischen Arbeit von GENTLE GIANT eine Wahlverwandtschaft zu Strawinsky:

„Neben Jazzelementen – freie Harmonien mit koloristisch wirkenden Tongruppen – läßt sich am ehesten an Strawinsky denken, zwar nicht handgreiflich und unmittelbar (Zitate oder Anspielungen werden vermieden), wohl aber auf Grund zackiger, jambisch betonter Rhythmen und der Häufigkeit kadenzneutraler Akkordfortschreitungen." (Kneif, 1976, 105)

„Das Ideal Strawinskys, 'componere' mit Hilfe von Lineal, Schere und Klebstoff zu praktizieren, wird im heutigen Tonstudio bei der Arbeit mit Tonbändern verwirklicht. Nicht nur der ständige metrische Schwebezustand ist von Strawinsky inspiriert; auch die regelmäßige, jedoch nicht auffallende Abfolge von kompakten Taktblöcken und dünner Besetzung beruht auf der von Strawinsky verfochtenen Idee des Vielsagens mit sparsamen Mitteln". (Kneif, 1977c, 169)

Um endlich auch ein größeres Publikum zu erreichen, gingen GENTLE GIANT in ihrer Spätphase kommerzielle Kompromisse ein; das Resultat war eine Vereinfachung der vormals komplexen musikalischen Strukturen seit dem Album *The Missing Piece* (1977). Der Versuch scheiterte, vielmehr verloren sie dadurch nur ihre alten Anhänger ohne neue zu gewinnen (Graves/Schmidt-Joos/Halbscheffel, 1998, s.v. 'GENTLE GIANT').

Nach der Bandauflösung wechselten die Shulman Brüder zur Musikindustrie, Ray Shulman reaktivierte das Label „One Little Indian", auf dem beispielsweise die isländischen SUGARCUBES sowie die Solo-Alben der Sängerin Björk erschienen sind; Derek Shulman wurde Präsident des Warner-Labels „Atco" (ebd.). Unter der Leitung von Derek Shulman bekam 1992 die

---

[1] Vgl. den „Notationsversuch" von Feurich (1977b, 178-191).

Progressive-Metal-Gruppe DREAM THEATER mit ihrem Album *Images and Words* einen Vertrag bei Warner/Atco.

KING CRIMSON

Die 1969 in London gegründete Gruppe ist durch ständige personelle Umbesetzungen geprägt. Einzige Konstante und kreativer Kopf von KING CRIMSON ist der Gitarrist Robert Fripp. Er versammelt stets einen Kreis von Spitzenmusikern der britischen, ab 1981 auch der amerikanischen Rock- und Jazz-Szene um sich.

In der Frühphase der Gruppe drehte sich das Personalkarussell besonders schnell. Neben Fripp blieb nur der Texter Peter Sinfield für vier Alben (bis 1971) festes Bandmitglied. Gründungsmitglieder waren neben Fripp und Sinfield der Multiinstrumentalist Ian McDonald (Saxophon, Holzbläser, Keyboards, Vibraphon und Gesang), der Schlagzeuger Michael Giles und der Bassist und Sänger Greg Lake (später EMERSON, LAKE & PALMER). Trotzdem bildete sich ein wieder erkennbarer Band-Sound heraus:

„Im Crimson-Sound verschmolzen Free Jazz-Elemente, klassizistische Mellotron-Passagen, Rhythm & Blues-Variationen, elektronische Improvisationen sowie die assoziative Poesie Peter Sinfields zu sinfonischen Rock-Strukturen, ... Das profunde Musikverständnis der Fripp-Combo zeigte sich in der makellosen Realisierung komplizierter Spielvorlagen mit kühnen Stilsprüngen, ausgeklügelten Klangverästelungen, effektvoll dosierten Ton-Tricks, die weit über den experimentellen Rahmen hinausgingen, in dem sich die MOODY BLUES oder PINK FLOYD bewegten." (Graves/Schmidt-Joos/Halbscheffel, 1998, s.v. 'KING CRIMSON')

Über das erste Album *In the Court of the Crimson King* (1969) und den musikalischen Einflüssen des Bandleaders Robert Fripp schreibt Rolf Jäger in der Zeitschrift *Jazzthetik*:

„*21st Century Schizoid Man*, der Opener des Debüts, war reine Science F(r)iction, ein siebenminütiges Monstrum mit verzerrtem Gesang, schweren Riffs und atemlos präzisen Unisoni von Gitarre, Saxophon und Schlagzeug, das Metal vorwegnimmt und Jazz-Rock begreift...
Beeinflusst von Bartók, Strawinsky, den BEATLES und Hendrix entwickelte er im Laufe der Jahre ein musikalisches Konzept, in dessen Zentrum sich der schreckensumwitterte Begriff Disziplin befand – nicht im Sinne von Befehlsgehorsam allerdings, sondern als ständige meditative Auseinandersetzung und Energiequelle." (Jäger, 2000a, 44)

Mit dem Album *Larks Tongues in Aspic* im Jahre 1973 wurde die Musik KING CRIMSONS grundlegend verändert, im Mittelpunkt stand nun die Improvisa-

3. Die Entwicklung des *Progressive Rock*

tion. Für drei Alben blieb die Besetzung bis 1974 konstant. Neben Fripp waren John Wetton (Bass, Gesang), Bill Bruford (von der Gruppe YES, Schlagzeug) und der Texter Richard Palmer-James Bandmitglieder. 1974 landeten sie nach Ansicht von Rolf Jäger den ultimativen Schlag:

„*Red*, metallisch, hämmernd und doch subtil bis in die Molekularstruktur, von einer Dichte und Kraft, die wie ein schwarzes Loch alles verschluckte, was davor war und gleichzeitig eine Steigerung ausschloss." (ebd.)

1981 wurde wieder eine Neubesetzung von KING CRIMSON mit einem neuen stilistischen Konzept ins Leben gerufen. Neben Fripp und Bruford gehörten nun die amerikanischen Musiker Tony Levin (*Stick*, Bassgitarre) und Adrian Belew (Gitarre, Gesang) zur Bandbesetzung. Mit der Produktion von drei Alben (*Discipline*, 1981, *Beat*, 1982, *Three of a Perfect Pair*, 1984) blieb diese dann bis 1984 bestehen. Tony Levin war zuvor ein erfolgreicher Studio-Bassist, Adrian Belew spielte als *Sideman* für Zappa, Bowie und die TALKING HEADS. Das Angebot für eine Vertragsverlängerung bei der *New-Wave*-Gruppe TALKING HEADS schlug Belew aber aus, bei KING CRIMSON konnte er alles sein, was er sein wollte (ebd., 45). Die Musik von KING CRIMSON wurde nun strenger komponiert und enthielt:

„... Collagen aus minimal music, afrikanischer Polyrhythmik und typischen KING CRIMSON-Schwellklängen ..." (Graves/Schmidt-Joos/Halbscheffel, 1998, s.v. 'KING CRIMSON')

KING CRIMSON sollte nach Ansicht von Robert Fripp eine „Band" werden, „keine Tribüne für Soloeinlagen, sondern vier Musiker, die zu einem größeren Ganzen verschmolzen." Nostalgie wollte er keine und wies seine Musiker an: „Wenn ihr etwas schon mal gehört habt, spielt es ja nicht" (Bungey, 2000, 78).

Nach langer Pause wurde 1994 das Quartett durch Pat Mastelotto (Schlagzeug) und Trey Gunn (*Stick*) um zwei weitere Amerikaner zu einen „Doppeltrio" (Definition nach KING CRIMSON, *Booklet* der CD *Vrooom*, 1994) erweitert. Gitarre, *Stick* und Schlagzeug waren doppelt besetzt; durch zwei Schlagzeuger war nun ein dichtes Netz von Polyrhythmen möglich. „Das Doppeltrio ließ *Thrak* von der Leine, ein Album voll krachendem Avantgarde-Metal" (ebd., 79).

Die Musik KING CRIMSONS liegt aber jenseits der Hörerwartungen des durchschnittlichen Rockfans, im Gegenteil, sie stoßen mit ihrer Musik auf die Kritik der Vertreter „traditioneller Rockwerte". Rockmusik mit Kunstanspruch statt

Blues-Nostalgie und einfacher Rock-Strukturen werden als ein Verrat oder Makel angesehen. So schreibt beispielsweise der Radio Redakteur Wolfgang Rumpf in seinem Buch *Stairway to heaven*:

> „Anders als LED ZEPPELIN oder DEEP PURPLE opponierte KING CRIMSON gegen die Heavy-Fraktion, Robert Fripps Combo spielte in einer Liga mit den jazzorientierten Filigrantechnikern von COLOSSEUM, kreuzte Kitsch und Kunst, Jazz und Art-Pop. Blues dagegen war bei ihnen tabu. Fripps Soli klangen kühl und schräg, nie bluesig oder gar heavy – eher ein *Al DiMeola* des Pop als ein *Ritchie Blackmore*...
> Den Avantgardisten des Surrealistic-Pop stand ihr Kunstanspruch im Weg, für wahres Gefühl blieb kein Platz – sie hatten ihre Ziele anders gesteckt, weit jenseits vom Lebensgefühl der Mainstream- und der Hard- bzw. Heavy-Rocker." (Rumpf, 1996, 92-93)

Während der langen KING CRIMSON Pausen haben die Gruppenmitglieder meist an anderen Projekten gearbeitet. Bill Bruford hat sich dabei mit seinen Solo-Produktionen immer weiter in Richtung Jazz bewegt, zuerst mit der Gruppe U.K. und unter eigenem Namen (beides mit dem Gitarristen Allan Holdsworth), dann als EARTHWORKS und zuletzt mit Tony Levin als BRUFORD LEVIN UPPER EXTREMITIES. Robert Fripp hat sich neben der eigenen Solo-Tätigkeit sowohl an künstlerisch orientierten Projekten – zusammen mit Brian Eno, David Sylvian oder Keith Tippett, dessen Gruppe CENTIPEDE er produzierte (*September Energy*, 1971) – als auch an kommerziell erfolgreicheren Produktionen von Peter Gabriel, David Bowie, HALL & OATES und den TALKING HEADS beteiligt.

Im Jahr 2000 sind KING CRIMSON und ihr Umfeld immer noch aktiv:

- Mit dem Album *the construKction of light* (2000) haben KING CRIMSON, die durch das Ausscheiden von Bruford und Levin wieder zu einen Quartett zusammengeschrumpft sind, eine neue Produktion eingespielt.

- Bill Bruford und Tony Levin haben als BRUFORD LEVIN UPPER EXTREMITIES – mit Chris Botti und David Torn – das Live-Album *BLUE Nights* (2000) veröffentlicht.

- Trey Gunn, der Bassist (*bass touch guitar, baritone guitar*) aus dem aktuellen KING CRIMSON *Line up*, hat mit *The Joy Of Molybdenum* (2000) ein Solo-Album produziert (Näheres hierzu in Kapitel 3.4).

3.2.2 Avantgarde Rock

Als „Avantgarde" bezeichnet man in der Kunst die fortgeschrittensten, neue Perspektiven öffnenden Richtungen, die an der Spitze der Kunstentwicklung ihrer Zeit stehen. Innerhalb der populären Musik wird dieser Begriff ausschließlich im Bereich der Jazz- und Rockmusik angewandt und meint dann meist im allgemeinen Musiker und Gruppen, „deren Musikauffassung sich der gängigen Spartierung von Jazz, Rock und E-Musik entzieht, die sich um eine Synthese des wirklich Neuen aus allen Bereichen der Musik bemühen" (Wicke/Ziegenrücker, 1997, s.v. 'Avantgarde').

Ein Problem des großzügigen Umganges mit dem Begriff „Avantgarde" durch die Fan-Presse sieht Tibor Kneif. Seiner Meinung nach existiert keine von der Avantgarde der europäischen Kunstmusik unabhängige Avantgarde im Jazz und in der Rockmusik (Kneif, 1982, 172-175).

„Avantgarde als die fortgeschrittene Beherrschung der stofflichen Grundlagen und der Verfahrensweisen einer Kunstart (hier: der Musik) beschränkt sich dabei nicht auf eine Gattung oder auf eine bestimmte Form innerhalb jener Kunstart (etwa: auf die Rockmusik), sondern sie verkörpert die höchste, entwickelteste Stufe zu einem Zeitpunkt, ohne Abstriche und Eingrenzungen." (ebd., 173)

Da der Materialstand und die Technik der Rockmusik einem älteren und überholten Gestaltungsniveau entsprechen, nicht dem der Avantgarde der fünfziger und sechziger Jahre (z.B. Cage, Stockhausen, Ligeti, Boulez und Kagel), wäre es ein Mangel an Informiertheit zu glauben, „der musikalische Fortschritt gipfele in PINK FLOYD und TANGERINE DREAM" (ebd., 175).

Als „Avantgarde Rock" kann man die Musik bezeichnen, die zwar von Rockmusikern gespielt wird, sich aber auf die Avantgarde aus Jazz (Free Jazz) und Kunstmusik (Neue Musik) bezieht oder mit Musikern dieser Richtungen zusammenarbeitet. Beispiele für Avantgarde Rock sind der Komponist und Musiker Frank Zappa sowie die Gruppen HENRY COW und ART BEARS (Wicke/Ziegenrücker, 1997, s.v. 'Avantgarde').

Aber auch andere Rockgruppen und Musiker – beispielsweise KING CRIMSON, CAN, John Cale, Brian Eno und Roger Waters – haben Avantgarde-Einflüsse in ihrer Musik verwendet (Unterberger, 1995b, 904; 1995d, 943-944). Bei der deutschen Rockgruppe CAN sind sie auf das Studium von zwei Band-Mitgliedern, Irmin Schmidt und Holger Czukay, in den Elektronik-Studios von Karlheinz Stockhausen zurückzuführen (Graves/Schmidt-Joos/Halbscheffel, 1998, s.v. 'CAN').

Manchmal ist Avantgarde Rock aber auch als eine Ausnahme auf einzelnen Alben oder Titeln von *Art-Rock*-Gruppen zu hören. Beispielsweise die radikalen, nicht mehr nur Text und Musik ergänzenden *Musique concrète* Kompositionen von Roger Waters auf dem PINK FLOYD Album *Ummagumma* (1969) sowie die Musik zu dem Film *The Body* (1970) von Ron Geesin und Roger Waters. Dass diese Ansätze nicht weiter verfolgt wurden, ist auf eine „bewusst kalkulierte Marktanpassung" zurückzuführen (Feurich, 1977a, 71).

Oftmals sind aber heute Musiker und Komponisten mit Rock, Jazz und europäischer Kunstmusik gleichermaßen sozialisiert, so dass eine Trennung schwerfällt.

Zu nennen wäre da zum Beispiel der Komponist und Musiker Heiner Goebbels. Ulrich Dibelius schreibt über ihn:

„Denn was dieser Rockmusik-Praktiker (in der Regel zusammen mit dem Klarinettisten und Saxophonisten Alfred Harth) vorhat, zielt jenseits aller anregenden Vielfarbigkeit auf musikalisch umgesetzte Zeitkritik, auf ironisch heitere bis bös demonstrative Nachdenkhilfe für Zuhörer jeglicher Herkunft, quer durch alle U- und E-Bereiche. Und da wird Populäres und gewieft Hinterhältiges, Barock und Schnulze, rockige Improvisation und Experiment so gescheit gemixt, daß der musikantische Impuls noch das thematisch Unbequeme transportiert und zur nachfassenden Auseinandersetzung anhält." (Dibelius, 1988, 271)

Goebbels' Gruppe CASSIBER, mit Harth, Christoph Anders und dem ehemaligen HENRY COW und ART BEARS Schlagzeuger Chris Cutler, begann Anfang der 80er Jahre die eingefahrenen Hörerfahrungen zu attackieren; sie verbanden die Spielpraktiken der verschiedenen *New-Wave*-Stile mit der zeitgenössischen improvisierten Musik:

„Zwischen Free Jazz, Punk und Dada-Mix inszeniert man ein Feuerwerk der Gefühlsverwirrung. Vor allem das rhythmische Störpotential von Chris Cutler entlarvt ein neues Spannungsverhältnis von 'Gefühl und Härte'." (Kemper, 1983, 265-266)

Die Kompositionen Heiner Goebbels', oftmals mit einem literarischen Bezug (z.B. Heiner Müller), reichen von der Kammermusik bis zum experimentellen Musiktheater. Goebbels gilt heute „als einer der wichtigen Vertreter der Kunst zwischen der so genannten E- und U-Musik" (Dahlhaus/Eggebrecht, 1995, s.v. 'Goebbels, Heiner'). Die aktuelle Produktion von Heiner Goebbels ist das im Jahr 1996 aufgenommene, aber erst im Jahr 2000 veröffentlichte Werk *Surrogate Cities* – eingespielt wurden die Kompositionen von der JUNGEN DEUTSCHEN PHILHARMONIE unter dem Dirigenten Peter Rundel (Näheres hierzu in Kapitel 3.4).

Eine der ersten Gruppen, die Jazz, Neue Musik (offene Zeitabläufe und Clustertechniken) und Rockmusik miteinander verbanden, war das 1968 in der Jazz-Avantgarde-Szene von New York durch Carla Bley und Michael Mantler gegründete JAZZ COMPOSER'S ORCHESTRA. Das von 1968 bis 1971 aufgenommene Doppelalbum *Escalator Over The Hill* (Musik: Carla Bley, Text: Paul Haines) enthielt neben verschieden Jazzbesetzungen (*Orchestra, Hotel Lobby Band, Desert Band und Phantom Music*) auch eine als *Jack's Traveling Band* bezeichnete Rockgruppe. In dieser Gruppe spielten neben Carla Bley und Paul Motian, die aus der britischen Blues- und Jazz-Rock-Szene kommenden Musiker Jack Bruce (Bass, Gesang) und John McLaughlin (Gitarre). Insbesondere der Komponist und Trompeter Michael Mantler gilt als ein Musiker,

„der solcherart experimentierfreudig die Grenzen zwischen ernster Musik, Rock und Jazz zu brechen wusste und dabei die unglaublichsten Besetzungen funktionieren ließ...". (Eriksson, 2000b, 49)

Mantler hat für seine Projekte immer wieder Rockmusiker wie Jack Bruce (CREAM, LIFETIME) Rick Fenn (10CC), John Greaves (HENRY COW), Nick Mason (PINK FLOYD), Don Preston (Frank Zappa) und Robert Wyatt (SOFT MACHINE) eingesetzt. Auffallend ist, dass die meisten Rockmusiker, mit denen Mantler zusammengearbeitet hat, aus Großbritannien stammen. Ein Beispiel für diese Zusammenarbeit ist das 1987 auf dem ersten *Art Rock Festival* in Frankfurt aufgenommene Live-Album mit Bruce, Mantler, Fenn, Preston, Greaves und Mason. Die Rockmusiker setzte er bewusst für ganz bestimmte Ausdrücke in seinen Kompositionen ein. Dazu sagt er in einem Interview:

„Dabei suchte ich eine ganz bestimmte Art von Stimmen, imperfekte Stimmen, die eigentlich aus dem Blues kommen, wie jene von Jack Bruce. Sie sollten von Gefühlen geprägt sein, von Emotionen, nicht von einer klassischen Ausbildung." (ebd., 51)

Mantler hat im Jahr 2000 mit *Songs and One Symphony* eine neue Produktion veröffentlicht. Das Album besteht aus zwei Teilen, die *Songs* sind eine neue Version der Mantler Komposition *Many Have No Speech* (1987), nun gesungen von Mona Larsen und gespielt von Mantlers CHAMBER MUSIC AND SONG ENSEMBLE (Streichquartett, Trompete, E-Gitarre, Piano/Synthesizer). Der zweite Teil, die von Peter Rundel und dem RADIO SYMPHONIE ORCHESTER FRANKFURT eingespielte Komposition *One Symphony*, ist nach Aussage Mantlers ein streng komponiertes Werk (ebd., 50). Der Kritiker Thomas Wörtche schreibt dazu:

„Ein Exerzitium in Klang ... das anhebt wie ein Stück aus der deutschen Romantik und bei aller Neu- und Schrägtönerei diesen musikalischen Unterboden nie verlässt." (*Jazzpodium*, Mai 2000, 68)

In den 80er Jahren bildet sich dann in New York mit Musikern und Gruppen wie THE LOUNGE LIZARDS und John Zorn erneut eine Avantgarde-Szene heraus. Die Gruppe THE LOUNGE LIZARDS mit dem Saxophonisten John Lurie und dem Gitarristen Arto Lindsay spielten als „Jazzband mit Gitarrensound" einen „fragmentierten Bebop, bei dem in 'hocheklektizistischer' Manier 'die Grenzen zwischen Klassik, Jazz und Populärmusik verschwimmen' (Interview) und den die Musiker gern als 'Fake Jazz' etikettieren ließen" (Graves/Schmidt-Joos/Halbscheffel, 1998, s.v. 'THE LOUNGE LIZARDS').

John Zorn ist mit klassischer Musik aufgewachsen, schrieb zuerst traditionelle Kompositionen, hörte dann Kagel, Ives, Webern, Berg, Xenakis und Stockhausen, begann dann, durch John Cage angeregt, mit Improvisations-Partituren zu arbeiten. Als er auf dem College war, hörte er das JAZZ COMPOSER'S ORCHESTRA. Diese Mischung aus Improvisation und Komposition beeindruckte ihn so sehr, dass er anfing in diese Richtung zu arbeiten. Ab 1982 spielte er in New York mit Musikern wie Fred Frith (HENRY COW, ART BEARS), Arto Lindsay und anderen, die seine Musik beeinflussten (Solothurnmann, 1993, 249-254). Zu seinen Einflüssen sagt Zorn:

> „Viele meiner Freunde spielen Rockmusik, und Rock war nie mein Hintergrund. Klar, als Kind hörte ich DOORS und BEATLES, aber gespielt habe ich Rockmusik nie. Wie die meisten meiner Freunde, die die Rocksprache benutzten, wurde auch ich hinein verwickelt und versuchte einige dieser Elemente in meine Stücke einzubauen...
> Es läuft viel in Bezug auf diese Stilmischung: Rockmusik, Improvisationsmusik, klassische Musik, ethnische Musik, Jazzmusik...". (ebd., 250)

Frank Zappa

Der erste Rockmusiker, der Elemente aus Rock, Jazz und zeitgenössischer Avantgarde miteinander kombinierte, war sicherlich Frank Zappa (*1940, †1993). Die 1964 von Zappa in Los Angeles gegründete Gruppe THE MOTHERS OF INVENTION gehörte zu den radikalsten Rockbands der USA. Das betraf sowohl die grotesken bis obszönen Showauftritte als auch die Kompositionen Zappas:

> „Er adaptierte Klangstrukturen von Igor Strawinsky, John Cage und Edgar Varèse, schockte mit elektronisch erzeugten Kreischtönen, wirren Geräuschcollagen und verzerrten Tonbandklängen, ließ Free Jazz-Chorusse improvisieren und parodierte den sentimentalen Rock'n'Roll der fünfziger Jahre." (Graves/Schmidt-Joos/Halbscheffel, 1998, s.v. 'Zappa, Frank')

Die Parodie populärer Musikstile durchzieht das gesamte Schaffen Zappas. Oftmals deutet schon der Songtitel darauf hin: *Variations on the Carlos Santana Secret Chord Progression* auf dem Doppelalbum *Shut up'n'play yer Guitar* (1981) sowie die Titel *That's not really Reggae* und *That's not really a Shuffle* auf dem Doppelalbum *Guitar* (1988).

„Hinter der Oberfläche eines seine Hörerinnen und Hörer mit Oberflächlichkeiten und häufig Unflätigkeiten traktierenden Textproduzenten verbirgt sich ein eminent geschichtsbewußter Autor und Komponist – auch wenn das geschichtliche Material, auf das er sich bezieht, durchweg neueren Datums ist." (Phleps, 1998, 38)

Zu den wichtigsten musikalischen Einflüssen Frank Zappas, die er immer wieder zitiert, gehören die „E-Musik" unseres Jahrhunderts und der Rhythm and Blues. In erster Linie aber zitiert er sich selbst. Zappa wendet sein Material immer wieder durch Takt-, Rhythmus- und Tempowechsel neu. Jedes seiner Konzerte fällt dementsprechend anders aus, wird als Aufnahmesession betrachtet und mitgeschnitten:

„Auf daß der geschichtsbewußte Komponist mit den gehorteten Mitschnitten in der Schatzkammer seines Hauses als Archivar der eigenen Geschichte fungieren, sie patchworkartig bearbeiten und erneut an die Öffentlichkeit entlassen kann." (ebd., 39)

Ein Beispiel für diese Arbeitsweise Zappas im Studio zeigt das Album *One Size Fits All* (1975); hier wurden Live-Aufnahmen mit Studiomaterial neu zusammengesetzt. Die *Basic Tracks* und das Gitarrensolo der Komposition *Inca Roads* stammen aus verschiedenen Live-Aufnahmen. Diese wurden dann im Studio, wahrscheinlich mit *Overdubs*, neu zusammengemischt. Zappa schreibt über die Produktionsweise im *Booklet* des Albums:

„The Basic Tracks for *Inca Roads* and *Florentine Pogen* were recorded live at KCET TV Los Angeles during the production of our TV special. The guitar solo in *Inca Roads* was recorded live during our 1974 concert in Helsinki, Finland. This album was produced between December 1974 and April 1975 simultaneously with our next album (coming soon)." (Zappa, *One Size Fits All*, 1975)

Nach einer Phase, die stärker am Jazz orientiert war (*The Grand Wazoo*, 1972), wandte sich Zappa Mitte der 70er Jahre mehr dem reinen Rock-Idiom zu (*Zoot Allures*, 1976), „wie er es in dieser Simplizität früher nie verwendet hatte" (Döhring, 1978, 118). In den 80er und 90er Jahren hat Zappa dann zunehmend mit bekannten Interpreten der europäischen „E-Musik-Avantgarde" zusammengearbeitet. Beispiele dafür sind das von Pierre Boulez dirigierte

Werk *The Perfect Stranger* (1984) sowie die vom ENSEMBLE MODERN aufgeführten Kompositionen des Albums *The Yellow Shark* (1993).

Mit gesellschaftskritischen Texten machte sich Frank Zappa Ende der 60er Jahre zum Wortführer der subversiven Gegenkultur. Er kritisierte aber nicht nur das *Lincoln* fahrende Establishment und die von ihm als *Plastic People* (Songtitel auf *Absolutely Free*, 1967) bezeichneten Bürger, sondern auch die Hippie-Kultur. Zappa war der Meinung:

> „Daß die Flower-Power-Philosophie ihre Anhänger faktisch in geistige und politische Bewußtlosigkeit führt und eben dadurch dem verhaßten Establishment als Manipulationsobjekte verfügbar macht. Eine mögliche Alternative ist dann der irrationale Umschlag aus 'Love and Peace' in blinde Gewalt." (Döhring, 1978, 113)

Später ist Zappa dann dazu übergegangen, seine Hörer nicht nur durch kritische Texte anzusprechen, sondern sie direkt über das *Booklet* aufzufordern, sich an der politischen Partizipation zu beteiligen. Im *Booklet* von *Guitar* (1988) erinnert er daran, sich für die Wahlen registrieren zu lassen: „don't forget to register to vote". Diese Registrierung ist nach amerikanischem Wahlrecht notwendig, um an den eigentlichen Wahlen erst teilnehmen zu dürfen. Diese zusätzliche Hürde ist sicherlich mit ein Grund dafür, dass die Wahlbeteiligung in den USA relativ niedrig ist.

In den 90er Jahren strebte Frank Zappa dann selber politische Ämter an. Václav Havel ernannte ihn zum tschechischen Kulturbotschafter in den USA. Dieser Vorgang provozierte jedoch die US-Regierung derartig, dass sie sich veranlasst sah, Druck auf die tschechische Regierung auszuüben. Weiterhin plante Zappa die Kandidatur für die US-Präsidentschaftswahlen, zog diese aber – wie er in einem Spiegel-Interview betonte – aus gesundheitlichen Gründen wieder zurück (Falksohn/Hüetlin, 1992, 198).

Fred Frith

Der Komponist und Musiker (Piano, Gitarre, Violine) Fred Frith (*17.02.49) gilt als einer der einflussreichsten Vertreter des im Grenzbereich von Rock und Neuer Musik stehenden Avantgarde Rock:

> „Composer, improviser, multi-instrumentalist – has, for more than twenty-five years now, operated somewhere near the centre of the grey area where rock music and new music meet." (*Booklet*: Fred Frith, *Traffic Continues*, 2000)

3. Die Entwicklung des *Progressive Rock*

Frith zählt zu seinen wichtigsten Einflüssen den Avantgarde-Komponisten John Cage (dessen Buch *Silence* er gelesen hat) sowie die Studioarbeit von Frank Zappa. In einem Interview mit Patrik Landolt sagt er dazu:

„Es faszinierte mich, wie Cage auf eine bezaubernde Art über die Befreiung des Klanges, des Sounds sprach. Das war für mich, obwohl ich schon mit der Musik von Karlheinz Stockhausen oder Cage in Berührung gekommen war, eine ganz neue Welt: Du kannst ein Stück komponieren, das nicht nur aus Noten und Rhythmen besteht... Bei Frank Zappa faszinierte mich sein Umgang mit dem Tonstudio und seine Collagetechnik. Ich war begeistert, hatte aber, da ich keinen Zugang zu Studios hatte, keine Ahnung, wie er das machte." (Landolt, 1993, 19)

Zu seinen weiteren Einflüssen sagt er:

„Ich hörte damals SOFT MACHINE, Zappa, CAPTAIN BEEFHEART. Dann hörte ich indische Konzerte, japanische Musik, Musik aus Osteuropa. Ich entdeckte mein Interesse für die Musik aus dem Balkan, die bis heute einen grossen Einfluss auf mich ausübt." (ebd., 20)

1968 gründete Frith die Gruppe HENRY COW, benannt nach dem Komponisten Henry Cowell. Die Band scheiterte zwar kommerziell an den eigenen Zielen und den Marktstrategien der Musikindustrie, war aber künstlerisch jeder anderen Gruppe der sogenannten Canterbury-Szene (neben HENRY COW noch SOFT MACHINE und CARAVAN) überlegen. Die Gruppe konnte als „das Zentrum eines spezifisch britischen Jazz Rock gelten, dessen Bedeutung für Jazz wie Rock sich erst in den achtziger Jahren zeigte" (Graves/Schmidt-Joos/Halbscheffel, 1998, s.v. 'HENRY COW').

HENRY COW, neben Frith mit Tim Hodgkinson (Piano, Saxophon, Klarinette), Chris Cutler (Schlagzeug), John Greaves (Bassgitarre) und Geoff Leigh (Saxophon), bekamen aber erst 1973 mit dem Album *Legend* einen Plattenvertrag bei „Virgin". Das *Independent* Label war mit dem Debüt-Album *Tubular Bells* (1973) von Mike Oldfield äußerst erfolgreich und versuchte nun mit „teils avantgardistischen, teils bizarren, auf jeden Fall aber interessanten Gruppen und Musikern" (ebd.) das Label auszubauen. Die Musik HENRY COWs sprengte jedoch den üblichen Rahmen von Rock und Jazz:

„Kompositionen wie *Teenbeat, Nirwana For Mice* und *Nine Funerals Of The Citizen King* machten sich aber nicht nur Rock, Jazz und Neutönerei zunutze, wobei HENRY COW bewußt und spielerisch auch die Grenzen der Tonalität überschritt, sondern wurden auch mit parodistischen Episoden angereichert. Damit fand die Band indes kein Publikum." (ebd.)

Mit den neu aufkommenden Stilen Punk und *New Wave* versuchte das ehemals Experimenten offen stehende Label „Virgin" zu wachsen. HENRY COW passte nun nicht mehr in das Kalkül, außerdem sah sich die Gruppe nicht richtig durch das Label vertreten. Als Konsequenz daraus wurde der Vertrag nach zwei weiteren Studio-Alben (*Unrest*, 1974, *In Praise of Learning*, 1975) beendet (ebd.).

Das Album *In Praise of Learning* wurde mit dem in die gleiche musikalische Richtung tendierenden Trio SLAPP HAPPY eingespielt und enthielt wieder eine Mischung aus komplexen Rock-Rhythmen, Free Jazz und Neuer Musik; der Kritiker Udo Andris schreibt anlässlich der Wiederveröffentlichung des Albums als CD im Original Mix:

> „Besonders intensiv wohl Tim Hodgkinsons *Living In The Heart Of The Beast*, wo sich verwegene Arrangements, changierende Farben, Clustertechniken, verzerrte Gitarren oder eine an Messiaen erinnernde Grammatik der Tasteninstrumente zu einem aufregenden Soundkonglomerat verdichten." (*Jazzpodium*, Dezember 2000, 74)

Nachdem der Vertrag mit „Virgin" beendet worden war, lösten die Musiker HENRY COW auf und gründeten die Gruppe ART BEARS. Die Band bestand jetzt nur noch aus Frith, Cutler und der Sängerin Dagmar Krause, die auch an der dritten Studioproduktion von HENRY COW mitgewirkt hatte und zuvor zum Trio SLAPP HAPPY gehörte. Zur Produktion ihrer Tonträger (*Hopes and Fears*, 1978, *Winter Songs*, 1978, und *The World as it is Today*, 1981) gründeten die Musiker von ART BEARS ihr eigenes Label „ReRecords":

> „Die Entscheidung der Musiker, ihre Musik auf einem eigenen Label zu veröffentlichen und auch den Vertrieb zusammen mit anderen Bands zu organisieren, wurde in der Szene zum Vorbild: Ursprung der Independent-Vermarktung von Rockmusik in Europa." (Graves/Schmidt-Joos/Halbscheffel, 1998, s.v. 'HENRY COW')

Die Gruppe ART BEARS war aber nur sehr kurzlebig. Die Musiker suchten sich andere Betätigungsfelder, Chris Cutler spielte bei Heiner Goebbels und Alfred Harths Gruppe CASSIBER, Fred Frith ging nach New York:

> „He moved to New York in the late seventies and came into contact with many of the musicians with whom he's since been associated, including, for example, John Zorn, Ikue Mori, Tom Cora, Zeena Parkins, and Bob Ostertag." (*Booklet*: Fred Frith, *Traffic Continues*, 2000)

Frith spielte in der Gruppe NAKED CITY von John Zorn Bassgitarre, formierte mit Bill Laswell und Fred Maher die Band MASSACRE sowie mit Tom Cora und Zeena Parkins die Gruppe SKELETON CREW:

„Ähnlich einem Schnellschnittverfahren aus der Filmtechnik, kombinieren die drei brachiale Soundblöcke mit rhythmischen Störversuchen und filigraner Geräusch-Artistik: eine Hommage an das unverwüstliche 'Ethos des Dissonanten'. Gleich einem Vexierspiel ordnet sich aufs Neue der Scherbenhaufen ästhetischer Ansprüche." (Kemper, 1983, 262)

In den achtziger Jahren begann Frith Musik für Film, Tanz und Theater zu schreiben. Heute ist er Professor für Komposition am Mills College in Kalifornien (*Booklet*: Fred Frith, *Traffic Continues*, 2000).

Seine letzte Produktion, das im Jahr 1998 aufgenommene, aber erst im Jahr 2000 veröffentlichte Album *Traffic Continues* hat der Gitarrist Fred Frith zusammen mit dem ENSEMBLE MODERN eingespielt (Näheres hierzu in Kapitel 3.4).

3.2.3 Jazz Rock

Jazz Rock stellt eine Verbindung aus den Stilmitteln der Rockmusik und des Jazz dar; die Bezeichnung „Rock Jazz" bedeutet dagegen, dass hier der Jazzanteil überwiegt. Die Autoren Halbscheffel und Kneif sehen die Bezeichnung „Rock-Jazz" aber als entbehrlich an, „da der weitaus stärker eingebürgerte Begriff 'Jazz-Rock' nicht ausschließt, daß bald jazz- bald rockstilistische Züge im Übergewicht sind" (Halbscheffel/Kneif, 1992, s.v. 'Jazz-Rock').

Weitere, oft synonym verwendete Bezeichnungen sind *Fusion* – der von der Tonträgerindustrie geprägte Begriff ist aber bewusst neutral gehalten, um keine Käuferschichten abzuschrecken (Wicke/Ziegenrücker, 1997, s.v. 'Fusion') – und *Electric Jazz*, der ebenfalls begrifflich nicht ganz eindeutig ist:

„Der betreffende Ausdruck bezeichnet indes nur eine – nicht einmal die wichtigste – Seite in der Vermischung von Jazz- und Rockmerkmalen." (Halbscheffel/Kneif, 1992., s.v. 'Electric Jazz')

Der Begriff *Electric Jazz* wird jedoch häufig wertend im Sinne einer Abgrenzung zu der als „simpel" empfundenden Rockmusik verwendet.

Die Entwicklung des Jazz Rock lässt sich nach den Autoren Halbscheffel und Kneif in drei grobe Phasen unterteilen:

1) Mitte der sechziger Jahre begannen „Rock- wie Jazzmusiker in tastenden Versuchen Möglichkeiten gemeinsamen Spiels" zu finden (Halbscheffel/Kneif, 1992, s.v. 'Jazz-Rock').
2) Die eigentliche Jazz-Rock-Phase beginnt nach Erscheinen des Miles Davis Albums *Bitches Brew*. Parallel dazu bildet sich eine spezifisch europäische, vorwiegend aber britische Entwicklung des Jazz Rock.
3) Die Verbindung von Free Jazz und *Funk* zum *Free Funk* „wird kaum mit dem Namen Jazz-Rock bedacht; die Musik dieser Phase ist aber nichts anderes" (ebd.).

Mitte der sechziger Jahre begannen die ersten Musiker aus der britischen Blues-Bewegung Rock- und Jazz-Elemente miteinander zu verbinden. 1963 formierte sich die GRAHAM BOND ORGANIZATION, aus der mit Ginger Baker (Schlagzeug), Jack Bruce (Bass, Gesang) und John McLaughlin (Gitarre) „einige der später profilbestimmenden Musiker des Jazz Rock hervorgingen" (Wicke/Ziegenrücker, 1997, s.v. 'Jazz Rock').

Bruce und Baker gründeten mit Eric Clapton an der Gitarre das Trio THE CREAM (1966-1968), „dessen komplexe Improvisationstechnik wegweisend geworden ist" (ebd.). Nach Auflösung von CREAM wandte sich der Bassist Bruce verstärkt dem Jazz zu: mit John McLaughlin sowie den COLOSSEUM Mitgliedern Jon Hiseman (Schlagzeug) und Dick Heckstall-Smith (Tenor-, Sopran- und Bariton-Saxophone) spielte Bruce das stark durch den Jazz geprägte Album *Things we like* (1968) ein. Der Saxophonist Heckstall-Smith ist in der Rockmusik durch seine Spieltechnik aufgefallen. Er spielt zuweilen, wie auf dem Cover von *Things we like* zu sehen ist, zwei Saxophone gleichzeitig. In den darauf folgenden Jahren beteiligten sich sowohl Bruce als auch McLaughlin an verschiedenen Jazz-Projekten (z.B. JAZZ COMPOSER'S ORCHESTRA, Miles Davis, Tony Williams LIFETIME) in den USA. Diesem Beispiel sind dann weitere Musiker der britischen Jazz- und Rock-Szene, wie z.B. der Gitarrist Allan Holdsworth (u.a. bei den britischen Gruppen NUCLEUS, TEMPEST, SOFT MACHINE, Bill Bruford und der französischen Gruppe GONG), der Bassist Dave Holland (Alexis Korner) sowie der Avantgarde Rock Gitarrist Fred Frith (HENRY COW und ART BEARS) gefolgt. Typische Vertreter des britischen Jazz Rock sind die Gruppen:

- CARAVAN
- COLOSSEUM (mit den Ablegern TEMPEST und COLOSSEUM II)
- HATFIELD & THE NORTH (mit dem Ableger NATIONAL HEALTH)

3. Die Entwicklung des *Progressive Rock*

- HENRY COW mit dem Ableger ART BEARS (die man sowohl dem spezifisch britischen Jazz Rock, als auch dem Avantgarde Rock zuordnen kann)
- SOFT MACHINE (mit dem Ableger MATCHING MOLE)

(Halbscheffel/Kneif, 1992, s.v. 'Jazz-Rock').

Der britische Jazz Rock enthielt gegenüber dem amerikanischen Jazz Rock oft stärkere Avantgarde-Einflüsse (ebd.). Beispiele dafür sind die Gruppen HENRY COW, ART BEARS und SOFT MACHINE. Obwohl anfangs die amerikanische Entwicklung die Wahrnehmung einer britischen Jazz-Rock-Szene überdeckte, wird dieser Strömung heute eine große Bedeutung für die achtziger und neunziger Jahre zugesprochen:

„Ausgehend von SOFT MACHINE und CARAVAN bildete sich um 1970 eine spezifisch britische Strömung des Jazz-Rock, die sich im Laufe der siebziger Jahre als der US-amerikanischen Spielart der Nach-Miles-Davis-Ära überlegen erwies und in den achtziger Jahren auch in den USA an Einfluß gewann". (Halbscheffel/Kneif, 1992, s.v. 'Britische Rockmusik')

Die ersten amerikanischen Versuche, Jazz-Elemente in die Rockmusik zu integrieren, stammen von Frank Zappa und dessen Gruppe MOTHERS OF INVENTION. Neben den Rockmusikern begannen aber auch die Jazzmusiker damit, Rock-Elemente mit dem Jazz zu verbinden. Der Gitarrist Larry Coryell war mit seiner 1965 gegründeten „stilbildenden" Gruppe FREE SPIRITS einer der ersten Musiker, der „im Jazz und Rock gleichermaßen hundertprozentig" überzeugte (Graves/Schmidt-Joos/Halbscheffel, 1998, s.v. 'Coryell, Larry'). Ab 1967 spielte Coryell neben Steve Swallow und Bob Moses im Quartett des Vibraphonisten Gary Burton. Berührung mit der Rockmusik hatten Burton und Swallow, der zu den ersten E-Bassisten des Jazz gehört, aber schon vorher. 1966 spielten sie die BEATLES Komposition *Norwegian Wood*, erschienen auf dem Album *The Time Machine*, ein.

Ende der sechziger Jahre wurde Rockmusik mit Bläsersätzen, z.B. von BLOOD, SWEAT AND TEARS und CHICAGO (beide ab 1968), von der Musikindustrie als „Jazz Rock" verkauft. Bei der Jazz-Kritik stieß diese Musik aber nicht auf Gegenliebe:

„Ihre Konzeption dessen, was sie 'Jazz Rock' nannten, war ebenso simpel – deshalb auch leicht reproduzierbar – wie kommerziell vielversprechend." (Lippegaus, 1975, 224/226)

In der Tat wurden die *Brass-Rock*-Gruppen kommerziell äußerst erfolgreich. Die Gruppe CHICAGO verkaufte beispielsweise von ihren 21 Veröffentlichungen bis 1990 über 60 Millionen Tonträger (Graves/Schmidt-Joos/Halbscheffel, 1998, s.v. 'CHICAGO').

Der Weg des Jazz zum Jazz Rock wurde aber erst durch die Hinwendung des Trompeters Miles Davis zur Rockmusik – ab 1968 interessierte er sich insbesondere für James Brown, Jimi Hendrix und SLY AND THE FAMILY STONE (Davis, 1990, 349) – festgelegt. Mittels der elektrischen Instrumente der Rockmusik, vor allem mit dem elektrischen *Fender Rhodes* Piano, dem elektrischen *Fender* Bass, und mit Synthesizern, wollte Davis in einer kleineren Gruppe die Klangtexturen erreichen, die zuvor der Arrangeur Gil Evans mit einer großen Besetzung (z.B. auf *Sketches of Spain*, 1960) realisiert hatte (ebd., 353).

Obwohl schon frühere Produktionen von Davis, z.B. *In a Silent Way* vom 1969, sich dem Rock genähert hatten, begann mit der Veröffentlichung des Albums *Bitches Brew* (1970) „eine Konsolidierungsphase des Jazz Rock" (Halbscheffel/Kneif, 1992, s.v. 'Jazz Rock').

Aus dem Kreis der an *Bitches Brew* beteiligten Musiker entwickelte sich eine Reihe der wichtigsten und auch kommerziell erfolgreichsten amerikanischen Jazz-Rock-Gruppen der siebziger Jahre:

- Tony Williams LIFETIME mit John McLaughlin und Larry Young
- MAHAVISHNU ORCHESTRA mit John McLaughlin
- RETURN TO FOREVER mit Chick Corea und Lenny White
- WEATHER REPORT mit Joe Zawinul und Wayne Shorter (ebd.).

Merkmale des amerikanischen Jazz Rock waren Rock-Riffs in komplexen Rhythmen und ungeraden Taktarten, die modale Improvisationstechnik aus dem Jazz sowie die durch elektrische Instrumente geprägte Klangästhetik des Rock. Ein Beispiel dafür ist die McLaughlin Komposition *The Dance of Maya* (auf: *The Inner Mounting Flame* des MAHAVISHNU ORCHESTRA) mit einem Thema im 10/8 Takt mit den metrischen Schwerpunkten 3+4+3, darüber wird polyrhythmisch ein ungerader *Shuffle Beat* des Schlagzeugers in sechzehntel Noten mit der Betonung 3+3+3+3+3+3+2 (=20/16) gespielt. Ein Break im 5/4 Takt, der unisono gespielt wird, führt in das folgende Solo; die Begleitung spielt hier den *Shuffle Beat* des Schlagzeugers mit. Das Tonmaterial des Themas basiert auf einer Kombination aus zwei Tonleitern: E-lokrisch mit Alteration (#6) und die Ganztonleiter auf E. Gemeinsamkeit beider Skalen ist das charakteristische Intervall des Tritonus E/Bb (bzw. Ais).

Die Spielweise dieser amerikanischen Gruppen setzte sich weltweit durch, dabei wurde aber die spezifisch europäische, insbesondere britische Entwicklung des Jazz Rock überdeckt. Die als *Fusion* bezeichnete Spielart des amerikanischen Jazz Rock entwickelte sich jedoch schnell zu einem Klischee. Die Kompositionen folgten immer wieder einem eingeschliffenen Schema:

„Über ein Riff wurde unisono ein Thema aufgestellt, das nach mehrmaligem Durchspielen zugunsten langer modaler Improvisationen verlassen wurde; am Schluß eines solchen Stückes wurde – wiederum unisono – das Thema wiederholt. Als einziges Kriterium galt bald die Geschwindigkeit." (ebd.)

SOFT MACHINE

Die 1966 in Canterbury formierte Gruppe SOFT MACHINE spielte eine ungewohnte „Mischung aus Rock, Free Jazz und Effekten aus der avantgardistischen E-Musik", ohne sich darum zu kümmern, so der Bassist Hopper, ob ihre Musik „kommerziell ist oder nicht" (Graves/Schmidt-Joos/Halbscheffel, 1998, s.v. 'SOFT MACHINE').

Die erste Besetzung bestand aus Robert Wyatt (Schlagzeug und Gesang), Michael Ratledge (Orgel und E-Piano), Kevin Ayers (Bass und Gitarre) sowie dem Gitarristen Daevid Allen, der aber schnell die Band wieder verließ, um seine eigene Gruppe GONG zu gründen. Zu hören ist Allen lediglich auf einem 1967 aufgenommenen, aber erst 1980 veröffentlichten Album. Auch Ayers schied nach dem ersten regulären Studioalbum (*Soft Machine*, 1968) aus, „weil ihm die Musik zu kompliziert geworden war" (ebd); seinen Platz nahm der Bassist Hugh Hopper ein. Seit 1970 ist Elton Dean, der Saxophonist aus der Jazzgruppe des Pianisten Keith Tippett, festes Bandmitglied bei SOFT MACHINE. Zu hören ist er erstmals auf dem Album *Third*. Nach dem Album *Fourth* (1970) stieg Robert Wyatt aus, um eine Solokarriere zu starten, ersetzt wurde er durch die ehemaligen NUCLEUS Mitglieder John Marshall (Schlagzeug) und Karl Jenkins (Saxophon und Oboe). Bedingt durch den Ausstieg von Dean (nach *Fifth*, 1972), Hopper (nach *Six*, 1972) und Ratledge (nach *Bundles*, 1975), bildeten Marshall und Jenkins bis zur Auflösung von SOFT MACHINE im Jahr 1981 den Kern einer „von allen Gründungsmitgliedern verlassenen Gruppe" (ebd.). Zur Band gehörten nun zeitweilig Roy Babbington (Bassgitarre), Allan Holdsworth (Gitarre), John Etheridge (Gitarre) und viele weitere Instrumentalisten. Die Musiker konnten jedoch dem gewohnt hohen Standard der frühen Werke nicht gerecht werden. Das Album *Land Of Co-*

ckayne (1981) wurde von den Kritikern verrissen: „es war die letzte... besser: das Letzte" (ebd.).

Kreativer sind da die Arbeiten der ehemaligen Bandmitglieder von SOFT MACHINE. Neben der eigenen Solokarriere haben sie sich auch immer wieder an Produktionen anderer Künstler, meistens aus dem Umfeld von SOFT MACHINE und der Canterbury-Szene, beteiligt; die größte Aufmerksamkeit erreichte dabei wohl Robert Wyatt.

Er gründete 1971 zusammen mit Bill Mac Cormick (Bass), dem ehemaligen CARAVAN-Mitglied David Sinclair (Piano, Orgel) und Phil Miller (Gitarre) – der später bei HATFIELD & THE NORTH sowie NATIONAL HEALTH Mitglied wurde – die Gruppe MATCHING MOLE (eine Verballhornung der französischen Übersetzung von SOFT MACHINE, *Machine Molle*), die sich jedoch nach zwei Jahren und zwei Alben wieder auflöste. Anschließend produzierte Wyatt, der seit einem Unfall im Jahre 1973 querschnittsgelähmt ist, eine Reihe von Solo-Alben, zum Beispiel *Rock Bottom* (1974) und *Ruth Is Stranger Than Richard* (1975), an denen auch Fred Frith mitwirkte, und er beteiligte sich, vor allem mit seiner unverwechselbaren Stimme, an den Alben anderer Musiker, beispielsweise an den Produktionen von Daevid Allen, Kevin Ayers, Michael Mantler sowie dem Solo-Album des PINK FLOYD Schlagzeugers Nick Mason.

Robert Wyatts politisches Engagement – er trat mit seiner Frau Alfreda „Alfie" Benge der britischen Kommunistischen Partei bei – ist auch in seinen Songs zu hören. Er sang „gegen amerikanischen Imperialismus, Klassenunrecht, die Thatcher-Regierung, neokolonialistische Subversion und Medien Terror..." (Graves/Schmidt-Joos/Halbscheffel 1998, s.v. 'Wyatt, Robert').

Über den besonderen Stellenwert von SOFT MACHINE, sie waren die erste Rockband, die im Londoner *Ronnie Scott's Jazzclub* sowie beim Neue Musik Festival in Donaueschingen gespielt hat, (Graves/Schmidt-Joos/Halbscheffel 1998, s.v. 'SOFT MACHINE'), schreibt der Kritiker Karl Lippegaus:

„SOFT MACHINE ist seit ihrer Gründung 1966 einen eigenen Weg gegangen. Schon damals waren die Mitglieder der Band keiner bestimmten Musikrichtung verpflichtet. Sie schufen Werke von höchster Eigenständigkeit, die ihnen bei der englischen Fachkritik den Ruf einbrachten, sie seien die 'BEATLES des Jahres 2000'. Die Wege dieser Band und ihrer Splittergruppen sind so weit verzweigt, daß man ein ganzes Buch allein mit einer 'SOFT MACHINE Story' füllen könnte." (1975, 238)

Den Unterschied des ästhetischen Konzeptes von SOFT MACHINE zum späteren Jazz Rock – gemeint ist hier die als *Fusion* bezeichnete amerikanische Va-

3. Die Entwicklung des *Progressive Rock*

riante – stellt Wolf Kampmann in einer Kritik zu dem Album *Noisette* (2000) dar, welches bisher unveröffentlichtes Live-Material aus dem Jahr 1970 enthält:

„Eine weit verbreitete historische Fehleinschätzung besteht darin, den Jazz Rock der späten Sechziger, frühen Siebziger mit Fusion gleichzusetzen. Ein Beispiel, das diese Behauptung auf der Stelle widerlegt, ist SOFT MACHINE. Diese Band war nicht auf den Zusammenfluss zweier gleichberechtigter Schulen oder Ausdrucksformen aus, sondern auf Erweiterung der Kraft, die im Rock lag, auf Grundlage der Freiheit des Jazz. In dieser Hinsicht ging die Gruppe so weit, dass sie unmöglich alle Wagnisse veröffentlichen konnte, die sie zu Zeiten ihres Bestehens einging... Die Band spielt einen filigranen, ebenso meditativen wie eruptiven Progressive Rock, der viele vor allem amerikanische Avantgarde-Modelle der Achtziger bis heute vorweg nimmt." (*Jazzthetik*, April 2000, 73)

MAHAVISHNU ORCHESTRA

John McLaughlin, geistiger Kopf, Gitarrist und einzige Konstante des MAHAVISHNU ORCHESTRA, spielte zuvor zehn Jahre lang in den wichtigsten europäischen Rock- und Jazzgruppen, unter anderem bei Alexis Korner, Georgie Fame, Brian Auger, der GRAHAM BOND ORGANIZATION und in der Gruppe des deutschen Free-Jazz-Vibraphonisten Gunter Hampel (Graves/Schmidt-Joos/Halbscheffel, 1998, s.v. 'McLaughlin, John').

1968 ging McLaughlin nach New York, um bei LIFETIME, der Gruppe des Jazz-Schlagzeugers Tony Williams, zu spielen. Danach folgten weitere Engagements bekannter amerikanischer Jazz-Musiker, darunter Miles Davis, Wayne Shorter und Carla Bleys JAZZ COMPOSER'S ORCHESTRA.

Der Trompeter Miles Davis holte den Gitarristen für *In A Silent Way* (1969) und *Bitches Brew* in sein Ensemble, weil McLaughlin „die Möglichkeiten der Rockgitarre mit der Sensibilität des Jazz zu verbinden" wusste (Nisenson, 1992, 164).

„Als Miles eine Aufnahme von McLaughlin hörte, war ihm sofort klar, daß er hier einen Gitarristen gefunden hatte, der die Sprache von Jimi Hendrix' und Eric Claptons ebenso verstand wie die John Coltranes." (ebd.)

McLaughlin, der sich durch den indischen Guru Sri Chinmoy zum Hinduismus bekehren ließ und sich seitdem Mahavishnu nannte, gründete 1971 die Gruppe MAHAVISHNU ORCHESTRA, die „die Fusion von Jazz und Rock drei Jahre lang überzeugender vollzogen" hat als jede andere Band (Graves/Schmidt-Joos/Halbscheffel, 1998, s.v. 'MAHAVISHNU ORCHESTRA').

Neben McLaughlin gehörten der Gruppe noch der Geiger Jerry Goodmann (zuvor bei der Rockgruppe THE FLOCK), der Schlagzeuger Billy Cobham (zuvor bei Miles Davis, Larry Coryell und anderen), der Bassgitarrist Rick Laird sowie der Synthesizer Spezialist und Pianist Jan Hammer, an.

Dem MAHAVISHNU ORCHESTRA wird von den Jazz-Kritikern eine große Bedeutung für die Entwicklung des Jazz Rock beigemessen:

„'The Inner Mounting Flame', ihre erste Schallplatte, gilt als der entscheidende zweite Schritt in der Entwicklung des Jazz der siebziger Jahre nach 'Bitches Brew'. Die Musik war nun noch kompakter geworden, sie war rhythmisch wie melodisch noch stärker verdichtet. Mit dem MAHAVISHNU ORCHESTRA war der vielzitierte Zwischenbereich von Jazz und Rock noch überzeugender ausgefüllt als zuvor. McLaughlin und seine vier Mitspieler improvisierten in einem ungewöhnlich eng ineinander verzahnten Gruppenspiel..."
(Lippegaus, 1975, 233)

Nach zwei Studioproduktionen (*The Inner Mounting Flame*, 1971 sowie *Birds of Fire*, 1973) und einem Live-Album (*Between Nothingness Eternity*, 1973) hat sich das Quintett aufgrund „zwischenmenschlicher Differenzen" (ebd.) aufgelöst. Bisher ist es McLaughlin nicht gelungen, „dieser kurzen und überaus eindrucksvollen Phase Gleichwertiges folgen zu lassen" (ebd.).

Unter dem gleichen Gruppennamen stellte McLaughlin mit den Musikern Jean Luc Ponty (Violine), Michael Narada Walden (Schlagzeug), Ralphe Armstrong (Bassgitarre) und Gayle Moran (Keyboards) ein neues Ensemble zusammen, das zusätzlich noch durch Streicher und einem Symphonie Orchester verstärkt wurde; das Resultat war das 1974 erschienene Album *Apocalypse*:

„Diese Besetzung erfüllte für McLaughlins und Pontys instrumentale Ego-Trips nur mehr Begleitfunktion – mit dröhnenden Gongs, Effektperkussion, hymnischen Vokalisen und einem wagnerischen Wagalaweia-Sound." (Graves/Schmidt-Joos/Halbscheffel, 1998, s.v. 'MAHAVISHNU ORCHESTRA')

Nachdem sich McLaughlin von seinem Guru trennte und seinen Namen Mahavishnu ablegte, löste er auch seine Gruppe auf. Die letzte Produktion *Inner Worlds* (1976) wurde in einer verkleinerten Besetzung – neben McLaughlin nur noch Walden, Armstrong sowie dem neuen Keyboarder Stu Goldberg – eingespielt.

Eine Neubesetzung erfolgte im Jahre 1984 mit Bill Evans (Saxophon), Mitch Foreman (Keyboards), Danny Gottlieb (Schlagzeug) und Jonas Hellborg (Bassgitarre). McLaughlins Gruppe konnte die Erwartungen aber nicht erfüllen:

3. Die Entwicklung des *Progressive Rock*

„Auf der LP *Adventures In Radioland* (1987) kreierte er mit diesen 'respektablen Sidemen' jedoch auch wieder nur 'überwiegend inhaltsleere, wenn auch recht komplex angelegte Klangbilder' (Stereoplay)..." (ebd.)

Nach Auflösung des MAHAVISHNU ORCHESTRA, aber auch schon vorher, hat McLaughlin stets in anderen Besetzungen mitgespielt. Bei dem Duo-Projekt mit dem Rockgitarristen Carlos Santana, einem weiterem Sri Chinmoy Schüler, wird der „philosophisch-religiöse Hintergrund des Neuen Jazz" (Lippegaus, 1975, 235) besonders deutlich:

„Höhepunkt dieses himmlischen Egotrips war das stark von der Musik des Jazz-Mystikers John Coltrane beeinflußte Duo-Album *Love Devotion Surrender* ..." (Graves/Schmidt-Joos/Halbscheffel, 1998, s.v. 'McLaughlin, John')

Das 1973 veröffentlichte Album enthält neben den stilistischen Einflüssen, beispielsweise die *Sheets of Sound* (rasende, nicht notierbare Tonkaskaden), auch zwei Kompositionen (*A Love Supreme* und *Naima*) des Free-Jazz-Saxophonisten John Coltrane.

Später wandte sich McLaughlin verstärkt der akustischen Gitarre zu. Seine neue Gruppe SHAKTI (Debüt Album: *Shakti*, 1976) spielte ausschließlich akustisch erzeugte Musik, mit der er, auch durch die Unterstützung indischer Musiker, „noch tiefer in die Geheimnisse der indischen Raga-Welt" eindrang (ebd.).

Anfang der achtziger Jahre spielte McLaughlin in einem akustischen Gitarrentrio mit Al DiMeola (aus Chick Coreas Gruppe RETURN TO FOREVER) und Paco de Lucia Flamenco orientierten Jazz. Das Resultat waren die auch kommerziell erfolgreichen Alben *Friday Night In San Francisco* (1981) und *Passion, Grace & Fire* (1983). Ähnlich dem MAHAVISHNU ORCHESTRA erlebten auch SHAKTI und das Trio mit de Lucia und DiMeola eine Wiederbelebung in den achtziger und neunziger Jahren.

Die letzte Produktion McLaughlins, das im Jahr 1998 live in Paris aufgenommene, aber erst im Jahr 2000 veröffentlichte Album *The Heart Of Things*, zeigt erneut den gewohnten Jazz-Rock-Stil des Gitarristen.

3.3 Der Bruch durch *New Wave* und Punk

Die artifiziellen Errungenschaften der progressiven Rockmusik – beispielsweise durch anspruchsvolle Texte und einer komplexer werdenden Harmonik und Rhythmik – sowie die Perfektion der Aufnahmetechnik führten schließlich zu einer Gegenbewegung, dem Punk Rock.

Höhepunkt dieser, von den Punkern verhassten Entwicklung der Rockmusik, stellte PINK FLOYDs *The Wall* (1979) dar; hier wurde der Gedanke, der hinter dem Konzeptalbum stand, zu einem gigantischen Multimedia-Projekt ausgeweitet:

- Doppelalbum mit Single Auskopplung
- Live-Konzerte (1980/1981) mit einem Animationsfilm von Gerald Scarfe auf einer 50m breiten und 11m hohen Styropor-Mauer, die während der Show aus 340 Steinen aufgebaut und am Ende zum Einsturz gebracht wurde ('jols', 2000, 72)
- Kinofilm (1982), bei dem Alan Parker Regie führte.

Die Weiterentwicklung der Rockmusik der siebziger Jahre führte schließlich dazu, dass die Hörer, entgegen früherer Jugendkulturen wie z.B. beim Rock'n'Roll, ihr Interesse an der Rockmusik behielten:

„Das simple Konzept Rock gleich Jugendkultur war damit bereits aus den Angeln gehoben; schon in den siebziger Jahren entstand eine Markt-, Stil- und Generationsdifferenzierung in 'AOR' ('Adult Oriented Rock') und jugendlichen Pop/Rock." (Hallenberger, 1994, 41)

Außerdem war die Generationskohärenz der musikalischen Präferenzen innerhalb der Rockmusik aufgehoben: die „älteren" Hörer entschieden sich zwischen nostalgischer Erinnerung an die Jugend, aktuellem Rock-*Mainstream* und diverser progressiver Stile, die „jüngeren" Hörer wählten dagegen aus den „antagonistischen Optionen Mainstream, Disco und Punk" (ebd.) ihre musikalischen Vorlieben heraus.

Dem Perfektionismus der „Supergruppen" der siebziger Jahre, beispielsweise PINK FLOYD, GENESIS, EMERSON, LAKE AND PALMER und YES, aber auch kommerziell erfolgreichen Jazz-Rock- und Hard-Rock-Gruppen, wurde ein „Kult des Dilettantismus, der rituellen Stilisierung des Häßlichen, einer bewußt abstoßenden Gossenpoesie und einem aberwitzigen Lärm" entgegengestellt (Wicke/Ziegenrücker, 1997, s.v. 'Punk Rock').

Der Punk verfolgte mit lärmenden, verzerrten schrillen Gitarrensounds sowie einem sehr schnellen, hektischen und hämmernden Rhythmus eine „intolerante Ästhetik der Wildheit". (ebd.) Ausgelöst wurde diese Entwicklung von der 1977 erschienenen Single *Arnachy in the U.K* der SEX PISTOLS:

3. Die Entwicklung des *Progressive Rock*

„... das einem sich bis dahin unterschwellig und abseits vom Rockgeschäft herausgebildeten Mißmut britischer Jugendlicher aus den sozialen Unterschichten angesichts der wachsenden Distanz zwischen ihren sozialen Erfahrungen und den kunstvollen Experimenten des *Art Rock* der mittsiebziger Jahre Luft verschaffte." (ebd.)

Der Punk-Rock der Spätsiebziger unterschied sich aber deutlich von dem ebenfalls als Punk bezeichneten US-amerikanischen Stil der späten Sechziger:

„'Sixties Punk' ist demnach musikalische Konfektionsware von zeitlich-lokaler Eigenprägung." (Halbscheffel/Kneif, 1992, s.v. 'Punk-Rock')

Die Britische Punk-Musik der späten siebziger Jahre war dagegen eine durch den Generationenkonflikt geprägte neue, rebellische Jugendmusik:

„Punk stellte sowohl eine praktische Kritik der Trivialität von Teeny-Pop und Disco dar als auch der wirklichkeitsfernen Selbstverliebtheit des 'erwachsenen' Rock, der den LP-Markt dominiert, eine Kritik seiner Glätte und Perfektion, seiner mythischen Themen und endlosen Gitarrensolos." (Hallenberger, 1994, 29)

Die Musikindustrie reagierte auf die Punk-Musik, die anfangs von kleinen *Independent* Labels (z.B. Stiff und Chiswick) getragen wurde, sehr schnell; die *Major* Labels kauften entweder die *Independent* Labels auf, oder sie nahmen eigene Punk-Rock-Gruppen unter Vertrag. Die Produktionen der Gruppe THE CLASH erschienen beispielsweise von Anfang an bei der CBS, die Debüt Single der SEX PISTOLS erschien bei der EMI.

Der Punk Rock hatte aber in dieser Form keine lange Überlebenschance. In der Ästhetik eines intoleranten Dilettantismus liegen keine größeren Entwicklungsmöglichkeiten. Die Gruppen lösten sich deshalb entweder nach kurzer Zeit wieder auf, oder sie wandten sich anderen musikalischen Formen zu. Exemplarisch dafür stehen die beiden bekanntesten Punk-Bands:

„The SEX PISTOLS lösten sich nach einigen Singles und einer LP auf; der Sänger Johnny Rotten gründete PUBLIC IMAGE LTD, eine Band, die mit Punk nichts mehr im Sinn hatte. THE CLASH wandten sich überlegt gestalteter Musik zu, von der das Dreifach-Album *Sandinista!* (1980) beredtes Zeugnis ablegt." (Halbscheffel/Kneif, 1992, s.v. 'Punk-Rock')

Wie weit der Punk von seiner ursprünglichen Basis entfernt ist, sieht man an dem Beispiel der Gruppe THE CLASH, deren Titel *Should I Stay Or Should I Go* in der Jeans-Werbung verwendet wurde und dadurch 1991 erneut in die Charts gelangte (Graves/Schmidt-Joos/Halbscheffel,1998, s.v.'THE CLASH').

Heute existiert Punk-Musik in erster Linie als *Hardcore*, dem harten Kern, der den britischen Punk von 1977 als authentischen Ausdruck eines Lebensgefühls konservieren will, hier vor allem als Live-Musik auf selbstorganisierter und lokaler Ebene. Darüber hinaus hat der Punk andere Stile der populären Musik beeinflusst, beispielsweise den *Grunge*.

„Bereits um 1980 zeigte sich, daß Punk-Rock zwar nicht selbst die erwartete Umwälzung der Rockmusik war, wohl aber die New Wave vorbereitete." (Halbscheffel/Kneif 1992, s.v. 'Punk-Rock')

Die Bezeichnung *New Wave* ist Mitte der siebziger Jahre in den USA für eine außerhalb des offiziellen Musikmarktes entstandene ästhetische und ideologische Neubewertung der Rockmusik aufgekommen. Im Sog des britischen Gegenstückes, dem Punk, wurde auch die *New-Wave*-Musik von der Musikindustrie kommerziell verwertet, infolgedessen hat sich dann die neutralere amerikanische Bezeichnung *New Wave* durchgesetzt. Der Sammelbegriff umfasste aber alles, was sich von der herkömmlichen Rockmusik absetzte:

„Als 'New Wave' galten gleichermaßen Bands mit und solche ohne Kunstanspruch, Bands mit kommerziellen Ambitionen und bewußt am Massenpublikum vorbeiproduzierende Underground-Gruppen." (Hallenberger, 1994, 31)

Zum *New Wave* wurden so gegensätzliche Stilbereiche wie Punk und Elektro-Pop gerechnet. Allgemeine Merkmale waren „die Bevorzugung eines eher schroffen Klangbildes" (ebd.), der Rückgriff auf bekannte Musikstile – und hier insbesondere der Einfluss des Reggae, beispielsweise bei der Gruppe POLICE, aber auch Elemente des Rap, *Funk* und der afrikanischen Musik – sowie der weitgehende Verzicht auf Solis.

Ein Beispiel für Rockmusik, die in ihrem Klangbild noch Merkmale des Punk aufweist, sich aber in ihrer Kompositionstechnik deutlich davon abhebt, ist das Debütalbum *Rattus Norvegicus* (1977) der STRANGLERS:

„Die harten, gleichmäßigen Schläge und die durchlaufende Achtelbewegung in 'Goodbye Toulouse' der STRANGLERS zum Beispiel wurzeln noch im Punk. Aber der 3/4-Takt hebt sich schon entschieden vom Punk-Hintergrund ab, und das motivische Verfahren, dem das sechstönige Grundmotiv unterworfen wird, findet im gesamten Punk-Repertoire nicht seinesgleichen. Hier befreit sich die Musik bereits vom Zwang zum provozierenden Lärm und macht sich Elemente der Mehrstimmigkeit, der Polyphonie, zunutze." (Halbscheffel/Kneif, s.v. 'New Wave')

Obwohl die musikalischen Ansätze von Punk und *New Wave* sehr unterschiedlich waren, „in ihren ideologischen und ästhetischen Implikationen besaßen sie durchaus Gemeinsamkeiten" (Wicke/Ziegenrücker, 1997, s.v. 'New Wave').

Im *New Wave* ging es, wie auch im Punk, um die Befreiung von dem „Zum Selbstzweck gewordenen artistischen Ballast" (ebd.); die Rockmusik sollte zu den sozialen Grundfunktionen – dem Lebensgefühl der Jugendlichen – zurückgeführt werden (ebd.).

Unter dem Begriff *New Wave* wurden beispielsweise folgende Interpreten subsumiert:

- BLONDIE
- THE CLASH
- DEVO
- PERE UBU
- POLICE
- RAMONES
- TALKING HEADS
- TELEVISION (ebd.)
- HUMAN LEAGUE (Kneif, 1982, 349-350)
- SIOUXSIE AND THE BANSHEES
- STRANGLERS
- XTC (Halbscheffel/Kneif, 1992, s.v. 'New Wave')

Der *New Wave* war jedoch nur eine kurzfristige Erscheinung. Die Rockmusik ist relativ schnell wieder „zur Tagesordnung zurückgekehrt" (ebd.).

Abgelöst wurde die *New Wave* durch den Synthi-Pop der *New Romantics* – einer „neo-konservativ-hedonistischen Gegenbewegung" (Jäger, 2000b, 56). Die Musik – eine nostalgische Renaissance britischer Popmusik aus den sechziger Jahren im Synthesizer-Sound – wurde hier aber zur Nebensache, wichtiger war die visuelle Erscheinung durch Kleidungsstil und Videoclips.

Langfristig konnten sich nur sehr wenige *New-Wave*-Künstler stabilisieren – kommerziell am erfolgreichsten ist hier sicherlich der Ex-POLICE Sänger und Bassist Sting gewesen – das kometenhafte Auftauchen neuer Bands, die Verbreitung des stilistischen Spektrums sowie die Revival-Bewegungen waren die herausragenden Kennzeichen des *New Wave* (Wicke/Ziegenrücker, 1997, s.v. 'New Wave'). Musiker, die sich künstlerisch auf längere Sicht etabliert haben, sind beispielsweise die beiden ehemaligen JAPAN-Mitglieder

Mick Karn (Bassgitarre, Klarinette, Gesang) und David Sylvian (Keyboard, Gitarre, Gesang). Karn spielte unter anderem mit dem Jazzgitarristen David Torn und für die Sängerin Kate Bush. Sylvian hat mit Ryuichi Sakamoto, Kenny Wheeler, Holger Czukay, Robert Fripp und Bill Frisell zusammengearbeitet. Musikalisches Merkmal der Gruppe JAPAN wie auch einiger anderer *New-Wave*-Bands war die kunstvolle Verzahnung von Riffs:

„Bei JAPAN sind es die Riffs des Bassisten Mick Karn, die mit den Patterns des Drummers Steve Jansen und den perkussiven Synthesizer-Klängen des Keyboard-Spielers Richard Barbieri eine eigenartige Kontrapunktik ergeben." (Halbscheffel/Kneif, 1992, s.v. 'Riff')

Trotz der relativ kurzfristigen Erscheinung von Punk und *New Wave* gerieten viele *Progressive-Rock*-Gruppen der siebziger Jahre in die Krise, „von der sich manche nicht mehr und andere erst gegen Ende der achtziger Jahre erholten, dann allerdings häufig an die alten Erfolge anknüpfend" (Halbscheffel/Kneif, 1992, s.v. 'Punk-Rock').

Die meisten Jazz-Rock-Gruppen hatten sich schon Ende der siebziger Jahre aufgelöst. Die Musiker spielten jetzt, vorwiegend live in kleineren Besetzungen, akustischen und weniger am Rock orientierten Jazz (z.B. John McLaughlin, Chick Corea).

Die *Art-Rock*-Gruppen lösten sich entweder ganz auf (GENTLE GIANT) oder sie trennten sich für mehrere Jahre, um dann mit alten Sounds ein Comeback zu starten (EMERSON, LAKE AND PALMER, PINK FLOYD); andere Bands wandten sich vorübergehend dem *Mainstream*-Rock zu (YES) oder spielten kommerziell äußerst erfolgreich reine Popmusik (GENESIS). Mit einer ebenfalls am *Mainstream*-Rock orientierten Spielweise war auch die aus ehemaligen Mitgliedern der Bands YES, EMERSON, LAKE AND PALMER und KING CRIMSON bestehende Gruppe ASIA (*Asia*, 1982) sehr erfolgreich.

Nicht in die Krise geraten sind KING CRIMSON, sie haben schon zuvor ihr Konzept vor der Gefahr einer kommerziellen Vereinnahmung stets radikalen Veränderungen unterworfen. Ihre von langen Gitarrensoli und Keyboard-Klängen befreite und durch Minimal Music und afrikanische Polyrhythmik beeinflusste Musik passte zur *New-Wave*-Ästhetik, ohne sich anbiedern zu müssen.

Nach der Reunion in den achtziger und neunziger Jahren verkauften aber viele der *Art-Rock*-Gruppen nur einen Abklatsch ihrer alten Sounds, ohne neue Ideen, Einflüsse und Konzepte. Die Gruppen EMERSON, LAKE AND PALMER und PINK FLOYD kopierten lediglich die Sound-Effekte und die Klangäs-

3. Die Entwicklung des *Progressive Rock*

thetik ihrer früheren Erfolge als ein kommerziell weiterverwertbares Markenzeichen. Darüber hinaus gingen viele Gruppen erstmals offen und ungeniert äußerst lukrative Werbeverträge mit der Autoindustrie ein. Der mit ihrer Hörerschicht zur „erwachsenen Musik" gealterte Rock der sechziger und siebziger Jahre hat seinen Protest-Charakter verloren, die Fans gehören heute zu den Mittelklassewagen kaufenden Konsumenten. Werbeverträge mit dem VW-Konzern sind – neben den ROLLING STONES und der am *Mainstream* orientierten Hard-Rock-Band BON JOVI – auch die von ihren kreativen Köpfen verlassenen Gruppen GENESIS und PINK FLOYD eingegangen.

Der ehemalige geistige Kopf von PINK FLOYD, Roger Waters (Bassgitarre, Gesang), urteilt in einem Interview mit dem *Musikexpress* über die heutige Arbeit (seit 1987) seiner früheren Bandkollegen, insbesondere ist hier aber der Gitarrist und neue Bandleader David Gilmour gemeint:

> „Und schau dir an, was er sonst noch so geleistet hat, PINK FLOYD ist heute ein Sondermodell von Volkswagen (lacht)." (Frank, 2000, 36)

Auf die Frage des Journalisten, ob es ihn ärgert, „dass David Gilmour derweil das PINK-FLOYD-Gefühl weltweit sehr erfolgreich vermarktet", antwortet Waters:

> „Genau so ist es: Sie verhökern ein nostalgisches Gefühl, und ich kann nichts dagegen tun. Als 'A Momentary Lapse Of Reason' herauskam, kotzte mich das an. Ich konnte es nicht fassen! Und niemand schien es zu bemerken. Ich hätte am liebsten die ganze Welt geschüttelt und gerufen: 'Könnt ihr nicht sehen, was für einen Scheißdreck die da produzieren?' Ich habe auch mit Journalisten gesprochen. Ich habe dem 'Rolling Stone' die ganze verdammte Geschichte erzählt, und sie haben es nicht gedruckt, sie haben kein einziges Wort davon gedruckt! Und dann hat Timothy White (PINK FLOYD-Session-Gitarrist – Anm. d. Red.) in einem Buch die wahre Geschichte über die Entstehung von 'A Momentary Lapse Of Reason' geschrieben: Dass sie mittendrin aufhören und das ganze Zeug neu aufnehmen mussten, weil es einfach nicht nach PINK FLOYD klang und all die anderen Peinlichkeiten – aber es hat niemanden interessiert." (ebd.)

Weniger betroffen waren dagegen die Avantgarde-Rock-Gruppen. Diese standen ja meist schon vorher durch die eigene Produktion über selbst gegründete Labels in Opposition zur Musikindustrie. Ihre Ästhetik, die nicht auf den *Mainstream* ausgerichtet ist, sollte nie dem kommerziellen Druck der *Major* Labels unterliegen. Einfluss erlangte der britische Jazz- und Avantgarde Rock in der sich neu orientierenden New Yorker Jazz-Avantgarde beispielsweise durch die Mitarbeit von Fred Frith bei John Zorn und MATERIAL.

Auf der Suche nach neuen Sounds und Ideen gelangten dann während des *New Wave* auch einige Avantgarde-Künstler, wie beispielsweise Laurie Anderson, zumindest kurzfristig mit Chart-Erfolgen (*O Superman*, 1981) in die Öffentlichkeit (Graves/Schmidt-Joos/Halbscheffel, 1998, s.v. 'Anderson, Laurie').

3.3.1 *Free Funk*

Free Funk stellt eine Ende der siebziger Jahre in New York entwickelte stilistische Verbindung aus *Funk*, Punk und Free Jazz dar. Mit der zeitgleich entstandenen Gegenbewegung zum *New Wave* – dem *No Wave* – bestehen sowohl personelle als auch stilistische Überschneidungen. Wie in der *New Wave* existiert auch im *Free Funk* eine Verbreiterung des musikalischen Vokabulars:

„Während in den 70ern Jazzmusiker zunehmend die elektronischen Ausdrucksintensitäten der Rockmusik entdeckten und umgekehrt die Gestaltungsmittel der Improvisation langsam in das rockmusikalische Vokabular übernommen wurden – der Terminus 'Jazzrock' also zur Bezeichnung dieser Übertragungen taugte –, bewegen sich die Post-Punk-Funk-No-Wave-Fusion-Spezialisten unserer Tage in einem erklärten Niemandsland der Kategorien. Ungeniert bedienen sich die Musiker heute im 'Supermarkt' der Stil- und Spielarten, quer durch die Geschichte, rund um die Welt." (Kemper, 1983, 269-270)

Der *Free Funk* stellt, wie zuvor der Punk und *New Wave*, eine ästhetische Neuorientierung dar, die sich gegen festgefahrene Strukturen wendet. Dem Jazz Rock erging es ähnlich wie dem *Art Rock*:

„Jazz-Rock war Mitte der siebziger Jahre bei Rockhörern weitgehend in Verruf geraten; einige Schallplatten etwa von Chick Corea, Al DiMeola und Herbie Hancock waren wenig mehr als die routiniert heruntergespielten Produktionen von unterforderten Musikern, Miles Davis veröffentlichte seit Mitte der siebziger Jahre für einen Zeitraum von sechs Jahren keine Schallplatten mehr, John McLaughlin schien weitgehend orientierungslos." (Halbscheffel/Kneif, 1992, s.v. 'Jazz-Rock')

Zu den ersten Jazz-Musikern, die auf den Punk und die *New Wave* reagierten, gehörte der Saxophonist der ersten Free-Jazz-Generation, Ornette Coleman. Zusammen mit dem Gitarristen James „Blood" Ulmer kreierte er „eine neue Spielart harmolodischer Punk-Musik" (Kemper, 1983, 258), mit der er zum Wegbereiter des *Free Funk* wurde.

Die harmolodische Theorie, die Coleman in den späten Siebzigern mit seiner Gruppe PRIME TIME entwickelte, ist in ihrer Anwendung unklar; insoweit Coleman aber verstanden werden kann, erklingen bei der harmolodischen Improvisation verschiedene Tonarten und unterschiedliche Tonhöhen gleichzeitig. Ergebnis dieses Verfahrens ist eine einfache Heterophonie. Darüber hinaus gehört zu dieser Spielpraxis die schon im Free Jazz entwickelte freie Kollektivimprovisation mit dem Prinzip der Gleichberechtigung aller Instrumente, genauer gesagt, die Aufhebung der traditionellen Trennung in Solisten und ihrer Begleitung (Kernfeld, 1988, s.v. 'Harmolodic theory').

Nach Aussage von Ronald Shannon Jackson, dem Schlagzeuger von PRIME TIME, ist der Begriff „harmolodic" aus den Wörtern „harmony", „movement" und „melody" – also Harmonie, Bewegung und Melodie – zusammengesetzt und beinhaltet keine präzise musikalische Bedeutung. Verbreitung fand die harmolodische Spielpraxis durch ehemalige Bandmitglieder Colemans, dazu gehörten beispielsweise die Musiker James „Blood" Ulmer, Jamaaladeen Tacuma, Ronald Shannon Jackson und Don Cherry (ebd.).

Ein Beispiel für den neuen Jazz Rock stellt die EVERYMAN BAND dar. Ursprünglich als Begleitgruppe für den New Yorker „Alt-Punker" Lou Reed gegründet, spielten sie anschließend mit dem „musikalischen Kosmopoliten" Don Cherry (Kemper, 1983, 263).

Der Free-Jazz-Trompeter Cherry erschloss zuvor schon in den sechziger Jahren als erster Jazzmusiker „die Musik der sogenannten Dritten Welt, Arabiens, Indiens und Indonesiens, als Materialquelle" (Jost, 1975, 182).

Unter ihrem eigenen Namen spielte die EVERYMAN BAND – bestehend aus Marty Fogel (Saxophon), Bruce Yaw (Bass), Michael Suchorsky (Schlagzeug) und David Torn (Gitarre) – die Alben *Everyman Band* (1982) und *Without Warning* (1985) ein. Dabei produzierten sie:

„... bewußt kalkulierte 'Ekstasen aus zweiter Hand'. Da erinnert man sich an das hymnische Fieber eines Pharoah Sanders und beklagt zugleich den unwiderruflichen Verfall ursprünglicher Naivität. Wie soll man sich dem fortschreitenden Gefühlsleben der Mikrochips entziehen? Das atonale Gespür des Gitarristen, seine infernalischen Klangträumereien wirken bedrückend und bohrend – das Tenorsaxophon bebt vor unterschwelliger Aggression." (Kemper, 1983, 263)

Typische Vertreter des neuen als *Free Funk*, aber auch als *New-Wave-Jazz*, *No Wave*, Punk Jazz, und *Fake Jazz* bezeichneten Musikstils der New Yorker Szene sind folgende Gruppen und Musiker:
- Ronald Shannon Jacksons DECODING SOCIETY
- DEFUNKT (mit Joseph Bowie)
- MATERIAL

- James „Blood" Ulmer (Wicke/Ziegenrücker, 1997, s.v. 'Free Funk')
- DIZZAZZ (Halbscheffel/Kneif, 1992, s.v. 'Free Funk')
- EVERYMAN BAND (mit David Torn)
- LOUNGE LIZARDS (mit Arto Lindsay und John Lurie)
- Ornette Colemans PRIME TIME
- SLICKAPHONICS (Kemper, 1983, 258-263)

Kennzeichen des neuen Jazz Rock ist die stetige Verbreiterung der musikalischen Sprache. Ohne festgelegte Kategorien pendeln die Musiker, meist in wechselnden Besetzungen, zwischen Reggae, *Funk*, Free Jazz, Rock und „E-Musik"-Avantgarde hin und her. Der Rückgriff auf alle Spiel- und Stilarten erfolgt hier ohne zeitliche und geographische Grenzen. An Einfluss gewann hier auch der britische Jazz- und Avantgarde Rock.

Merkmale des *Free Funk* im engeren Sinne sind schnell gespielte *Funk*-Rhythmen der Rhythmusgruppe (Schlagzeug, Gitarre) und komplex gestaltete, meist zweiteilige *Funk*-Riffs des Bassisten – der erste Teil bleibt unverändert, der zweite Teil wird improvisiert. Darüber erklingen – tonal nicht gebunden, oft aber in modalen Skalen frei improvisiert – die Solisten (Halbscheffel/Kneif, 1992, s.v. 'Free Funk').

Bill Laswell

Der Produzent und Bassgitarrist Bill Laswell (*12.02.1955) war in der New Yorker Szene der achtziger Jahre der „Konzeptor der interessantesten Klänge" (Graves/Schmidt-Joos/Halbscheffel, 1992, s.v. 'Laswell, Bill').

Mit Michael Beinhorn (Keyboards), Fred Maher (Schlagzeug) und Cliff Cultieri (Gitarre) gründete Laswell 1979 das sowohl stilistisch als auch personell offene Künstlerkollektiv MATERIAL. Zu seinem Bandkonzept sagt er:

> „Wir spielen eine vorübergehende, vorläufige Musik. Es sind immer kurze Projekte. Meine Idee ist, mit einer Menge Leute viel verschiedene Musik zu machen. Das alte Band-Ding ist zu begrenzt, ich könnte mich nie da hineinzwingen." (Laswell, zit. nach: Kemper, 1983, 260)

Nach der ersten Mini-LP *Temporary Music I* (1979) schied Cultieri aus dem Ensemble aus. Das Album *Temporary Music* (1981) wurde nur von Laswell, Maher und Beinhorn eingespielt, die fortan den Kern von MATERIAL bildeten. Das Album *Memory Serves* (1981) wurde unter anderem mit den beiden Gitarristen Sonny Sharrock und Fred Frith, das nachfolgende Album *One Down*

(1982) mit Hilfe der Sängerin Nona Hendryx, den Gitarristen Nicky Skopelitis, Nile Rodgers und Fred Frith, dem Saxophonisten Archie Shepp und vielen weiteren Musikern eingespielt. Auf späteren MATERIAL-Alben fungierte Laswell – ohne Maher und Beinhorn – nur noch als Produzent und Komponist. Auf dem vom Reggae beeinflussten Album *The Third Power* (1991) sind unter anderem die Reggae-Rhythmusgruppe SLY & ROBBIE (Sly Dunbar, Schlagzeug und Robbie Shakespeare, Bassgitarre), die Bläser Fred Wesley, Maceo Parker und Pee Wee Ellis sowie der Pianist Herbie Hancock zu hören. Bedingt durch ihr Konzept unterlag die Band einem ständigen Wandel:

„MATERIAL startete als Art Rock-Unternehmen, wandelte sich dann zu einem Avant-Funk-Ensemble und durchlief alle Mutationsformen zwischen radikalem Jazz und urbanem Pop." (Graves/Schmidt-Joos/Halbscheffel, 1998, s.v. 'Laswell, Bill')

Laswell beteiligte sich, gemäß seiner Idee der vorläufigen Musik, an einer Reihe weiterer Projekte. Mit Fred Maher und Fred Frith (Gitarre und Violine) formierte er den MATERIAL-Ableger MASSACRE (*Killing Time*, 1981), spielte mit Tom Cora (Cello), George Cartwright (Saxophon), Bill Bacon (Schlagzeug) und Nicky Skopelitis (Gitarre) als CURLEW (*Curlew*, 1984) und spielte mit LAST EXIT, der „Supergroup" der improvisierten Musik:

„LAST EXIT funktionierte als Bindeglied zwischen amerikanischem Free Jazz (Sonny Sharrock; g), europäischer Freier Musik (Peter Brötzmann, sax), amerikanischem Free Funk (Ronald Shannon Jackson; dr) und Laswells besonderem No Wave Funk. Die Musik dieser Supergroup tauchte den Hörer in Wechselbäder: Brötzmann überfiel das Publikum mit brüllenden Saxophonphrasen, Sharrock mit splitternden Gitarrenklängen, Jackson mit ausgetüftelten, kaum nachvollziehbaren Rhythmen". (ebd.)

In den neunziger Jahren verlegte Laswell seine Tätigkeit zunehmend auf das Produzieren. Dabei gelang es ihm immer wieder, Musiker verschiedener Generationen und Stilbereiche zusammenzubringen.

Laswell produzierte beispielsweise das Comeback-Album *Horses and Trees* (1986) – sowie *Middle Passage* (1990) – des ehemaligen CREAM Schlagzeugers Ginger Baker. Die beiden Alben sind durch starke Einflüsse aus der westafrikanischen Musik geprägt. Beteiligt waren an den Produktionen neben Laswell (Bassgitarre) und Skopelitis (Gitarre) auch afrikanische Perkussionisten.

Auch mit dem schwedischen Jazz-Rock-Bassisten Jonas Hellborg hat Laswell des öfteren zusammen gearbeitet; Laswell produzierte beispielsweise das Hellborg Album *The Word* (1991). Auf der nur mit akustischen Instrumenten eingespielten Produktion – neben Hellborg (akustische Bassgitarre) sind noch der Jazzschlagzeuger Tony Williams und das SOLDIER STRING QUARTET zu hören – ließ sich Hellborg von der „Harmonik, Tonalität und den Akkorden" Béla Bartóks inspirieren (Steve Lake, *Liner Notes: The Word*).

Laswell hat aber neben den mehr künstlerisch orientierten Projekten auch kommerzielle Interpreten – beispielsweise das Solo-Debüt des ROLLING STONES Sängers Mick Jagger – produziert.

Der Zusammenschnitt und Remix der Miles Davis Alben *In A Silent Way* (1969), *On The Corner* (1972) und *Get Up With It* (1974) zu einem Album unter dem Titel *Panthalassa* (1998) brachte Laswell aber auch viel Kritik ein. Der Kritiker Konrad Heidkamp gab zu bedenken:

„Wer von der Musik anderer ausgeht, um sich zu finden, sucht lange." (Heidkamp, zit. nach: Graves/Schmidt-Joos/Halbscheffel, 1998, s.v. 'Laswell, Bill')

Seine Bedeutung für die Musik der achtziger und neunziger Jahre ist aber nicht zu unterschätzen. Er gilt als die „zentrale Figur" des Free Funk und stellt auch in den neunziger Jahren die „stärkste integrative Kraft im Bereich zwischen Rock und Jazz" dar (Halbscheffel/Kneif, 1992, s.v. 'Jazz-Rock').

3.3.2 *Progressive Metal* und *Neo Prog*

Die Bezeichnung *Neo Prog* – wie auch der synonym verwendete Begriff *Progressive Rock* und seine Abkürzung *Prog Rock* – wird von der Musikindustrie und der Musikpresse (z.B. *Musikexpress, Metal Hammer*) für diejenigen Rock-Gruppen der neunziger Jahre verwendet, die sich auf den *Progressive Rock* der sechziger und siebziger Jahre beziehen. Bei genauerer Betrachtung stellt sich jedoch heraus, dass die Einflüsse fast ausschließlich von den britischen *Art-Rock*-Bands – insbesondere aber von den kommerziell erfolgreichsten Gruppen GENESIS, YES, PINK FLOYD und den BEATLES – stammen. Neuere Entwicklungen des *Progressive Rock* – beispielsweise KING CRIMSON nach 1980, und andere Einflüsse, z.B. die Musik anderer Kulturen – werden gar nicht wahrgenommen. Die Musik soll den in nostalgischer Erinnerung an die sechziger und siebziger Jahre schwelgenden Hörer ansprechen. Äußere Einflüsse können für diesen konservativen Hörertypus ein Problem darstellen. Dieses Problem sieht auch der für *Prog Rock* zuständige Redakteur des *Metal Hammer*, Matthias Mineur. In seiner Kritik zu dem FLOWER KINGS Album *Space Revolver* (2000) schreibt er:

3. Die Entwicklung des *Progressive Rock*

„Kommen wir zu einer Neudefinition von Progrock. Bands wie YES, EMERSON, LAKE & PALMER, JETHRO TULL oder frühe GENESIS zählen ganz klar alle zu diesem Genre. Was aber ist mit MAHAVISHNU ORCHESTRA, mit WEATHER REPORT, Leuten wie Stanley Clarke, Jaco Pastorius oder Miroslav Vitous? Pah, Jazzrock, pfui deibel, denken viele hartgesottene Progressive Rock-Freaks und werden sich mit dieser Einstellung gehörig an SPACE REVOLVER der FLOWER KINGS reiben. Denn bei eben jenen Musikern holen sich die Blumenkönige ihre neuen Inspirationen." (*Metal Hammer*, September 2000, 83)

Tatsächlich fallen die hier genannten Jazz-Einflüsse doch sehr zaghaft aus. Da hatten die Vorbilder – beispielsweise die Gruppen YES und EMERSON, LAKE AND PALMER – schon Anfang der siebziger Jahre stärkere Jazz-Elemente in ihrer Musik. Interessant ist hier aber die richtige Einschätzung des konservativen, andere Musikstile ablehnenden Hörertypus durch einen Kenner der sogenannten *Prog-Rock*-Szene.

Die Produktionen der Epigonen fallen aber deutlich schwächer aus als die ihrer Vorbilder. Kopiert werden in erster Linie bestimmte Klischees – beispielsweise genretypische Riffs, lange Kompositionen, Taktwechsel und das Klangbild des *Art Rock*. Der typische Sound – beispielsweise bei SPOCK'S BEARD – wird oftmals durch die dogmatische Benutzung originaler Instrumente (Mellotron, Mini Moog, Rickenbacker Bassgitarre usw.) erreicht. Vermieden werden aber extreme Experimente des *Art Rock*, etwa die *Musique concrète* Kompositionen von PINK FLOYD (*Ummagumma*, 1969), die Free-Jazz-Elemente bei KING CRIMSON sowie die mit Dissonanzen arbeitende Polyphonie bei GENTLE GIANT. Interessanterweise wird aber gerade KING CRIMSON immer wieder zu Vergleichen – beispielsweise in der Kritik zu dem SPOCK'S BEARD Album *V* von Matthias Mineur (*Metal Hammer*, September 2000, 92) – herangezogen.

Neo Prog ist ein kommerziell leichter verwertbares Extrakt des *Art Rock* und tendiert somit in die Richtung des AOR. Den Epigonen fehlt es aber an einem eigenen Profil, ihre Vorbilder bleiben immer erkennbar. Kommerziell muss dies aber nicht unbedingt ein Problem darstellen, die klangliche Nähe zum Original wird immer wieder als ein Argument in der Werbung verwendet, beispielsweise in den Anzeigen des *Independent* Labels „InsideOutMusic" (TRANSATLANTIC, ARENA u.a.) in diversen Hard-Rock-Magazinen.

Dass diese Musikrichtung nicht wirklich fortschrittlich ist, gesteht sogar Ralf Koch, ein *Insider* der *Prog*-Szene, ein:

> „Progressiv im Sinne von innovativ und neu ist nur noch der kleinste Teil der Bands, sie werden progressiv genannt, weil der Begriff eben früher für diese Art Musik gefallen ist." (Koch, 1995, 6)

Typische Vertreter der als *Prog Rock* oder *Neo Prog* bezeichneten Stilrichtung sind beispielsweise die Gruppen:

- ARENA (Michel, 2000, 78-79)
- FLOWER KINGS
- SPOCK'S BEARD (Mineur, 2000c, 64-65)
- IQ
- MARILLION (Koch, 1995, 5)
- TRANSATLANTIC (Mineur, 2000b, 64)

Vorläufer des *Neo Prog* ist die Gruppe MARILLION gewesen, die seit ihrer Gründung – Debütalbum: *Script For A Jester's Tear* (1983) – mit dem Vorwurf des Plagiats der frühen GENESIS (mit Peter Gabriel) leben müssen, während GENESIS selber zu einer Popgruppe mutiert sind.

Eine der wenigen Ausnahmen für eine aktuelle Gruppe, deren Produktion gleichwertig mit der Qualität ihrer Vorbilder ist, sind TRANSATLANTIC. Vom Stand ihrer kompositorischen und klanglichen Mittel ist aber auch ihr Album *SMPTe* (= *Stolt Morse Portnoy Trewavas*, 2000) absolut nichts Neues. Dass ihre Produktion über dem Niveau ihrer Stammbands liegt, sehen auch die Musiker dieser aus Mitgliedern anderer Gruppen (DREAM THEATER, MARILLION, SPOCK'S BEARD, FLOWER KINGS) bestehenden *Supergroup*. In einem Interview mit John Silverwood – abgedruckt im *Booklet* der *Limited Edition* – bekennt der SPOCK'S BEARD Keyboarder Neal Morse:

> „It's much more progressive than SPOCK'S ... a lot more in fact. There's a lot of BEATLES in there and of course a lot of the english bands like GENESIS and YES but there's also a jazz element in there too." (TRANSATLANTIC, *SMPTe, Limited Edition*, 2000)

Im weiteren Verlauf des Interviews urteilt der DREAM THEATER Schlagzeuger Mike Portnoy über den Bassisten Pete Trewavas, dass dessen Fähigkeiten seiner Meinung nach unterschätzt werden, weil sie bei MARILLION nicht richtig zur Geltung kommen:

> „I think he is underappreciated in MARILLION...". (ebd.)

3. Die Entwicklung des *Progressive Rock*

Der *Neo Prog* der neunziger Jahre polarisiert die Hörer wie auch die Kritiker; während die einen in diesem Stil eine Alternative zu der einfach strukturierten und rein kommerziell gedachten Popmusik sehen, halten andere diese Musik für konservativ und rückwärtsgewandt. Die Plattenkritiken zum Album *V* von SPOCK'S BEARD fallen dementsprechend unterschiedlich aus:

„Nach SPOCK'S BEARD kann man nie wieder Formatradio hören." ('man', *Inside*, 24. November 2000, 7)

Die Kritik des *Rolling Stone* zielt darauf, dass der *Neo Prog* in den Hard-Rock- und Heavy-Metal-Zeitschriften seine größte Medien-Resonanz findet:

„Es spricht für das reaktionäre Weltbild, aber auch für die immense Toleranz der IG Metall, dass solche rückwärtsgewandten, den 70er-Jahre-Art-Rock im vollen Ernst wiederbelebenden Wimps hier – und augenscheinlich nur hier! – reüssieren können. Die Spatenblätter geizen nicht mit Höchstnoten, der gemeine Headbanger wiegt anerkennend den Kopf und darf sich für eine Stunde als Intellektueller fühlen. Was da aber auch alles hineingeht in einen Song! Westcoast-Laxitüde neben kopfhängerischem Jazz-Gefrickel, folkige Schmusemelodei und Ritter-Epos-Soundtrack neben kratzigem Hardrock – und viel AOR-Mainstream." (N.N., *Rolling Stone*, September 2000, 92)

Obwohl die Stilmittel des *Neo Prog* in den neunziger Jahren nicht mehr als progressiv gelten können, stellt diese Musik dennoch eine Alternative zum *Mainstream* dar; sie ist immer noch „fortschrittlicher" als die durchschnittliche kommerzielle Popmusik. Der *Neo Prog* könnte für junge Menschen als ein Einstieg in andere Musikstile dienen. Das heißt, wer SPOCK'S BEARD hört, findet wahrscheinlich leichter einen Zugang zu anderen Musikformen – beispielsweise Avantgarde Rock, Jazz oder Kunstmusik – als der Zlatko-Fan.

Der *Progressive Metal* stellt eine Verbindung des Heavy Metal mit dem *Progressive Rock*, besonders aber mit dem *Art Rock* dar:

„Mit orchestralen Klangbildern, komplizierten metrischen Strukturen, den Riffs des Heavy Metal und harmonischen Anleihen aus dem Jazz steht der Progressive Rock der neunziger Jahre in der Tradition des Art Rock, wie ihn PINK FLOYD, GENESIS oder YES in den Siebzigern verkörperten." (Wicke/Ziegenrücker, 1997, s.v. 'Progressive Rock')

Vorreiter dieser Stilverbindung – damals noch mit Hard Rock Elementen – war in den siebziger Jahren die kanadische Band RUSH. Ende der achtziger Jahre bewegten sich dann zunehmend amerikanische Heavy-Metal-Gruppen auf den *Art Rock* zu.

Die zuerst an den Sound des britischen Heavy Metal (z.B. IRON MAIDEN) orientierte Band FATES WARNING (Debüt: *Night On Bröcken*, 1984), wandte sich 1988 mit *No Exit* komplexeren Strukturen zu:

„Mit No Exit schufen FATES WARNING eine eigene Stilrichtung, die als Prog-Rock oder Progressive Rock bezeichnet wurde: 'Progressiv bedeutet für mich ein hohes Maß an Musikalität und technisch exzellente Musiker. Progressiv heißt virtuoser Umgang mit Takt und Rhythmus, mit Timing und komplizierten Strukturen, bedeutet überraschende und ausgefeilte Harmoniewechsel' (Ray Alder)." (Graf/Rausch, 1999, s.v. 'FATES WARNING')

Auf späteren Alben (z.B. *Parallels*, 1991) kehrten FATES WARNING aber wieder zum „überarrangierten Metal-Sound früherer Alben zurück" (ebd.).

Eine ähnliche Entwicklung durchlief die amerikanische Band QUEENSRYCHE – Debüt *Queen of the Reich* (1988, Mini LP) – zunächst am britischen Heavy Metal (IRON MAIDEN, JUDAS PRIEST) orientiert, unterschieden sie sich von anderen Gruppen des Genres durch „ernsthafte Texte" und einen „progressiven Rockstil" (Graf/Rausch, 1999, s.v. 'Queensryche').

1988 produzierten sie mit *Operation: Mindcrime* ein auf George Orwell basierendes Konzeptalbum (ebd.). Die Produktion enthält starke dynamische Kontraste, Geräuschcollagen im Stil der Gruppe PINK FLOYD sowie Chor- und Orchesterarrangements des Filmmusik-Komponisten Michael Kamen, der zuvor für PINK FLOYD (*The Wall*) gearbeitet hat. Damit erhielten sie immer wieder das Etikett, die PINK FLOYD der Neunziger zu sein. 1994 erschien mit *Promised Land* ein Album, in dem man die Heavy Metal Herkunft der Band kaum noch hörte:

„Ihr komplexer Sound besticht mit orchestralen Partituren, ausgefeilten Spannungsbögen, melodisch-sanften Wendungen sowie allerlei trickreichen Studiospielereien." (*Musikexpress* zit. nach: Graf/Rausch, 1999. s.v. 'QUEENSRYCHE')

Später wandten sie sich mit dem Album *Hear In The Now Frontier* (1997) – dem kommerziellen Trend zu spät folgend – dem nur kurzfristigen *Grunge* zu, QUEENSRYCHE verloren dadurch an Bedeutung. Der *Musikexpress* schreibt in der Kritik zum *Greatest-Hits*-Album:

„Das Konzeptalbum OPERATION: MINDCRIME brachte mit dieser Prog-Metal-Mischung den Durchbruch auf dem Mainstream-Markt. Mit EMPIRE und PROMISED LAND konnte das Prinzip weiter erfolgreich umgesetzt werden, bevor dann 1997 mit HEAR IN THE NOW FRONTIER der Abstieg in die Bedeutungslosigkeit begann." ('hake', *Musikexpress*, Oktober 2000, 87)

Neben QUEENSRYCHE und FATES WARNING sind die folgenden Gruppen typische Vertreter des *Progressive Metal*:

- DREAM THEATER
- THRESHOLD (Wicke/Ziegenrücker, 1997, s.v. 'Heavy Metal Rock')
- PLATYPUS (mit John Myung und Derek Sherinian von DREAM THEATER)

Zwischen dem *Neo Prog* und dem *Progressive Metal* existieren sowohl stilistische als auch personelle Überschneidungen. Der *Progressive Metal* hat aber einen aggressiveren Gestus, der durch Sound, Rhythmus und Tempo erzeugt wird. Aus der Verbindung zweier Stilbereiche der Rockmusik, die sich zuvor getrennt voneinander entwickelt haben, ist eine neue Ästhetik entstanden.

Aber nicht alle Produktionen, die unter dem Etikett *Progressive Metal* verkauft werden, sind im Hinblick auf die gesamte Rockentwicklung – ähnlich dem *Neo Prog* – als progressiv einzustufen. Auch hier findet man Epigonen, wie den Keyboarder Erik Norlander (*Into The Sunset*, 2000), dessen Vorbild Keith Emerson ist (Pöpperl, *Rock Hard*, August 2000, 93). Aus der subjektiven Sicht eines Heavy-Metal-Hörers werden diese Epigonen dennoch als ein „Fortschritt" des Heavy Metals betrachtet. Darüber hinaus klingen einige Gruppen des *Progressive Metal* auch nicht „progressiver" als die Heavy-Metal-Bands, die ihre Produktionen nicht unter dieser Bezeichnung verkaufen, aber trotzdem Einflüsse des siebziger-Jahre *Art Rock* in ihrer Musik integriert haben. Ein Beispiel dafür stellen die Konzeptalben der Heavy-Metal-Gruppe IRON MAIDEN dar.

Die herausragendste Gruppe der gesamten *Neo-Prog-* und *Progressive-Metal-*Entwicklung ist DREAM THEATER; ihre Produktionen besitzen auf einem hohen virtuosen Niveau eine starke Eigenständigkeit.

Neben den international erfolgreichen *Neo-Prog-* und *Progressive-Metal-*Gruppen existiert auch eine wachsende lokale und nationale Musikszene in diesem Bereich. Die durch die neuen Technologien bedingte Zunahme an Rock-Produktionen, die unabhängig von der Musikindustrie (*Independent-* und *Major-*Labels) hergestellt und verkauft werden, schlägt sich auch im *Neo-Prog-* und *Progressive-Metal-*Segment nieder. Musikalisch können diese Produktionen problemlos mit denen der Musikindustrie konkurrieren, manchmal klingen sie sogar unverbrauchter und eigenständiger. Trotz der äußerst geringen Produktionskosten von meist nur wenigen tausend Mark – kein Vergleich zu den immens hohen Beträgen der Musikindustrie – haben diese Produktionen oft auch klangtechnisch eine relativ gute Qualität. Als Beispiele seien hier die Alben von ASGARD und MIASMA genannt.

ASGARD haben sich 1987 in Treviso (Norditalien) gegründet. Nach der Teilnahme an zwei Sample-LPs bekamen sie 1991 einen Plattenvertrag bei einem kleinen deutschen *Independent* Label; Ergebnis dieser Zusammenarbeit waren bis 1993 vier Produktionen. Nach Beendigung des Plattenvertrages – bedingt durch die Auflösung des Labels – und dem Umzug der Band nach Ramsau (Deutschland), wurde nach einer langen Pause im Jahr 2000 mit neuen Bandmusikern das Album *Drachenblut* in eigener Produktion eingespielt. Nebenher ist es das Ziel des Keyboardes Alberto Ambrosi mit „Dragon's Music" ein eigenes Label, das auch für andere Gruppen aus den Bereichen *Progressive Rock* bis *Folk Metal* offen sein soll, aufzubauen.[1]

Das Konzeptalbum mit einer mythologischen Thematik hat, vor allem auch hinsichtlich der geringen Produktionskosten von 25 000 DM[2], einen erstaunlich guten Sound. Bei einem höheren Etat wäre es beispielsweise möglich gewesen, statt der digitalen Piano-Sounds einen Konzert-Flügel einzusetzen. Die Gruppe hat einen eigenständigen Stil, der mit Tempi- und Dynamik-Wechsel sowie mit Klangfarbenkontrasten arbeitet. Neben den typischen Rockinstrumenten verwenden ASGARD auch akustische Instrumente, wie z.B. die Flöte. Der Sänger Ivo Gallo hat – mit Ausnahme zweier Kompositionen[3] – eine ausdrucksstarke, von rauhem Heavy Metal bis zum lyrischen *Art Rock* reichende Stimme.

Die Kritiken fielen für das Album äußerst unterschiedlich aus. Der *Rock-Hard*-Kritiker Boris Kaiser sieht die Produktion *Drachenblut* als das mit „Abstand schwächste" Album der Gruppe ASGARD an:

„Die Songs ... wirken uninspiriert und erfüllen alle Klischees, die Prog-Hasser so gerne anführen." (*Rock Hard*, Juli 2000, 86)

Der Kritiker Detlef Dengler vom *Metal Hammer* sieht dagegen die Gruppe zu ihren *Progressive-Rock*-Wurzeln zurückgekehrt:

„Oberflächliche Hörer könnten vermuten, dass einige Passagen langatmig und lasch ausgefallen sind. Gibt man sich allerdings die Mühe, sich eingehend mit Drachenblut auseinanderzusetzen, merkt man schnell, dass die Südländer ein enormes Gespür für Dynamik haben. Vor allem die langen, ausgedehnten Instrumental-Teile überzeugen. Solch eigenständige Combos sind immer willkommen." (*Metal Hammer*, Juli 2000, 106)

---

[1] Dragon's Music/Alberto Ambrosi, Am Forstamt 18, 83486 Ramsau, „Bandinfo", persönlicher Brief vom 19.05.00 (20.05.00) und 09.06.00 (10.06.00)

[2] ebd.

[3] Nach telefonischer Auskunft von Alberto Ambrosi (22.06.00) war der Sänger während der Produktion erkrankt.

Die Gruppe MIASMA aus Rotenburg (Wümme) wurde 1997 gegründet. Nach der Teilnahme an verschiedenen Musikwettbewerben – u.a. waren sie auch im Finale des Bundesrockpreises – produzierten sie 1999 ihre erste, seit Januar 2000 erhältliche CD ... *and poetry remains* (1999).[1]

Die selbst produzierte CD hat, trotz der geringen Produktionskosten von nur 7 500 DM², einen relativ guten Sound. Einige Schwächen der Produktion, z.B. beim Gesang, ließen sich durch einen höheren Etat sicherlich beheben. MIASMA hat einen zum Kommerziellen tendierenden, aber durchaus eigenständigen *Progressive-Metal*-Stil entwickelt. Neben den typischen Rockinstrumenten gehören zum Gruppensound auch Chor- und Streicher-Arrangements, die trotz der geringen Produktionskosten nicht synthetisch erzeugt wurden.

Die Produktion hat den *Metal-Hammer*-Kritiker Matthias Mineur derart überzeugt, dass er sich fragte, warum MIASMA noch keinen Plattenvertrag bekommen haben:

„Ihre Musik nennt die Band 'Dark Romantic Art Rock' und besitzt mit 'In Whom Morning Reigns ', dem ersten Song ihres Albums ...AND POETRY REMAINS, eine prachtvolle Prog-Nummer, die mit ihrer einprägsamen Melodie und dem wunderbaren Refrain gar nicht mehr aus dem Ohr geht. Das folgende, mit seinem schönen Piano-Intro an SAVATAGE erinnernde 'Quiet Storm' belegt, dass hier nicht nur versierte Techniker, sondern auch geschmackssichere Komponisten am Werk waren. Hinzu kommt eine überaus gelungene Produktion, die es ohne Schwierigkeiten mit nahezu jeder aktuellen Veröffentlichung der zeitgenössischen deutschen Prog Metal-Szene aufnehmen kann. Weshalb bis dato noch keine Plattenfirma auf MIASMA aufmerksam geworden ist, bleibt mir ein Rätsel." (*Metal Hammer*, Juli 2000, 106)

Die Gruppen ASGARD und MIASMA zeigen, dass auch unabhängig von der Musikindustrie eine lebendige und kreative *Progressive-Metal*-Szene existiert.

DREAM THEATER

Die 1988 in Long Island (USA) gegründete Gruppe gestaltete die Fusion von Heavy Metal mit dem *Progressive Rock* so erfolgreich, „daß der Prog Rock der neunziger Jahre bald eine ernstzunehmende Strömung innerhalb des erstarrten Heavy Metal wurde" (Graves/Schmidt-Joos/Halbscheffel, 1998, s.v. 'DREAM THEATER').

---

[1] Miasma/Daniel Behrmann, Bergstraße 11, 27404 Gyhum, „Bandinfo", persönlicher Brief vom 24.07.00 (25.07.00)

[2] ebd.

Die ausgedehnten Kompositionen – sie enthalten Rhythmus- und Tempiwechsel, lange Improvisationen, einen orchestralen Sound und schnell gespielte Unisonoläufe – waren sowohl durch den Art Rock als auch durch den Jazz beeinflusst. Ihre komplexen Heavy-Rock-Kompositionen realisierten DREAM THEATER auch live ohne Probleme, die Musiker stehen ihren Vorbildern „YES und KING CRIMSON auch in instrumentaler Virtuosität nicht im geringsten nach" (ebd.).

Die Musiker Mike Portnoy (Schlagzeug), John Petrucci (Gitarre) und John Myung (Bassgitarre, Stick) haben ihre instrumentalen Fähigkeiten am renommierten Berklee College of Music in Boston, der „Jazz-Rock-Kaderschmiede" (ebd.) in den USA, erworben; ihr Keyboarder Kevin Moore hatte das gleiche Niveau durch private Studien erreicht (ebd.).

Zuversichtlich über die Chancen ihres anspruchsvollen Heavy Metals auf dem Tonträgermarkt behauptete Mike Portnoy:

> „Die Leute sind des 08/15-Gerocke überdrüssig geworden und wenden sich jetzt zunehmend anspruchsvolleren, emotionsgeladeneren Sachen zu". (Graf/Rausch, 1999, s.v. 'DREAM THEATER')

Die sich zunächst MAJESTY nennende Gruppe hatte aber zunächst Schwierigkeiten, einen passenden Sänger zu finden (Graves/Schmidt-Joos/Halbscheffel, 1998, s.v. 'DREAM THEATER'). Nachdem sie mit Charlie Dominici einen Sänger verpflichtet hatten, begannen sie unter dem Namen DREAM THEATER mit den Aufnahmen zu ihrem Debütalbum *When Day And Dream Unite* (1989); das Album war kommerziell aber nicht sehr erfolgreich:

> „Zwar fand die erste LP den enthusiastischen Zuspruch von Musiker-Magazinen, und der Besuch eines Konzertes der Wunder-Band wurde unter Amateurmusikern zur Pflicht, doch schreckten die ständigen Vergleiche mit RUSH, KING CRIMSON, GENESIS, YES das breite Publikum ab." (ebd.)

Das Album zeigte aber noch nicht den eigenen, unverwechselbaren Stil, der die nachfolgenden Alben prägte. Darüber hinaus erwies sich der Sänger nicht als die Idealbesetzung, er passte nicht zu dem Gruppensound. Die Suche nach einem neuen Sänger erwies sich aber als schwierig. Das Label Mechanic (MCA) verlor die Geduld und kündigte den Vertrag (ebd.).

Mit dem Kanadier James LaBrie wurde dann ein geeigneter Sänger gefunden, damit war DREAM THEATER auch wieder für die Musikindustrie interessant, ein Vertrag wurde mit dem Warner-Label Atco abgeschlossen. Das Album

Images And Words (1992) – es enthielt nun den typischen Band-Sound – fand zwar größere Resonanz beim Publikum, dennoch beruhte der Ruf von DREAM THEATER auf ihren Live-Konzerten:

„Die Musiker spielten nicht wie andere Rockbands nur ihre Hits und die Stücke des letzten Albums. Ständig wurden neue Kompositionen eingebaut, alte wieder hervorgeholt und im Konzert 'überarbeitet'. (ebd.)

Diese Technik ist verwandt mit der Arbeitsweise Frank Zappas, den der Schlagzeuger Mike Portnoy als seine größte Inspiration ansieht. Das Album *Awake* (1994) hat er deshalb dem Andenken an Frank Zappa gewidmet.

Als weitere Alben folgten *A Change Of Seasons* (1995) mit dem neuen Keyboarder Derek Sherinian – ebenfalls ein Berklee-Schüler (ebd.) – und *Falling Into Infinity* (1997). Sherinian blieb aber nur für zwei Alben, neuer Keyboarder von DREAM THEATER wurde Jordan Rudess.

Das 1999 eingespielte Konzeptalbum *Metropolis Pt 2: Scenes From A Memory* stellt eine Fortsetzung der Komposition *Metropolis Pt 1: The Miracle And The Sleeper* – von dem Album *Images And Words* – dar. Das Konzeptalbum ist in zwei Akte und neun Szenen gegliedert; die Handlung – ein unter Hypnose stehender junger Mann erinnert sich an einen Mord, der an einem jungen Mädchen begannen wurde – läuft über zwei Zeitebenen, Vergangenheit (1928) und Gegenwart, ab. Musikalisch enthält das Album die bewährten Zutaten aus langen Improvisationen und überraschenden Tempi- und Dynamikwechseln. Wie schon auf früheren Alben können sich „sanfte Popballaden ... urplötzlich in bösartige Metal-Attacken" verwandeln (*Musikexpress*, zit. nach: Graf/Rausch, 1999, s.v. 'DREAM THEATER').

Neben DREAM THEATER haben sich die Musiker zunehmend auch an anderen Projekten beteiligt:

Petrucci, Portnoy und Rudess bildeten mit dem Bassisten Tony Levin (KING CRIMSON, Peter Gabriel, BRUFORD LEVIN UPPER EXTREMITIES) die Improvisationsgruppe LIQUID TENSION EXPERIMENT (*1*, 1997, *2*, 1998).

Myung und Sherinian haben mit dem Jazz-Rock-Schlagzeuger Rod Morgenstein (DIXIE DREGS, STEVE MORSE BAND) und dem Hard Rock-Gitarristen Ty Tabor (KING'S X) die Gruppe PLATYPUS (*When Pus Comes To Shove*, 1998, *Ice Cycles*, 2000) gegründet.

Myung beteiligte sich an Sean Malones Album-Projekt GORDIAN KNOT (*Gordian Knot*, o.J., 1999 ?).

Mike Portnoy formierte mit Roine Stolt, Neal Morse und Pete Trewavas die schon erwähnte Gruppe TRANSATLANTIC (*SMPTe*, 2000).

3.4. Beispiele für neuere Produktionen des *Progressive Rock*

Von Interesse sind hier vor allem diejenigen *Progressive-Rock*-Produktionen des Jahres 2000, die musikalisch eine neue Entwicklung darstellen. Das Neue ergibt sich dabei aber nicht nur aus dem Stand der kompositorischen Mittel – beispielsweise in Bezug auf die Tonalität –, eine nicht dagewesene Verbindung älterer Musikstile kann gleichsam zu einer neuen Ästhetik führen. Die Produktionen des „traditionellen" *Progressive Rock*, die sich jedoch nicht um eine Erneuerung der in den siebziger Jahren entstandenen Ästhetik des *Art*- und Jazz Rock bemühen, werden nicht berücksichtigt. Darunter fallen die Produktionen des *Neo Prog* genauso, wie die Mehrheit der Jazz-Rock- und *Fusion*-Produktionen. Dass diese Musik deshalb nicht von minderer Qualität sein muss, versteht sich von selbst, nur stellt diese Musik eben keine fortschrittliche Entwicklung für die Rockmusik dar.

Ein Beispiel dafür ist das John McLaughlin Album *The Heart Of Things* (2000), über das Guido Fischer schreibt:

„Wenngleich auch hier nicht unbedingt Neuland entdeckt werden will, so sind die Lust und der Elan doch einfach ansteckend, mit der Vergangenes einem Facelifting unterzogen wurde." (*Jazzthetik*, April 2000, 87)

Ähnlich verhält es sich mit der Allan Holdsworth Produktion *The Sixteen Men Of Tain* (2000), über die Henry Altmann urteilt:

„Ein wenig archaisch wirkt die neue CD freilich nicht nur der Themen, sondern auch deren musikalischer Umsetzung wegen... Denn Holdsworth ist in all seinem Pendeln zwischen 'hart' und 'weich' unmissverständlich ein Mann der 70er. Kunstvoll werden auf 16 Men Of Tain leicht jazzrockige Rhythmen übereinandergeschichtet und eloquent von Holdsworths sägendem Gitarrenspiel vernäht." (Altmann, 2000, 12)

Bei der Auswahl der aktuellen Produktionen wurde der Begriff *Progressive Rock* bewusst sehr breit aufgefasst, nicht in dem engen Sinn, wie ihn die Musikindustrie für einige ihrer Produkte (*Neo Prog*, *Progressive Metal*) verwendet.

Merkmal aktueller *Progressive-Rock*-Produktionen ist eine Verfügbarkeit der Stilmittel über alle historischen und geographischen Grenzen. In diesem

"Niemandsland der Kategorien" (Kemper, 1983, 269) lässt es sich nicht immer eindeutig bestimmen, ob eine Produktion nun *Art-*, Jazz- oder Avantgarde Rock ist. Ebenso verschwimmen bei einigen Künstlern und Komponisten die Grenzen zwischen Rock, Jazz und Neuer Musik.

Die Tonträgerfirmen sind dagegen immer noch in die traditionellen Bereiche „Jazz", „Pop/Rock" und „Klassik" aufgegliedert. Dementsprechend erfolgt auch die Vermarktung (Werbung, Handel) in diesen Bereichen; dadurch werden eventuell mögliche Zielgruppen nicht erreicht.

Die Produktion *Sketches of Satie* (2000) des ehemaligen GENESIS Gitarristen Steve Hackett mit seinem klassisch ausgebildeten Bruder John (Querflöte) hat, abgesehen von der Herkunft des Rockgitarristen, nichts mit Rockmusik zu tun. Das Album enthält ausschließlich Kompositionen von Erik Satie (Gymnopedie 1-3, Gnossiennne 1-5, Nocturnes 1-5 u.a.), die die Hackett-Brüder für tiefergestimmte Konzertgitarre und Querflöte arrangiert haben – weder Interpretation noch Klangästhetik lassen auf Rockmusik schließen. Dennoch wird das Album – wohl wegen der Herkunft des bekannten Gitarristen – im „Rock"-Segment verkauft. Die deutsche Vermarktung hat das eigentlich auf *Prog Rock* und *Progressive Metal* spezialisierte *Independent* Label „InsideOutMusic" übernommen. Die Produkte von „InsideOutMusic" werden über SPV – einem größeren, ebenfalls im Rock- und Metal-Segment tätigen *Independent* Label – vertrieben. Geworben wurde für das Album in dem Rockmagazin *Rolling Stone*.

Andererseits wird grenzüberschreitende Musik, die Rock-Anteile aufweist, auch im Handel in den Segmenten „Jazz" oder „Klassik" (bzw. „Neue Musik") angeboten; Beispiele dafür sind die Alben von Heiner Goebbels und Fred Frith. Die Plattenkritiken dieser Produkte erscheinen dann meist in den Zeitschriften für Jazz (*Jazzthetik, Jazzpodium*) und zeitgenössischer Kunstmusik (*Neue Zeitschrift für Musik, Dissonanz*).

Die folgenden acht Produktionen aus dem Jahre 2000 stehen exemplarisch für den aktuellen Stand des *Progressive Rock*.

I. KING CRIMSON: *the construKction of light* (2000)

Musiker:

Adrian Belew: E-Gitarre, Gesang

Robert Fripp: E-Gitarre
Trey Gunn: *Bass touch guitar, Baritone guitar*
Pat Mastelotto: Schlagzeug

Kompositionen: Belew, Fripp, Gunn, Mastelotto
Texte: Adrian Belew
Produktion: KING CRIMSON
Urheberrechte: KING CRIMSON
Label/Vertrieb: Vertriebsvertrag mit Virgin Records (gehört heute zum EMI-Konzern)

Von allen Neuerscheinungen des Jahres 2000 hatte die neue KING CRIMSON Produktion *the construKction of light* die wohl größte Medien-Resonanz.

Neben den Rockmagazinen *Rolling Stone* und *Musikexpress* zeigten auch die Musiker-Magazine wie *Gitarre & Bass, Sound Check* und *Keyboards* Interesse an dem Album. Obwohl die Musik KING CRIMSONs in ihrer Struktur dem Jazz sehr nah ist, gab es aber keine Kritiken in den Jazz-Magazinen *Jazzthetik* und *Jazzpodium* – wohl aufgrund des extrem rockorientierten Klangbildes.[1] Dagegen haben die an Hard Rock orientierten Magazine *Heavy, oder was!?* und *Break Out* über das Album berichtet. Dementsprechend wird das KING CRIMSON Album im Handel unter der Rubrik „Pop/Rock" verkauft.

Die große Medien-Resonanz bei KING CRIMSON ist wohl auf den hohen Bekanntheitsgrad – bedingt durch die 32jährige Existenz – zurückzuführen. KING CRIMSON gehören heute zu den wenigen *Progressive-Rock*-Gruppen, deren Produktionen in den Charts notiert werden. Das Album *the construKction of light* erreichte für eine Woche Platz 67 der deutschen Album-TOP 100-Charts (*Musikmarkt*, Nr. 21/2000).

Von acht Kritiken über das Album fiel nur eine negativ aus. Jörn Schlüter vom *Rolling Stone* hält die Musik KING CRIMSONS für einen Glaubensakt, der darüber entscheidet, „ob es sich beim Gehörten um einen genialen Erguss oder faulen Budenzauber handelt" (*Rolling Stone*, Juni 2000, 116).

---

[1] Das nachfolgende Live-Album *Heavy ConstruKction* (2000) wurde in der Zeitschrift *Jazzthetik* besprochen (Kampmann, Februar 2001, 86).

3. Die Entwicklung des *Progressive Rock*

Typisches Merkmal der Musik KING CRIMSONS ist auch bei diesem Album wieder die ausgiebige Verwendung von Polymetrie und ungeraden Taktarten. Beim Titelsong gibt es beispielsweise – wie Belew in einem Workshop-Interview in der Zeitschrift *Sound Check* erläutert – eine Überlagerung von einem 7/8 und einem 5/8 Takt (N.N., 2001, 51).

Eine Beobachtung, die mehrere Kritiker machten, bezieht sich auf die Wahrnehmung der Musik. Trotz aller Komplexität und Kopflastigkeit behält die Musik von KING CRIMSON immer ein starkes Rockfeeling, welches sinnlich wahrgenommen werden kann. Die Kritiker schreiben beispielsweise dazu:

„Epische Klangwerke, die bei aller Tüftelei druckvoll und emotional klingen – also genauso gut über den Bauch wie über den Kopf einsaugbar sind." ('man', *Inside*, 26. Mai 2000, 7)

„KING CRIMSON pur, und zwar extrem rockend, schräg, rau, verschachtelt, mal verkopft und dann auch wieder von unerwarteter Bodenständigkeit." ('It', *Gitarre & Bass*, Juni 2000, 20)

„Eine Jonglage mit Breaks und Beats, atemlos, episch, brachial, fragil, monstermäßig... Kontraste? Wirres Zeug? Nur scheinbar. All das ist jenseits des Verstehens, aber diesseits des Fühlens." ('mat', *Musikexpress*, Juni 2000, 60)

Die Art, wie KING CRIMSON mit der Rocktradition – hier dem Blues – umgehen, fand auch mehrfach Beachtung in den Albumkritiken:

„Schon im Opener 'ProzaKc Blues' seziert das Quartett ... das klassische Zwölftakt-Schema und baut es mit archaisch-roher Wucht wieder zusammen: Da grummeln und donnern die Bässe, die Drums hacken synkopische Maschinengewehr-Salven, die kreischenden Gitarren zersägen jegliche Blues-Melancholie in Fragmente klaustrophobischer Beklemmung". ('pb', *Sound Check*, Juli 2000, 101)

Wie immer bei KING CRIMSON stellt sich die Genre-Frage:

„Musik ..., die wie eine Brachialattacke auf den Charts-Einheitsbrei wirkt; speziell die 9-minütige Fortschreibung des K.C.-Klassikers 'Larks' Tongues In Aspic' (...) ist eine Noise-Blues-Studie, die eine Neudefinition des Stilbegriffs 'ProgRock' provoziert. Ist das noch (oder jetzt wieder) ProgRock? Ein unbedingtes Nein, wenn Ihnen bei dem Terminus nur Namen wie ELP, GENESIS und YES oder die ihrer ungezählten Epigonen in den Sinn kommen. Ein entschiedenes Ja, wenn 'ProgRock' für Sie ein Synonym für Experimentierlust ist." (N.N., *Keyboards*, Juli 2000, 44)

„Während andere Gruppen sich schon lange selbst kopieren, betreten KING CRIMSON seit ihrem Debüt von 1969 mit jeder Platte ein neues Feld und bewegen sich munter vorwärts, wobei das Ziel – wenn es überhaupt eines gibt – noch lange nicht in Sicht ist. So markiert auch 'The ConstruKction Of Light' einen Meilenstein in der Art-Rock-Geschichte von den wahrscheinlich letzten Überlebenden dieses Genres." (Magin, *Break Out*, Nr. 5, Juni/Juli/August 2000, 40)

II. BRUFORD LEVIN UPPER EXTREMITIES: *BLUE Nights* (2000)

Musiker:

Bill Bruford:	Schlagzeug
Tony Levin:	Bassgitarre, elektrischer Kontrabass, *Stick*
Chris Botti:	Trompete
David Torn:	E-Gitarre, *Loops*, Ud

Kompositionen:	Bruford, Levin, Torn, Botti
Produktion:	Tony Levin
Urheberrechte:	Papa Bear Records (Levin)
Label:	Dicipline Global Mobil im Auftrag der Künstler
	(DGM ist das *Independent* Label von Robert Fripp/ KING CRIMSON)
Vertrieb:	Indigo (*Independent* Vertrieb in Deutschland)

Dieses Doppelalbum ist ein im Jahr 1998 eingespielter Live-Mitschnitt der beiden langjährigen KING CRIMSON Mitglieder Bill Bruford und Tony Levin mit den Jazzmusikern Chris Botti und David Torn (EVERYMAN BAND). Die Musik des Quartetts liegt irgendwo zwischen modernem Jazz und dem spezifischen KING-CRIMSON-*Art-Rock*. Neue Sounds steuern insbesondere Torn mit Noise-Elementen auf der Gitarre, als auch Levin bei. Die Spielweise Levins auf den verschiedensten Bassinstrumenten ist absolut eigenständig; beispielsweise die von ihm als *funk fingers* bezeichnete Spielweise, bei der er mit auf seine Finger gesteckten Holzstückchen die Saiten anschlägt (*Booklet*: Bill Bruford/Tony Levin: *Bruford Levin Upper Extremities*, 1998).

Das Album fand neben den üblichen Rock- und Musiker-Magazinen auch in den Jazz-Magazinen Resonanz. Obwohl die Musik von BLUE Parallelen zu der Musik von KING CRIMSON aufweist, ist das Album im Handel unter der Rubrik „Jazz" erhältlich.

3. Die Entwicklung des *Progressive Rock*

In der Frage, ob BLUE nun modern oder doch traditionell klingen, sind sich die Kritiker aber nicht einig; als eine moderne Jazz-Rock-Gruppe sieht sie Klaus Hübner an:

„BRUFORD LEVIN UPPER EXTREMITIES, darauf kann man sich vielleicht einigen, spielen Jazzrock, die von modernen Jazzelementen dominierte Rockmusik" (*Jazzthetik*, Mai 2000, 78)

Der *Musikexpress* meint, dass BLUE die Genregrenzen überschreiten, um Neuland zu betreten:

„Mit voluminös knurrigen Bässen, polyrhythmischem Drum-Gewitter und schwerelosen Fuzz-Melodien weiten BLUE die Grenzen von Jazz und Rock enorm". ('pb', *Musikexpress*, August 2000, 52)

Dagegen sieht Volker Doberstein BLUE als traditionelle Gruppe im modernen Gewand:

„Artrock goes Jazzrock – und kommt dabei vom Regen in die Traufe. Denn beide Genres sind nicht gerade das, was man angesagt nennt. Das herausragend besetzte All-Star-Ensemble ... müht sich redlich, über die Schablonen des Genres hinaus zu malen... Trotzdem: Lohnend für Nostalgiker, die sich gerne modern geben." (*Jazzpodium*, Juli/August 2000, 95)

Als besondere musikalische Merkmale der Gruppe werden „die spannende Rhythmusarbeit des eingespielten Duos Bill Bruford/Tony Levin" (ebd.) wie auch die im Mittelpunkt stehende Improvisation genannt. Die Kompositionen, die größtenteils schon auf dem Studioalbum aus dem Jahr 1998 enthalten sind, „dienen allenfalls nur als Blaupause für ein atmosphärisch dichtes 'Sich-treiben-lassen'." ('pb', *Musikexpress*, August 2000, 52-53)

Charakteristisch für die Gruppe BLUE ist die Entstehungsgeschichte der Komposition *Picnic on Vesuvius*, die Tony Levin im *Booklet* von *BLUE Nights* beschreibt. Das Stück entstand in absoluter Improvisation während eines Konzertes in der New Yorker *Knitting Factory*. Da das Tonbandgerät an diesem Abend aufgrund technischer Probleme nicht mitlief, schien eine Rekonstruktion nicht möglich. Deshalb überwand sich Tony Levin und bat die BLUE-Fans auf seiner *Web Site* um einem illegalen Mitschnitt; er erhielt tatsächlich eine Aufnahme, anhand derer die Improvisation rekonstruiert werden konnte.

Das Musikermagazin *Gitarre & Bass* betont auch die im Mittelpunkt stehende Improvisation von BLUE:

„Die Stücke besitzen einen starken Improvisationscharakter und die Interaktion auf der Bühne erschuf damals eine Menge verrückter Soundscapes." ('am', *Gitarre & Bass*, Juli 2000, 22)

III. The TREY GUNN BAND: *The Joy of Molybdenum* (2000)

Musiker:

Trey Gunn:	*Touchguitars* (8, 10 und 12saitig), Mellotron, Theremin, Kurzwelle
Tony Geballe:	E-Gitarre, Saz, 12saitige Akustikgitarre
Bob Muller:	Schlagzeug, Tabla, Darabukka, Bodhran, Gamelan Trommel u.a. Perkussion

Kompositionen:	Gunn, Muller, Geballe
Produktion:	Trey Gunn, Bob Muller
Urheberrechte:	Trey Gunn
Label:	Dicipline Global Mobil im Auftrag der Künstler
Vertrieb:	Indigo

Das Soloalbum des KING CRIMSON Bassisten hat, im Gegensatz zu der Produktion seiner Stammband, nur wenig Medienresonanz gefunden. Der Name Trey Gunn dürfte wahrscheinlich nur wenigen KING CRIMSON Insidern bekannt sein. Das Album wird im Handel unter der Rubrik „Pop/Rock" verkauft.

Die Kritiker sehen in der Struktur der Kompositionen des Trey Gunn Albums eine offensichtliche Parallele zu der Musik von KING CRIMSON:

„... in deutlicher Wahlverwandtschaft zu den für KING CRIMSON typischen Stimmungswechseln und einem ewig tickenden, stets fordernden Grund-Duktus." ('hb', *Good Times*, Nr. 2, Mai/Juni 2000, 44)

3. Die Entwicklung des *Progressive Rock* 77

Ebenso sieht der Musikexpress Ähnlichkeiten:

„Trommler Bob Muller ... prügelt auf seinem Drumset nicht nur polyrhythmische Kunststückchen in bester King-Crimson-Manier, sondern verdichtet das Geflecht mit zahlreichen Trommeln aus aller Welt..." ('pb', *Musikexpress*, Mai 2000, 57)

Aber dennoch ergibt sich durch den Einsatz von Instrumenten, die aus anderen Musikkulturen stammen – beispielsweise die türkisch/persische Saz, die indische Tabla und die arabische Darabukka – eine ganz eigene Klangästhetik, die sich von der Musik KING CRIMSONs deutlich unterscheidet:

„Gunn ... bringt zudem Elemente mit ins Spiel hinein, die man vom strengen Fripp-Regiment bislang nicht gekannt hat – so etwa die durch Saz und Darbouka eingeflochtenen fernöstlichen Elemente." (ebd.)

IV. TRIBAL TECH: *Rocket Science* (2000)

Musiker:

Scott Henderson:	E-Gitarre
Gary Willis:	Bassgitarre
Scott Kinsey:	Keyboards
Kirk Covington:	Schlagzeug
Kompositionen:	TRIBAL TECH
Produktion:	Scott Henderson, Gary Willis & Scott Kinsey
Executive Producer:	Joachim Becker[1]
Urheberrechte:	EFA Medien GmbH
Label/Vertrieb:	ESC Records/EFA Medien GmbH

Die Kritiken des Albums *Rocket Science* der amerikanischen Jazz-Rock-Gruppe TRIBAL TECH erschienen, obwohl der Sound sehr rockorientiert ist, ausschließlich in Jazz-Magazinen.

---

[1] Bei einem Künstlervertrag wird der *Executive Producer* vom Label, welches bei dieser Vertragsart der wirtschaftliche Produzent ist und die Rechte an den Masterbändern besitzt, ausgewählt (Jahnke, 1998, 83). Bei kleineren Indepentdent Labels übernimmt oft der Label-Besitzer diese Funktion.

Die Stücke des Albums, die in der Tradition des amerikanischen Jazz Rock/*Fusion* stehen, sind in absoluter Improvisation entstanden. In drei Tagen wurde das Rohmaterial eingespielt, welches dann innerhalb von 5 Wochen geschnitten, mit *Overdubs* versehen und gemixt wurde. Das Stück *Mini Me* ist sogar ein unveränderter *Jam* (Ballhorn, 2000, 22).

Der Kritiker Michael Möhring sieht in dem Album einen Fortschritt – mit Abstrichen beim Opener *Saturn 5* – zu anderen, nur virtuose Artistik zeigenden *Fusion*-Produktionen:

„So ist tatsächlich eine neue Qualität auszumachen... Weniger blutleere Skalenfrickeleien, welche noch das schwache Vorgängeralbum prägten, als vielmehr gekonnt groovende und kontemplative Passagen. Die Devise, eingefahrene Pfade zu meiden und Experimenten gegenüber empfänglicher zu werden, funktioniert diesmal im Großen und Ganzen besser." (*Jazzthetik*, Oktober 2000, 72)

Eine unterschiedliche Qualität bei den Stücken empfindet auch der Kritiker Michael Stürm. Die erste Hälfte des Albums klingt für ihn noch eher traditionell, die zweite Hälfte ist jedoch freier und moderner – beispielsweise durch *Noise*-Elemente – gestaltet:

„Auf dem neusten Werk werden allerdings nur noch Noise-gewohnte Konsumenten mithalten können. Was das Quartett auf 'Rocket Science' abliefert ist Free-Jazzrock auf höchstem Intensitätsniveau, das allerdings auch ein hohes Hörer-Ausschlusspotential besitzt. Die ersten Songs bewegen sich noch dort, wo man die vier seither geortet hat: Druckvolle, rocklastige Fusionmusik... Was in der zweiten Hälfte folgt, ist dann Material für hartgesottene Geister: Freie Improvisation, wilde Keyboard-Orgien, lärmende Gitarren-Licks, hämmernde Bässe und dröhnende Drums". (*Jazzpodium*, Dezember 2000, 65)

V. Victor Smolski & THE WHITERUSSIAN SYMPHONIC ORCHESTRA: *The Heretic* (2000)

Musiker:

Victor Smolski:	E-Gitarre, Sprecher (russisch)
Peter „Peavy" Wagner:	Sprecher (deutsch), in *Track* 7: Bassgitarre und Gesang
Mike Terrana:	Sprecher (englisch), in *Track* 7: Schlagzeug

3. Die Entwicklung des *Progressive Rock* 79

Orchester: SYMPHONIC ORCHESTRA NATIONAL STATE TV &
RADIO COMPANY OF THE REPUBLIC BELARUS
Dirigent: Anatoly Lapunov
Komposition: Victor Smolski
Gesprochener Text: Historische Dokumente über die Ketzerei und
Hexenverfolgung in deutscher, englischer und
russischer Sprache
Text *Track 7*: Mike Terrana und Peter „Peavy" Wagner
Orchesterarrangements: Dmitri Smolski
Produktion: Victor Smolski
Urheberrechte/Label: Drakkar Records
Vertrieb: BMG

Das Solo-Album des seit 1999 bei der deutschen Heavy-Metal-Band RAGE spielenden Gitarristen Victor Smolski hebt sich deutlich von anderen Produktionen der Kategorie „Heavy Metal trifft auf Orchester" ab. Bei derartigen Produkten stehen überwiegend kommerzielle, nicht künstlerische Ambitionen im Vordergrund. Gruppen wie die SCORPIONS und METALLICA spielen wie gewohnt ihre alten Songs, meistens ihre Balladen, die durch die Orchesterbegleitung lediglich eine neue Klangfarbe bekommen. Damit sollen neue Absatzmärkte erschlossen werden. Das kommerzielle Konzept geht durchaus auf, die SCORPIONS und die BERLINER PHILHARMONIKER waren mit *Moment Of Glory* drei Wochen auf Platz drei der Album TOP-100-Charts (*Musikmarkt*, Nr. 27-29/2000).

Im krassen Gegensatz dazu steht das Konzept-Album Victor Smolskis; der in Weißrussland geborene und heute in Deutschland lebende Gitarrist hat eigens für das Album historische Texte in deutscher, englischer und russischer Sprache recherchiert, die er selber aus Bibliotheken und Archiven zusammengetragen hat (Trampert, 2000, 36-37).

Die Kompositionen und Orchesterarrangements beinhalten erstmals für eine Produktion dieser Art starke Elemente der europäischen Kunstmusik des zwanzigsten Jahrhunderts. Der Einfluss der russischen Orchestermusik, beispielsweise die von Prokofjew und Schostakowitsch, ist deutlich zu hören. Dissonanzen und schrille Orchesterklänge treten ebenso hervor, wie auch der in der Rockmusik sonst übliche Beat überwiegend nicht mehr vorhanden ist.

Die E-Gitarre wird in ihrer Funktion ähnlich wie die Violine in einem Violinenkonzert eingesetzt, dazu gehört auch eine eingeschobene Kadenz – ein unbegleitetes, improvisiertes Solo. Der studierte Rock- und Jazzgitarrist hat hier nur „die grobe Struktur, die Dynamik vorgegeben. Alles andere ist improvisiert... 'Es ist manchmal wie bei Jazz-Standards' erklärt Victor. 'Du hast eine Form, eine Melodie, eine Struktur...'" (ebd., 37).

Die Orchesterarrangements stammen vom Vater des Gitarristen, dem Komponisten Dmitri Smolski, der in den fünfziger und frühen sechziger Jahren zu den radikalen Erneuerern der weißrussischen Kunstmusik gehört hat (Blume/Finscher, 1998, s.v. 'Weißrussland').

Das Konzept-Album, das mit Ausnahme des Titelsongs (Track 7) keine Heavy-Metal-Songstrukturen verwendet, unterscheidet sich damit deutlich von anderen Gruppen des *Progressive Metal*, wie auch von den „Heavy Metal meets Classical Music"-Produktionen. Aber auch von RAGE, der Band des Gitarristen, dessen Mitmusiker Mike Terrana und Peter „Peavy" Wagner auch auf *The Heretic* mitwirken, hebt sich das Album entschieden ab. RAGE spielen einen auf Kommerzialität zielenden Heavy Metal mit „Klassik"-Anleihen.

Das Album, welches ausschließlich in den Heavy-Metal- und Musiker-Magazinen Resonanz fand und im Handel unter der Rubrik „Heavy Metal" angeboten wird, wirkt durch seine extrem genreuntypische Ästhetik stark polarisierend.

Ein Beispiel für eine deutliche Ablehnung dieses Albums ist der Kritiker Sven Lohnert, er fühlt sich überfordert und kann keine Songstrukturen erkennen:

„Über Sinn und Zweck mancher CD kann man sich streiten – bei 'The Heretic', der Solo-Scheibe von RAGE-Gitarrist Victor Smolski, ist dies nicht der Fall: Sie ist nämlich hart an der Grenze des für einen Metaller Erträglichen! ... Doch was Meister Smolski zusammen mit dem Weißrussischen Symphonie-Orchester und seinen RAGE-Kumpanen Peter 'Peavy' Wagner und Mike Terrana abzieht, ist beim besten Willen noch nicht mal mit der 'rosaroten Künstlerbrille' zu ertragen. Dies ist deswegen besonders ärgerlich, weil das textliche und das künstlerische Konzept extrem anspruchsvoll sind – nur warum gibt es von diesen Ausnahmemusikern keinen echten Song zu hören? Die Scheibe läuft leider auch noch nach zwanzig Durchläufen an einem vorbei, ohne daß sich nur der geringste Wiedererkennungseffekt einstellt. Seid mir nicht böse, Jungs, aber wer soll das kaufen? Was ihr hier auffahrt, ist ungefähr so, als wolltet ihr ein Beuys-Kunstwerk einem Neandertaler verhökern." (*Break Out*, Nr. 5, Juni/Juli/August 2000, 44)

Diese ablehnende Haltung ist wahrscheinlich exemplarisch für die Mehrheit der durchschnittlichen Heavy-Metal-Hörer. Bei Hörern aber, die dem Neuen aufgeschlossen gegenüberstehen, weckt das Album Interesse.

Der Kritiker Götz Kühnemund sieht vor allem die Einzigartigkeit der Produktion:

„'The Heretic' ist ein schwieriges, aber ganz sicher ungewöhnliches Album, das Klassik und Metal auf höchst originelle, noch nie dagewesene Weise verbindet. Mit 'leicht verdaulichen' Klängen hat Victor Smolski allerdings soviel am Hut wie Roberto Blanco mit nepalesischem Grindcore". (*Rock Hard*, Juli 2000, 97)

Die Kritikerin Sonja Angerer hebt hervor, dass das Niveau des Albums über dem Durchschnitt anderer mit Orchester arbeitenden Heavy-Metal-Produktionen liegt:

„Als diplomierter Jazz- und Rockgitarrist und Sohn von Dmitri Smolski, einem bekannten russischen Komponisten, legt er an sein Material komplexe Maßstäbe an: Neben bombastischen Metalriffs dominieren ätherische Passagen, die an eine Mischung aus Klassik, den frühen PINK FLOYD und zeitgenössischer E-Musik erinnern. Die Arrangements sind klarer und sauberer ausgearbeitet als üblich bei solchen Produktionen, vielleicht weil ihm sein Vater dabei hilfreich zur Seite stand... THE HERETIC ist ein ambitioniertes Projekt, dem die Umsetzung als Kunstfilm oder Theaterstück gut stehen würde – und nebenbei die kompetenteste und faszinierendste U/E-Musik-Fusion seit Jon Lords CONCERTO FOR GROUP AND ORCHESTRA ist." (*Metal Hammer*, Juli 2000, 102)

VI. Terje Rypdal: *Double Concerto/5th Symphony* (2000)

Musiker:

Terje Rypdal:	E-Gitarre
Ronni Le Tekro:	E-Gitarre
Orchester:	RIGA FESTIVAL ORCHESTRA
Dirigent:	Normunds Snè
Kompositionen:	Terje Rypdal
Executive Producer:	Manfred Eicher
Urheberrechte/Label:	ECM Records
Vertrieb:	Universal (Jazz-Label von Polygram)

Die Aufnahme wurde teilweise durch das „Norwegian Cassette Tax Fund" (Oslo) und durch „Bravo Music Projects" (Riga) gefördert.

Das Album des norwegischen Gitarristen und Komponisten Terje Rypdal, einem typischen Vertreter des skandinavischen Jazz, besteht aus zwei Teilen – das *Double Concerto for two electric guitars and symphony orchestra* sowie die *5th Symphony*.

Insbesondere das *Double Concerto* enthält mit den zwei verzerrten E-Gitarren als Soloinstrumente – gespielt durch Rypdal und dem Gitarristen der Hard-Rock-Gruppe TNT, Ronni Le Tekro – einen deutlichen Rocksound, der dem Orchesterklang gegenübergestellt wird. Rypdal verwendet für die Gitarrensounds unter anderem eine tiefere Stimmung, Flageolett-Töne, Effektgeräte und eine extreme Verzerrung.

Das Album wird, obwohl der Jazz-Einfluss nicht im Vordergrund steht, im Handel unter der Rubrik „Jazz" verkauft – wahrscheinlich aufgrund des Labels (ECM) und der Kategorisierung Rypdals durch seine vorherigen Aufnahmen unter „Jazz". Die Kritiken erschienen sowohl in Musiker- als auch in Jazz-Magazinen.

Mit *Kartá* hat Rypdal im Jahr 2000 noch ein weiteres Album veröffentlicht; dieses entstand in Zusammenarbeit mit den Musikern Markus Stockhausen, Arild Andersen und Patrice Héral.

Die Kritiker stellen vor allem die reichhaltigen Einflüsse des Komponisten Rypdals dar, diese liegen irgendwo zwischen der europäischen Kunstmusik der Jahrhundertwende (ca. 1890-1914), dem Jazz und der durch Jimi Hendrix geprägten Rockgitarre.

Der Kritiker Duncan Heining schreibt über das Album:

„Rypdal's album opens with tubular bells and brass before a whole universe comes in. ... Think Hendrix meets Ravel meets Grieg and you won't be far away. ... A beautiful record." (*Avant Magazine*, zit. nach: *Jazz Echo*, Nr. 4, Winter 2000, o.S.)

Die Musik Rypdals – in der ruhige flächige Strukturen durch hektisch-nervöse Bewegungen unterbrochen werden – sowie dessen stilistische Einflüsse auf der Gitarre beschreibt das Musiker-Magazin *Gitarre & Bass*:

„Rypdals neo-impressionistischer Ansatz hat die größte Ausdruckskraft, wenn seine traurige Gitarre in ruhigen Passagen nur von tiefklingenden Streicher/Bläser-Flächen kontrastiert wird. Irre Sounds, packende Dynamik und nur gelegentliche, etwas nervig geratene

Uptempo-Passagen bestimmen die Musik des größten europäischen Klangmalers, dessen gitarristische Wurzeln irgendwo zwischen Jimmy Page, Wes Montgomery und Jimi Hendrix liegen. Rypdal ist seit einem Vierteljahrhundert der vielleicht interessanteste Freestyler der europäischen Szene." ('It', *Gitarre & Bass*, Juni 2000, 20)

Der Kritiker Benno Bartsch meint, dass Rypdal das *Double Concerto* geschrieben hat, um all seine vielfältigen Einflüsse miteinander zu verbinden:

„Der vielbeschäftigte norwegische Gitarrist Terje Rypdal ist so vielen Einflüssen unterworfen, dass eine einzige Musikgattung nicht ausreicht, um ihnen allen gerecht zu werden. Das reicht von Mahler bis Ligeti in der E-Musik, über Jimi Hendrix aus dem Bereich des Rock, bis hin zu Wes Montgomery und John McLaughlin im Jazz. Ohnehin ist er von Beginn an immer wieder auch als Komponist für größere Ensembles bis hin zum Sinfonieorchester tätig gewesen, um aber alles zu vereinen, dafür hat er ein Doppelkonzert für zwei elektrische Gitarren geschrieben, das 1993 uraufgeführt wurde." (*Jazzpodium*, Februar 2001, 65)

VII. Heiner Goebbels: *Surrogate Cities* (2000)

Musiker:

Jocelyn B. Smith: Gesang

David Moss: Gesang

Orchester: JUNGE DEUTSCHE PHILHARMONIE
Dirigent: Peter Rundel
Kompositionen: Heiner Goebbels
Arrangements: Heiner Goebbels und Ali N. Askin
Texte: Heiner Müller *(The Horatian)*

Hugo Hamilton *(Surrogate)*

Paul Auster *(In the Country of Last Things)*
Produktion: Heiner Goebbels und Manfred Eicher
Co-Produktion: Bayrischer Rundfunk
Urheberrechte: ECM Records
Label: ECM New Series
Vertrieb: Universal

Das Album fand vor allem in Zeitschriften, die sich mit der zeitgenössischen Kunstmusik und dem Jazz befassen, große Medienresonanz; in der *Stern Spezial Musik* Ausgabe erschien die Kritik unter der Kategorie „Neue Musik". Im Handel wird das Album, je nach Sortiment des Händlers, unter „Neue Musik" oder „Jazz" angeboten.

Die fünf recht unterschiedlichen Kompositionen haben als Zusammenhalt die Beschäftigung mit den Städten. Heiner Goebbels schreibt dazu im *Booklet* seines Albums:

„'Surrogate Cities' ist der Versuch, sich von verschiedenen Seiten der Stadt zu nähern". (Goebbels, *Surrogate Cities*, 2000)

Goebbels nutzt als Elemente seiner Kompositionen – neben der tradierten europäischen Kunstmusik – die gesamte Palette gegenwärtiger Musik; dazu gehören auch die Stile der populären Musik. Rockmusik findet sich auf dem Album beispielsweise in den Kompositionen *Horatian – Three Songs, Surrogate* sowie in einigen Sätzen der *Suite for Sampler and Orchestra*. Im vierten Satz, *Sarabande/N-touch*, tritt ein deutlich nach Rockmusik klingendes und „groovendes" Schlagzeug (*Bassdrum, Snare, Tom-Toms, Hi-Hat*) in den Vordergrund, dabei spielt die *Hi-Hat* einen durchgehenden Beat.

Goebbels genreübergreifende Kompositionsweise unter Einbeziehung der Stile der populären Musik wird auch von den meisten Kritiken als ein besonderes Merkmal herausgestellt.

Der Kritiker Klaus Kirchberg schreibt über die Produktion:

„Auch hier erscheinen Elemente tradierter Musik, fließt der Grenzverkehr zur Rockmusik ungehindert, tritt der Sampler in Aktion, werden kräftige motorische Triebwerke in Gang gesetzt und Klangbauten getürmt." (*Stern Spezial Musik*, Nr. 2/2000, 139)

Thomas Schulz sieht eine Parallele zu Kurt Weill:

„Wie Kurt Weill bedient sich Goebbels der gesamten Palette der Musik der Gegenwart, auch der populären, und auch deren Interpretationsformen – weder David Moss noch Jocelyn B. Smith kommen aus dem Genre der klassischen Musik. Dabei behält seine Musik stets ihre unverwechselbare Individualität, ob er nun ein 'normales' Orchesterwerk schreibt (D&C), Filmmusikklänge verwendet (*In the Country of Last Things*) oder dem Soul huldigt (Nr. 3 der *Horatier*-Songs). Das macht Goebbels' große Stärke aus." (*Neue Zeitschrift für Musik*, Nr. 4 Juli/August 2000, 82)

Die Verbindung zu Kurt Weill sowie die Verwendung populärer Musikformen, auch aus Pop und Rock, betont der Kritiker von *Dissonanz*:

„*The Horatian – Three Songs* wird standesgemäss auf Englisch gesungen (eindringlich und biegsam von J.B. Smith). Der Text ist aus der Perspektive des für Rom kämpfenden Horatiers geschrieben; in der Musik sind Errungenschaften von Avantgarde-Rock, Jazzgesang, populärem Songstil zwischen Weill und Gegenwart und einer stupenden Orchestrationsvirtuosität miteinander legiert, und zwar so, dass der etwas krud Doppelmoralkonflikte didaktisierende Text nicht allzu sehr stört, umso mehr, weil Goebbels emotionale Valeurs, zumal im dritten Song mit dem *fabula docet*, in Rückbesinnung auf seine Jazzvergangenheit akzentuiert... Das titelgebende *Surrogate* beginnt mit einem motorisch-crescendierenden Molto agitato, natürlich wieder einmal auch Molto ostinato, von David Moss mit gesungenem Rap (um's so paradox zu sagen), viel Pop-Pathos, einigem Hecheln exzessiv virtuos und fast buchstäblich atemlos exekutiert". ('hwh', *Dissonanz*, Nr. 65, August 2000, 45)

Ein weiteres Merkmal, das von den Kritikern immer wieder betont wird, ist die Eigenschaft Heiner Goebbels', mit seiner Musik Räume und Bilder zu schaffen; dazu schreibt Klaus Kirchberg:

„Immer will Goebbels' Musik auch Bild sein, wenn er etwa in der 'Suite for Sampler and Orchestra' Geräusche aus Städten mit historischem Klangmaterial verbindet oder die rasende Bewegung von Hugo Hamiltons Text 'Surrogate' aufgreift." (*Stern Spezial Musik*, Nr. 2/2000, 139)

Die Wahrnehmung außermusikalischer Ereignisse betont der Kritiker Guido Fischer:

„Die Verknüpfungspunkte der von Heiner Goebbels aufgesuchten Klang-Spuren bildeten immer Räume. Ob nun als Theatermusiker oder in seiner Umkreisung literarischer Vorlagen, Goebbels war stets ein radikaler Wahr- und Aufnehmender außermusikalischer Produktions- und Ereignisflächen... So auch in der Eroberung alter und neuer Räume, die jetzt unter dem Titel *Surrogate Cities* gebündelt wurden." (*Jazzthetik*, Mai 2000, 65)

VIII. Fred Frith/ENSEMBLE MODERN: *Traffic Continues* (2000)

Musiker:

Fred Frith:	E-Gitarre, Musikdirektor
Ikue Mori:	Schlagzeug (*Traffic Continues II*)
Zeena Parkins:	Harfe, elektrische Harfe (*Traffic Continues II*)
Ensemble:	ENSEMBLE MODERN

Dirigent:	Franck Ollu (*Traffic Continues I*)
Kompositionen:	Fred Frith
Produktion:	Fred Frith
Executive Producer:	Stefan Winter
Co-Produktion:	Westdeutscher Rundfunk
	Dr. Ulrich Kurth, Markus Heuger
Urheberrechte:	Winter & Winter
Label:	Winter & Winter New Edition
Vertrieb:	Edel Contraine, Edel Classics (großes deutsches *Independent* Label mit Vertrieb)

Das vom ENSEMBLE MODERN eingespielte Album des Komponisten und ehemaligen Gitarristen der Avantgarde-Rock-Gruppen HENRY COW, ART BEARS und MASSACRE, fand seine Medienresonanz sowohl in Jazz-Magazinen, als auch in Zeitschriften, die sich mit zeitgenössischer Kunstmusik beschäftigen. Im Handel wird das Album unter der Rubrik „Jazz" angeboten.

Das Frankfurter ENSEMBLE MODERN hat aufgrund seiner genreübergreifenden Projekte einen weltweit ausgezeichneten Ruf:

„Seine Zusammenarbeit mit Ornette Coleman, Anthony Braxton, Fred Frith, Bill Viola und Frank Zappa und anderen hat es über die kleine Neue Musik-Welt hinaus bekannt gemacht und Leute in die Konzertsäle gebracht, die sonst andernorts andere Musik hören, und zugleich das angestammte Expertenpublikum neuer Musik [*sic*.] mit Unbekanntem konfrontiert." (Fricke, 2000, 53)

Traffic Continues II ist eine Auftragskomposition des ENSEMBLE MODERN an Fred Frith (UA Juni 1998), *Traffic Continues I* ist bereits 1996 auf dem Klangspuren Festival in Schwaz (Österreich) aufgeführt worden. Die zwei Teile des Albums unterlagen einem unterschiedlichen Kompositionsprozess.

Bei *Traffic Continues I* stellte sich Frith die Frage, wie er einer streng komponierten Musik die gleiche Intensität verleihen könne, als wenn er improvisiere:

„Den Musikern werden Zellen komponierter Musik vorgelegt. Wann, in welcher Reihenfolge und ob überhaupt alle Zellen zum Einsatz kommen, ist bis zur laufenden Aufführung unbekannt und obliegt bei jeder Aufführung dem Gusto des Dirigenten. Zwischen den komponierten Zellen sorgen eingefügte Improvisationen für (bestenfalls unerwartete) Richtungswechsel. Darüber hinaus werden einige der Musiker zu sogenannten 'Wild Cards' ernannt und dürfen jederzeit musikalische Unterbrechungen einwerfen." (Eriksson, 2000a, 59)

Beeinflusst durch den Tod seines Freundes und Mitmusikers Tom Cora, änderte Frith seine Herangehensweise im schon begonnenen zweiten Teil. *Traffic Continues II: Gusto for Tom Cora* wurde zu einem Requiem für den Cellisten:

„'Ich begann erneut. Diesmal benutzte ich Fragmente von Toms wundervollem Cellospiel, die ich aus der 1995 von meiner Band SKELETON CREW (Fred Frith, Tom Cora und Zeena Parkins) aufgenommenen Sample-CD Etymology auskoppelte.' Um diese Fragmente herum und auf sie hin komponierte Frith seine Musik. Er verstärkte das Ensemble um die Solisten Zeena Parkins (Harfe und elektronische Harfe) und Ikue Mori (Schlagzeug), die beide ebenfalls musikalische Wegbegleiter Coras waren." (ebd.)

Die Rockmusikelemente bestehen auf diesem Album überwiegend aus kurzen Fragmenten. Dabei werden *Grooves* und Riffs oft nur angedeutet. Vor allem bei den Instrumenten Schlagzeug und E-Gitarre finden sich aber Rockeinflüsse. Einen durchgeschlagenen Beat spielt das Schlagzeug bei *Traffic Continues II* in den Sätzen *Adage A/At Your Earlierst Hesitation, Gyrate/Adage B* und *One Never Knows Do One?/Adage coda/Long Fade*, dabei tritt es auch klanglich in den Vordergrund. Ein ostinater *Groove* der E-Gitarre mit Schlagzeugeinwürfen ist in dem Satz *Monkey Lens Dipthong String* zu hören.

Die auf dem Album hörbaren Einflüsse und deren Verarbeitung beschreibt die Kritikerin Anette Eckerle:

„Bequem ist die Musik von Fred Frith nicht, war sie auch noch nie, dafür ist sie zu stark von extrem eigenwilligen Musikrichtungen geprägt. Grob gesagt bewegt sich Frith irgendwo im Niemandsland zwischen avancierter Rockmusik und Neuer Musik... Frith greift in die Melodienkiste des englischen Folk, den er auch mal gespielt hat, konterkariert das Melos durch harte rhythmische Schnitte, spielt hier, wie auch im weiteren Verlauf mit stilistischen Allusionen... Frith komponiert, lässt improvisieren in einer Technik der harten Schnitte... Man meint alles zu kennen – die melodiösen Free-Jazz-Passagen für gestopfte Trompete, die Sound-Tapeten, auf denen Frith in rasenden Tempi metallisch hämmernde Funk- und Rap-Riffs abschnurren lässt. Vergleichbares gibt es allerdings nicht. Frith bleibt Frith". (*Neue Zeitschrift für Musik*, Mai/Juni 2000, 70)

Der Kritiker Wolfram Knauer sieht den Komponisten Frith ebenso zwischen den verschiedenen musikalischen Genres stehen:

„Das Klangerlebnis von 'Traffic Continues' ist dabei gar nicht mal allzu 'avantgardistisch'. Frith spielt mit vielen Klischees der Musik des 20. Jahrhunderts. Sangliche Kantilenen kommen genauso vor wie rhythmisch eingängige Stellen oder melancholisch wirkende Klangflächen, jazzig locker intonierte Phrasen wechseln mit exakt notierten und gespielten Partien ab... Der Klangeindruck bleibt elegisch-ruhig, die virtuosen Einzelstimmen des Ensembles tauchen auf und gleiten gleich wieder unter. Motivische Partikel geben im knapp 40-minütigen Cora-Tribut immer wieder inneren Zusammenhang, Orientierungspunkte. Die Grenzen zwischen Neuer Musik und anderen Genres verwischen immer mehr, vor allem aber nehmen das Interesse und die Offenheit gegenüber fremden Traditionen, die Akzeptanz individueller Stilentwicklungen zu, so dass Frith wie auch andere Komponisten neue kompositorische/improvisatorische Einfälle realisieren können." (*Jazzpodium*, Dezember 2000, 72)

3.5 Tendenzen in der Rockmusikentwicklung

Charakteristisch für den Anfang der Rockgeschichte ist eine periodische Entwicklungslinie, bei der sich verschiedene stilistische Modewellen abgelöst haben. Dabei entstanden im Laufe der Zeit zwei antagonistische Richtungen. Diese beiden Stilrichtungen haben sich dann zunehmend vom *Mainstream* der Rockmusik entfernt. Einerseits entwickelte sich eine „stete Verfeinerung und Komplizierung der Klangmittel" (Kneif, 1982, 355), andererseits hat sich aber auch eine immer „härter und brutaler" (ebd.) werdende Stilrichtung gebildet. Das Auseinanderdriften der äußeren Extreme der Rockmusik sieht Tibor Kneif durch eine Folge gegenseitiger Reaktionen begründet; beispielsweise ist der Punk eine Gegenästhetik zum *Art Rock*.

Diese Entwicklungslinie hat Kneif in seiner „Formel V der Rockgeschichte" dargestellt:

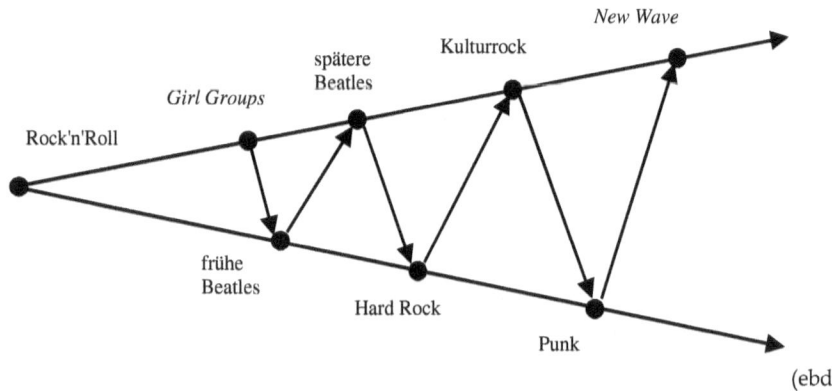

(ebd.)

3. Die Entwicklung des *Progressive Rock*

Dieses Modell, das die Entwicklung der 50er, 60er und 70er Jahre deutlich macht, lässt sich aber nicht mehr für die 80er und 90er Jahre anwenden. Die Frage, ob sich die Rockmusik auch in Zukunft so kontinuierlich weiterentwickeln wird, stellte sich auch Kneif:

„Weil wir heute an dem Wendepunkt einer Entwicklung zu stehen scheinen, die zwar auch in den letzten Jahrzehnten nicht geradlinig verlief, jedoch bis jetzt an einem stetigen Wachstum ausgerichtet war. Ende 1982 ist zweifelhaft, ob dieses uns lieb- und selbstverständlich gewordene Wachstum in der nächsten Zukunft fortdauern werde." (ebd., 354)

Einige Gründe sprechen gegen eine kontinuierliche Weiterführung dieser Entwicklung:

I. Die *New Wave* war ein Sammelbegriff der unterschiedlichsten Stile, die sowohl künstlerisch, als auch rein kommerziell ausgerichtet waren.
II. Viele der neueren Stile stellen die antagonistische Entwicklung in Frage, weil sie sich aus beiden entgegengesetzten Strömungen bedienen. Einige tendieren damit eher in Richtung *Mainstream*, wie der *Grunge* (Heavy Metal, Punk, *New Wave*). Andere dagegen bleiben am Rand des Spektrums, wie der *Noise* (Punk, *New Wave*) und der *Progressive Metal* (*Art Rock*, Heavy Metal). Zu den alten Rändern treten nun neue Dimensionen hinzu.
III. Der aus den synthetischen Klangkonzepten einiger *New-Wave*-Stile entwickelte Techno, hat sich in ein breites Spektrum von Stilen entwickelt. Dazu gehören sowohl Stilistiken, die zum *Mainstream* gehören, welche mit Kunstanspruch, als auch solche Formen, die nur aus einem aggressiven und lautstark dröhnenden Beat bestehen. Außerdem stellt sich hier die Frage, ob der Techno nicht eine eigene, von der Rockmusik bereits losgelöste Ästhetik darstellt; die Klangästhetik der Rockmusik – primär erzeugt durch E-Gitarre, E-Bass, Schlagzeug und Gesang – wird konsequent abgelehnt. Außerdem stellt der *Techno* eine Abkehr des Ensemblespiels der Rockmusik dar; aus der Gruppenästhetik wurde eine Individualästhetik.

Während zu Anfang der Rockgeschichte die stilistischen Merkmale und auch die Werthaltungen jeder Epoche weitgehend gleich waren, begann Anfang der 70er Jahre eine Segmentierung der Rockmusik in verschiedene Stile. Auch wenn die Werthaltung und die musikalische Ästhetik nun auseinander klafften, waren die subkulturellen Formen noch klar identifizierbar und überschaubar (Faulstich, 1994, 7-10). Der Bezugsrahmen war noch verlässlich:

„Typisch für musikalische Bewertungen in den 70er Jahren war beispielsweise die Opposition von (guter) Komplexität (Jazzrock, Art-Rock) versus (schlechter) Einfachheit (Teeny-Pop, Disco) gewesen". (Hallenberger, 1994, 41)

Seit den 80er Jahren setzte jedoch eine nicht mehr überschaubare Stilexplosion wie auch Stilvermischung ein; eine spezifische Rockmusik der 80er Jahre existiert nicht, „es sei denn mit der Formel 'anything goes'. Alles ist heute gleichzeitig möglich" (Faulstich, 1994, 12).

Während früher die Gegenästhetiken zum jeweils gegenüberliegenden Pol gebildet wurden – beispielsweise der Punk zum *Art Rock* – werden heute die Gegenästhetiken auch innerhalb einer Stilrichtung gebildet. Beispielsweise der *Trash Metal* zum *Lite Metal* sowie der *Progressive Metal* zum *Trash Metal* usw. Eine ähnliche Entwicklung ist auch beim Techno zu beobachten. Dadurch entsteht eine immer stärkere Segmentierung der Rockmusik mit einer unüberschaubaren Anzahl von Subgenres an den Rändern. Der *Mainstream*-Markt wird dagegen von immer kurzfristigeren Modeerscheinungen sowie von etablierten Interpreten der 60er und 70er Jahre – z.B. Joe Cocker, Phil Collins und Tina Turner, aber auch ehemaligen *Art-Rock*-Gruppen wie PINK FLOYD und GENESIS – beherrscht. Für Werner Faulstich ist dies ein Zeichen des Niedergangs der Rockkultur:

„Die 'Oldies' sind im Grunde die 'Klassiker'; ansonsten beherrschen, abgesehen von wenigen Lichtblicken wie etwa Sting, Epigonen das Feld." (ebd., 13)

Gründe dafür sieht Faulstich erstens in der Visualisierung der Rockmusik, bei der Text und Musik zu Sekundärfaktoren abgewertet werden. Zweitens hat Rockmusik keine herausragende kulturelle Funktion mehr, sie ist zu *einem* Faktor in der Freizeit und Unterhaltungsindustrie abgesunken. Primär sind dagegen die ökonomischen Verwertungsinteressen der Musikindustrie (ebd., 13-14). Rockkultur ist keine Alternative mehr zu den bürgerlichen Konventionen, ihren Autoritäten und ihren Werten:

„Damit hat Rock*kultur* ihren Protestcharakter, als Gegenkultur, verloren und ist selber Mainstream geworden." (ebd., 14)

Die Entwicklung der 80er wurde in den 90er Jahren weitestgehend fortgeführt. Es erfolgte keine umwälzende stilistische Erneuerung mehr, wie sie beispielsweise durch Punk und *New Wave* vollzogen wurde. Die letzten stilistischen Veränderungen erfolgten um 1988 mit dem Techno, der zwar eine radikale Gegenästhetik darstellte, die vorherigen Rockstile aber nicht vom Markt verdrängen konnte. Vielmehr schritt die Segmentierung weiter fort.

Die marktbeherrschenden Stile im Jahr 2000 sind nun neben den immer noch aktiven Interpreten der 60er und 70er Jahre, die *Mainstream*-Formen des Heavy Metals (*Lite, Funk Metal*), des Techno (*Dance*) und des Hip Hops, dazu kommen noch der *Teenie Pop* (*Boy-* und *Girl-Groups* usw.) und der *Brit Pop* (BEATLES Epigonen wie z.B. OASIS). Die Ursprünge dieser Musikformen sind ausnahmslos älteren Datums – Hip Hop existiert seit 1979, Heavy Metal seit 1978 und Techno seit 1988. Neben den kommerziell dauerhaft erfolgreichen Interpreten, wie beispielsweise Phil Collins treten auf dem „Oldie"-Markt immer wieder neue Revival- und Comeback-Bewegungen auf. Beispiele dafür sind die ABBA-Revival-Gruppe A*TEENS, das Comeback der 80er-Jahre-Popgruppe MODERN TALKING sowie das überragende Comeback des Rock-Gitarristen Carlos Santana, mit dem erfogreichsten Album des Jahres 2000 (*Musikmarkt*, Nr. 1/2001).

Der dauerhafte Charterfolg der durch einen Wim Wenders Film bekannt gewordenen kubanischen Musiker des BUENA VISTA SOCIAL CLUB zeigt ein Bedürfnis nach „unverbrauchter" und „authentischer" Musik. Das nach 97 Wochen noch auf Platz 71 der Album-Charts notierte Album (*Musikmarkt*, Nr. 52/2000) wird zwar kommerziell vermarktet, die Musik entstand jedoch unabhängig von den Zwängen der Musikindustrie. Dieser Erfolg war wohl weder geplant, wie z.B. bei Santana, noch voraussehbar.

Neben dem *Mainstream*-Markt existieren viele der in den 60er und 70er Jahren entstandenen Rockstile, beispielsweise der *Art Rock* (nun auch als *Neo Prog* oder *Prog Rock* bezeichnet), der Jazz Rock (oder *Fusion*) und der Avantgarde Rock, weiter.

Neuere Entwicklungen der Rockmusik sind aber meist nur im grenzüberschreitenden Bereich zu Neuer Musik, Jazz sowie zu der Musik anderer Kulturen (*World Music*) zu finden.

Modell der Segmentierung und der Stilvermischung (ohne Anspruch auf Vollständigkeit) innerhalb der Rockmusik:

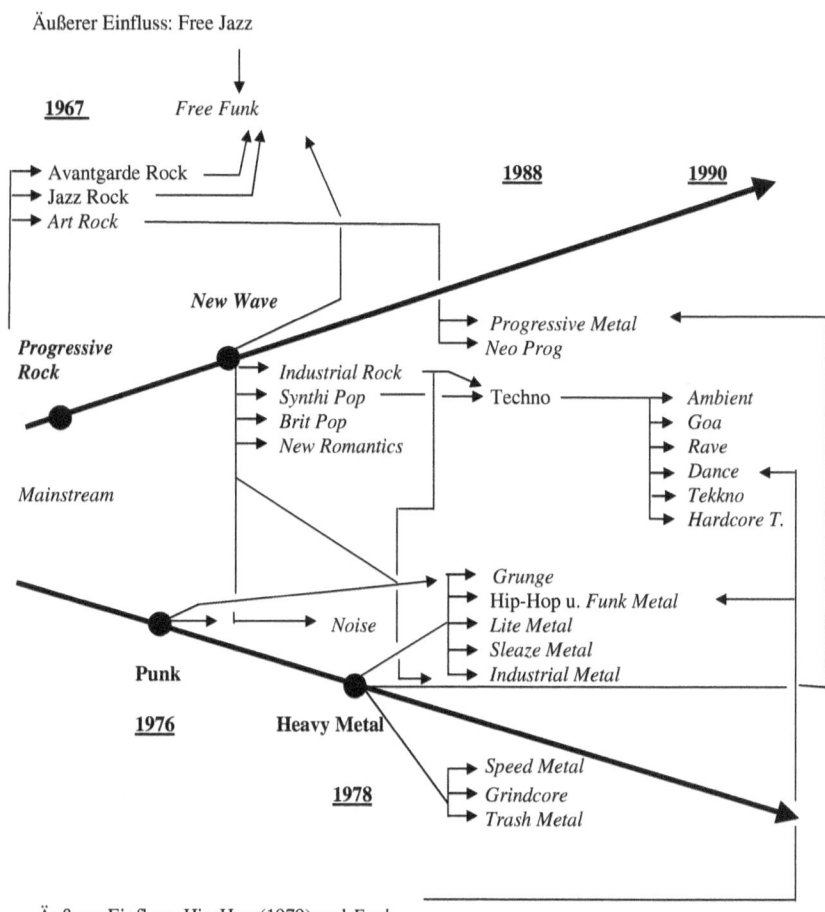

3. Die Entwicklung des *Progressive Rock*

Die größten stilistischen Wellen der Rockmusik waren demnach:

1) 1967-1970: *Art-*, Jazz- und Avantgarde Rock, Hard Rock, *Funk*
2) 1976-1979: Punk, *New Wave, Free Funk*, Heavy Metal, Hip Hop
3) 1988-1992: Techno, *Grunge, Progressive Metal.*

Diese periodisch auftretenden stilistischen Erneuerungen werden in der Musikindustrie als die „Zehnjahres-Regel" der „Mega-Trends" bezeichnet (Renner, 1997, 133).

Nach dieser Regel entsteht in der Mitte eines Jahrzehnts die Keimzelle des neuen Trends, der aber erst in den sechser und siebener Jahren deutlich wird und am Ende des Jahrzehnts als ein „Mega-Trend" seine kommerzielle Blüte erreicht; in der Mitte des nächsten Jahrzehnts ist der Trend dann durch den kommerziellen Ausverkauf verbraucht (ebd.).

Nach dieser Regel müsste der *Dance* eigentlich schon längst durch einen neuen „Mega-Trend" ersetzt worden sein. Der Autor Tim Renner ist der Ansicht, dass sich neue Trends in den nächsten Jahren nur noch innerhalb von Szenen entwickeln werden (ebd., 134-136). Die „Zehnjahres-Regel" der „Mega-Trends" hat damit seine Gültigkeit verloren:

„Dance war wahrscheinlich auf lange Sicht der letzte Mega-Trend." (ebd., 136)

Dass neue Trends nur noch innerhalb von begrenzten Szenen gesetzt werden, ist die logische Konsequenz aus der fortschreitenden Segmentierung der Rock- und Popmusik.

In der Form, wie sich neue musikalische Stile entwickelt haben, ist in den letzten Jahren sowohl bei Rock als auch bei Jazz und Neuer Musik eine Analogität festzustellen. Nicht der musikalische Materialstand – z.B. in Bezug auf die Tonalität – wird vorangetrieben, sondern aus verschiedenen älteren Stilformen bilden sich neue ästhetische Modelle.

In der Rockmusik setzte diese Entwicklung mit dem Punk und dem *New Wave* ein:

„Die Stilexplosion der 80er Jahre implizierte weniger Innovation als Bricolage, weniger musikalische Weiterentwicklung als die Neukombination im Grunde bekannter Elemente, wobei Überraschungen jedoch nicht ausgeschlossen waren. Auch wenn das musikalische Material, das in der Rockentwicklung der 80er Jahre spielte, nicht unbedingt neu war, wurde es doch oft auf neuartige Weise in Beziehung gesetzt." (Hallenberger, 1994, 30)

Im Jazz erfolgte diese Entwicklung mit dem *New Jazz*:

„Der Free Jazz verwandelte sich in den 70er Jahren mit einem Großteil seines Potentials in den New Jazz. Als 'neu' galt hier die Freiheit der Verfügung über alle bestehenden musikalischen Mittel, Formen und Traditionen." (Kemper, 1983, 255)

Auch in der zeitgenössischen Kunstmusik sind Bestrebungen in diese Richtung auszumachen. Heiner Goebbels, einer der wichtigsten Vertreter dieser Entwicklung, formulierte es 1993 noch als einen möglichen Weg in die Zukunft:

„Denkbar aber im Kampf um eine musikalische Zukunft ist das Aufarbeiten und Heranziehen aller bis heute gemachten musikalischen Erfahrungen zu einer neuen Erzählweise, die die komplizierten Vermittlungsprozesse im Auge hat. Das heisst zuallererst: Die Zeit für Personalstile ist vorbei. Eklektizismus muss länger kein Schimpfwort mehr sein, wenn er nicht beliebiges Kombinieren und Selbstbedienung im musikalischen Supermarkt meint, sondern wenn es sich um ein reflektiertes, mit Zurückhaltung, Geschmack und Geschichtsbewusstsein ausgestattetes Verfahren handelt. Ein Verfahren, das unsere Wahrnehmungsweisen vorantreibt und gleichzeitig Erinnerungen aufarbeitet, bis die KomponistInnen alle bisher entstandene Musik als Bestandteile einer Sprache beherrschen; mit der jetzt Neues und Genaues gesprochen werden kann." (Goebbels, 1993, 78/79)

Die Werte der neuen Generation von Komponisten, die Goebbels beschreibt, könnte man gleichsam auch auf die Rockmusik und den Jazz übertragen. Auch hier lösen sich zunehmend die alten Grenzen auf:

„Es mag vielleicht arrogant klingen, aber ich vermute, dass tatsächlich eine andere Generation von KomponistInnen heranwachsen muss, die jenseits der klassisch getrennten Wertigkeit aufwächst und ausgebildet wird und die überall zu Hause ist, weil es kein musikalisches Zuhause mehr gibt." (ebd., 79)

Die als Neue Musik bezeichnete avancierte Avantgarde der Musik scheint heute an ihre Grenzen gestoßen zu sein:

„In der Musikentwicklung der letzten Jahrzehnte verdrängte zunächst die Atonalität die Gesetze der funktionalen Harmonik, das pure Geräusch schließlich setzte sich mit dem Anspruch radikalen Avantgardismus an die Stelle komponierter Atonalität, die so entstandenen Lärmstrukturen lassen sich nur noch durch totale Stille verneinen. Ist die musikalische Avantgarde an einem Endpunkt angelangt? In welcher Richtung ist noch ein Fortschritt möglich? Liegt die Möglichkeit des Neuen allein noch in der ungewohnten Kombination von schon Bekanntem?" (Kemper, 1987, Editorial)

Die Antwort auf die Moderne ist die Postmoderne. Der Schriftsteller und Semiotiker Umberto Eco schreibt in seiner *Nachschrift zum „Namen der Rose"* unter dem Titel „Postmodernismus, Ironie und Vergnügen":

„Es kommt jedoch der Moment, da die Avantgarde (also die Moderne) nicht mehr weitergehen kann, weil sie inzwischen eine Metasprache hervorgebracht hat, die von ihren unmöglichen Texten spricht (die Concept Art). Die postmoderne Antwort auf die Moderne besteht in der Einsicht und Anerkennung, daß die Vergangenheit, nachdem sie nun einmal nicht zerstört werden kann, da ihre Zerstörung zum Schweigen führt, auf neue Weise ins Auge gefaßt werden muß: mit Ironie, ohne Unschuld." (Eco, 1984, 78)

Der Komponist von heute ist ein Konzeptionalist, das musikalische Material wird in einer Collage zusammengespannt. Die gängigen Maßstäbe wie tonal/atonal, konsonant/dissonant usw. verlieren ihren Sinn (Kemper, 1988, 315). Der „postmoderne" Musiker verwendet die Tradition und bricht nicht mit ihr. Dadurch ergibt sich eine verkehrte Welt:

„Altes gilt plötzlich als neu, radikale Avantgardebemühungen wirken dagegen antiquiert." (ebd., 317)

Eine Bestandsaufnahme dieser Entwicklung, bei der sich die Genregrenzen auflösen und das Neue aus der ungewohnten Kombination entsteht, stellt im Bereich der Rockmusik das *1st International Art Rock Festival* (1987) in Frankfurt dar. Die Besetzungen der verschiedenen Projekte bestehen aus Musikern der verschiedenen Stilbereiche und Generationen des *Progressive Rock: Art Rock*, Jazz Rock, Avantgarde Rock, *Free Funk* und *New Wave*. Genannt seien hier nur drei Programmbeispiele:

I. „Der Mann im Fahrstuhl" von Heiner Goebbels (Musik) und Heiner Müller (Text) mit den Musikern Arto Lindsay (LOUNGE LIZARDS), Peter Hein (FEHLFARBEN), Don Cherry, John Zorn, Fred Frith (HENRY COW, ART BEARS), Heiner Goebbels (CASSIBER) und Peter Hollinger.

II. David Torns „Cloud About Mercury" mit David Torn (EVERYMAN BAND), Bill Bruford (YES, KING CRIMSON, U.K.), Mark Isham (Van Morrison) und Mick Karn (JAPAN).

III. MICHAEL MANTLER-NICK MASON-PROJEKT mit Rick Fenn (10CC), John Greaves (HENRY COW), Michael Mantler, Nick Mason (PINK FLOYD), Don Preston (MOTHERS OF INVENTION) und Jack Bruce (CREAM). (Kemper, 1987, Programm)

Aktuelle Beispiele dieser neuen Entwicklung der Rockmusik zeigen auch die im Kapitel 3.4 beschriebenen Produktionen. Die meisten der hier aufgeführten Produktionen lassen eine zweifelsfreie Kategorisierung in die Bereiche Rockmusik, Jazz oder Neue Musik nicht mehr zu. Die Auflösung der getrennten Wertigkeiten vollzieht sich aber nicht nur auf dieser Ebene; auch innerhalb der Rockmusik werden, wie zum Beispiel beim *Progressive Metal*, zuvor als unüberwindbar geltende Grenzen aufgebrochen.

In der Fortführung des von Goebbels beschriebenen reflektierten Eklektizismus hat sicherlich auch der *Progressive Rock* – der ja zu den Vorreitern dieser Entwicklung gehört – eine weitere Zukunft.

4. *Progressive Rock* auf dem Tonträgermarkt

4.1 Die Tonträgerindustrie

4.1.1 Aufbau und Funktion einer Tonträgerfirma

Die stark arbeitsteilig organisierte Tonträgerindustrie lässt sich grob in den „kreativen" und in den „distributiven" Bereich aufteilen (Zeppenfeld, 1978, 16).

Der kreative Arbeitsbereich ist mit der Erstellung des „akustischen Urproduktes" (ebd.) befasst; daran beteiligt sind Komponisten, Texter, Arrangeure, Musiker, Tontechniker und Produzenten.

Wichtig ist die Position des Produzenten, der zwischen dem „kreativen" und dem „distributiven" Teil der Musikindustrie steht. Dabei gibt es verschiedene Formen der Zusammenarbeit. Der Produzent kann fest angestellt oder vertraglich mit dem Label verbunden sein. Die Produktion erfolgt dann in den Studios des Labels und auf deren finanzielles Risiko – die Vertragsart ist dann ein Künstlervertrag. Die andere Möglichkeit ist ein freier Produzent, der eigenverantwortlich Musiker engagiert und im eigenen oder gemieteten Studio das Musikband herstellt. Dieses bietet er dann einer Tonträgerfirma zur Vervielfältigung und Verbreitung an. Die Vertragsart ist dann entweder ein Bandübernahmevertrag (*licence deal*), bei der die Plattenfirma das Recht am Masterband für einen bestimmten Zeitraum erwirbt oder ein reiner Vertriebsvertrag (Jahnke, 1998, 82-83).

Obwohl die Tonträgerfirmen noch selber produzieren, entwickelt sich der Musikmarkt zunehmend dahin, dass die Konzerne aufgrund der „quantitativen wie qualitativen Ausdehnung und Dynamisierung" den eigentlich kreativen Prozess an firmenfremde Zulieferer delegieren müssen (Zeppenfeld, 1978, 16-17).

Der Produktionsleitung nachgelagerte, distributive Unternehmungsbereiche sind:
- Marketing und Produktgestaltung (Marktanalyse, Ausrichtung des Produktes auf dem Markt und Berechnung der Auflage)
- Werbung und Promotion (z.B. Anzeigen, Plattenkritiken, *Air Play*, Interviews)
- Technische Vervielfältigung und Lagerhaltung

- Import und Export (Vermarktung der eigenen Produktionen über die ausländischen Unternehmensbereiche und umgekehrt)
- Vertrieb
- Verwaltung, Rechtsabteilung

Je nach Unternehmensstruktur sind bestimmte Bereiche zusammengefasst oder nicht vorhanden. Kleinere Labels haben beispielsweise oft keinen eigenen Vertrieb. Um den Verlegeranteil zu sparen, der auf jedem Tonträger liegt, betreiben die größeren Tonträgerfirmen auch eigene Musikverlage (ebd. 18-19).

Da es sich bei den Tonträgerfirmen um Industriekonzerne handelt, ist die Musik für sie nur ein Produkt; ihr Ziel ist die Gewinnmaximierung:

„Die Schallplattenindustrie ist ausgerichtet auf Kapitalakkumulation, und ihre Profite sind abhängig von der Zahl der verkauften Schallplatten. Die eigentlichen Aufnahmekosten sind einmalige Ausgaben, die von der Zahl der hergestellten Platten nicht beeinflußt werden, während die Herstellungs- und Verteilungskosten mit zunehmenden Stückzahlen anteilmäßig sinken. Die Schallplattenindustrie folgt also der Logik der Massenproduktion mit dem beherrschenden Ziel eines möglichst großen Marktes." (Frith, 1978, 10)

Da das primäre Interesse der Tonträgerfirmen hohe Verkaufszahlen sind, ist es verständlich, dass sie auch einen massiven Einfluss auf das nehmen wollen, was sie verkaufen. Die Popmusik ist in ihrer Entwicklung – im Gegensatz zu anderen Musikarten wo das Repertoire schon lange besteht (Klassik) oder anders gefördert wird (Neue Musik) – geprägt von einer Ausrichtung auf einen großen Markt. Dabei versuchen die Labels über den Produzenten einen Einfluss auf die Produktion zu nehmen. Dies führte einerseits dazu, dass viele Rockmusiker in den 70er Jahren begannen, „ihre Schallplatten selbst zu produzieren und eigene Studios aufzubauen" (ebd., 102), um mehr künstlerische Kontrolle über ihre Musik zu erhalten. Andererseits wollten die Produzenten, um einen möglichst erfolgreichen Sound zu schaffen, einen noch größeren Einfluss gewinnen:

„Der Produzent realisiert nicht mehr nur die Musik, sondern er erschafft sie selbst... Der Erfolg dieser Methode läßt sich am deutlichsten in den Teenbeat-Singles hören" (ebd., 102-103)

4.1.2 Major Companies

Als *Major Companies* werden die großen international organisierten Tonträgergesellschaften bezeichnet, die als Oligopol den Markt beherrschen:

„Durch Aufkäufe, Übernahmen und Zusammenschlüsse ergab sich die derzeitige Marktsituation, bei der fünf global operierende Gesellschaften einen Weltmarktanteil von 80 Prozent halten." (Schmidt, 1997, 185)

Die *Major Companies* sind Musikgroßunternehmen, die auf der ganzen Welt auch in anderen Bereichen der Medienbranche tätig sind. Neben Geschäftsbereichen, die sehr direkt mit dem Tonträgermarkt verbunden sind, beispielsweise die Musikverlage, gehören zu den Konzernen auch Unternehmen aus den Bereichen Film, Fernsehen, Multimedia und Elektronik (Gassner, 1997, 23-24).

Die Tonträgerkonzerne streben durch Aufkäufe sowohl von kleineren unabhängigen Labels als auch durch die Fusion mit anderen *Major Companies* zu einer immer stärkeren Konzentration des Marktes. Im Jahre 1977 gehörten noch acht Konzerne – aufgeführt nach der Größe des Medienkonzernes, nicht nach den Tonträgerumsätzen – zum Oligopol der Tonträgerindustrie:

1) CBS (New York)
2) RCA (New York)
3) EMI (London)
4) ABC (New York)
5) Bertelsmann (Gütersloh)
6) WCI (New York)
7) MCA (Universal City)
8) Polygram (Baarn/Hamburg)
   (Zeppenfeld, 1978, 138)

In den folgenden Jahren vollzog sich eine Konzentration durch folgende, wichtige Aufkäufe:

1979 MCA kauft ABC (Halbscheffel/Kneif, 1992, s.v.'ABC')
1979 Bertelsmann kauft Arista (ebd., s.v. 'Arista Records')
1987 Bertelsmann kauft RCA
1988 Sony kauft CBS
1989 Polygram kauft Island und A&M
1990 MCA kauft Geffen und GRP
1990 Matsushia kauft MCA (Gassner, 1997, 21)

1990 Time-Life kauft Warner Communications (WCI) (Prokop, 2000, 178)
1992 EMI kauft Virgin
1993 Polygram kauft Motown
1995 Seagram kauft MCA (Gassner, 1997, 21)
1998 Seagram kauft Polygram (Prokop, 2000, 183)
2000 AOL kauft Time Warner, die Fusion ist aber noch nicht von der amerikanischen Kartellbehörde bestätigt (*Musikmarkt*, Nr. 52/2000, 1)
2000 AOL-Time Warner und EMI planen eine Fusion, die aber an der EU-Kommission für Wettbewerbsfragen scheitert (ebd., Nr. 42/2000, 5)
2001 Bertelsmann steht in Verhandlungen über eine Fusion mit der EMI (ebd., Nr. 52/2000, 1), die jedoch an den Auflagen der Kartellbehörden scheitert (ebd., Nr. 19/2001, S. 5).

Eine Fusion mit der EMI hätte den größten Tonträgerkonzern der Welt ergeben. Nachdem diese Fusion jedoch sowohl für den Warner- als auch für den Bertelsmann-Konzern gescheitert ist, bleibt beim Tonträger Oligopol folgende Reihenfolge bestehen:

Muttergesellschaft	Tonträgerunternehmen/ wichtige Labels	Weltmarktanteil (Daten von 1996)
1) Seagram (Los Angeles)	(Polygram) (MCA/Universal) **Universal Music Group**; Polymedia, Polydor, Universal	(19%) (2%) **21%**
2) AOL-Time Warner (New York)	**WEA**; Warner, Electra, Atlantic	**18%**
3) Sony (Tokio, Los Angeles)	**Sony Music**; Columbia	**17.5%**
4) Thorn EMI (London)	**EMI**; Virgin	**15%**
5) Bertelsmann (Gütersloh, New York)	**BMG**; Arista, Ariola, RCA	**13%**

(Daten: Schmidt, 1997, 185; Seagram Fusion aktualisiert nach: Prokop, 2000, 183-184)

Das Angebot der *Major Companies* ist breit gestreut. Viele Konzerne besitzen neben den Labels für den *Mainstream*-Markt auch Sub-Labels für „Klassik" und „Jazz". Beispiele dafür sind „EMI Classics", „Sony Classical" und „Deutsche Grammophon" (Universal) für das „Klassik" Repertoire sowie „Atlantic Jazz" (Time Warner), „Columbia Jazz" (Sony) und „Verve" (Universal) für das „Jazz" Repertoire.

Als sich der *Progressive Rock* Ende der sechziger Jahre als ein Trend neben dem *Mainstream* durchsetzte, bildeten die *Major Companies* Sub-Labels für dieses Genre. Beispiele dafür sind:

- EMI mit „Harvest", z.B. PINK FLOYD
- Polygram mit „Vertigo", z.B. GENTLE GIANT
- RCA mit „Neon", z.B. CENTIPEDE

Diese Labels waren aber „nicht sonderlich erfolgreich" (Frith, 1978, 123/124), „Vertigo" wandte sich deshalb in den achtziger Jahren dem Heavy Metal zu, andere lösten sich auf. Viele der *Progressive-Rock*-Musiker, die bei den *Major Companies* unter Vertrag waren, wechselten zu den *Independent* Labels.

Ende der sechziger und Anfang der siebziger Jahre waren bei den *Major* Labels noch experimentelle Rock- und sogar Free-Jazz-Produktionen möglich, wie sie in späteren Jahren nie wieder auf einem *Major* Label realisiert wurden. Beispiele dafür sind die frühen GENTLE GIANT Produktionen auf „Vertigo/Polygram" (1970-1974), das über weite Strecken nur mit Geräuschcollagen komponierte Album *Ummagumma* (EMI, 1969) von PINK FLOYD und das Album *Septober Energy* (RCA, 1971) von CENTIPEDE, der Big Band des Free-Jazz-Pianisten Keith Tippett. Heute sind nur sehr wenige *Progressive-Rock*-Musiker noch bei *Major Companies* unter Vertrag, Beispiele dafür sind John McLaughlin bei „Universal" und DREAM THEATER bei dem Time-Warner-Label „Elektra" – also entweder gut verkäufliche „Alt-Stars" oder die Trendsetter einer wachsenden Musikszene.

Da die *Major Companies* auf Profit orientierte Konzerne sind, dominiert bei ihrem Repertoire aber immer der *Mainstream*:

„Was von den Oligopol-Konzernen produziert wird, ist meistens die auf den großen Märkten verkaufbare und möglichst schnell amortisierbare Qualität" (Prokop, 2000, 194)

Dies trifft aber nicht nur auf die Rock- und Popmusik zu, auch in dem Repertoire-Bereich „Klassik" zählt vor allem die Wirtschaftlichkeit (Hirsch, 1987, 24/25). Die *Major* Labels konzentrieren sich deshalb „zunehmend auf die Zusammenarbeit mit Stars" (ebd., 42).

Der „Universal"-Manager Tim Renner hält die Breite des Angebots der Musikindustrie für „gar nicht mal so schlecht", das Problem besteht nach seiner Aussage in der Kommunikation:

„Das Hauptproblem heißt schlicht und einfach 'Radio' – seit Jahrzehnten das wichtigste Medium zur Kommunikation von Musik. Radio hat sich allerdings innerhalb der letzten zwanzig Jahre in Deutschland zu einem reinen Mainstream-Medium entwickelt. Das Radio wird nicht mehr als primäres Informationsmedium empfunden, sondern als Hintergrund-Musiktapete". (*Musikmarkt*, Nr. 49/2000, 4)

Von den acht in Kapitel 3.4 beschriebenen Produktionen ist keines von einer *Major Company* produziert worden; die Rechte lagen entweder bei den Künstlern oder bei einem *Independent* Label. Häufig anzutreffende Formen der Zusammenarbeit mit einer *Major Company* sind Vertriebsverträge mit *Independent* Labels sowie mit unabhängigen Produktionseinheiten. Lediglich vier von den in Kapitel 3.4 beschriebenen Produktionen wurden von einer *Major Company* vertrieben.

Die Produktionen des Jazz-Labels „ECM Records" (Goebbels und Rypdal) wurden von „Universal" vertrieben, die auf „Drakkar Records" erschienene Produktion von Victor Smolski wurde von BMG vertrieben.[1]

Die Gruppe KING CRIMSON hat über ihre Produktion *the construKction of light* einen exklusiven Vertriebsvertrag mit „Virgin Records" (EMI) abgeschlossen. Dieses ist eine gängige Praxis bei Rock-Gruppen, die über einen guten, lange Jahre eingeführten „Markennamen" verfügen. Die nur noch distributiv tätige Plattenfirma kann hier mit relativ stabilen Umsätzen kalkulieren. Ein frühes Beispiel dafür ist die Gruppe PINK FLOYD, die seit 1970 (*Atom Heart Mother*) als beauftragte Produzenten des Labels und seit 1975 (*Wish you were here*) als eine unabhängige Produktionsgesellschaft arbeitet. Damit besitzen sie sowohl die volle Kontrolle über ihre künstlerische Arbeit – neben der Musik auch das *Cover-Artwork* – als auch über die Rechte an ihrer Aufnahme. Dazu gehört auch die Kontrolle über den Back-Katalog.

Diese Form der Zusammenarbeit mit einer *Major Company* hält der KING CRIMSON Gitarrist Robert Fripp aber nur in bestimmten Fällen für sinnvoll:

„Marketing im herkömmlichen Stil macht eigentlich nur für die etablierten Gruppen noch einen Sinn." (Glass, 2000, 22)

---

[1] Ob „Drakkar" selbstständig ist oder vielleicht doch zum BMG Konzern gehört, ließ sich nicht endgültig klären.

4. *Progressive Rock* auf dem Tonträgermarkt

Für Produktionen, die sich weniger stark verkaufen – etwa die Solo-Projekte einzelner Bandmitglieder oder KING CRIMSON Live-Aufnahmen – hat Fripp das Label „Discipline Global Mobil" ins Leben gerufen:

> „Die einzige Alternative für mich war die Gründung eines eigenen Labels... Mir persönlich war es nicht mehr möglich, im alten Stil mit der Musikindustrie zusammenzuarbeiten – allein wegen der Tatsache, dass ich die Rechte an meiner Musik dann an Dritte abtrete. Ich habe meine Musik immer als mein Eigentum verstanden... Mainstream-Musiker, die sich in diese Abhängigkeit begeben haben, sind in meinen Augen moderne Sklaven." (ebd.)

4.1.3 *Independent* Labels

Unter der Bezeichnung *Independent* Label versteht man kleine und unabhängige Tonträgerfirmen, die ihre Unabhängigkeit und Selbständigkeit darin sehen:

> „... musikalisch/kulturell eigenständige Wege zu gehen – unter Umständen auch Musik 'am Markt vorbei zu produzieren' – sich vom sog. Mainstream der Major-Companies abzuheben, alternativ/individuell zu sein – mit dem Ziel, eine tatsächliche Alternative anzubieten." (Vormehr, 1997, 201)

Independent Labels gibt es in allen stilistischen Bereichen, die vom *Mainstream* abweichen, beispielsweise im Jazz und in der Neuen Musik. Es ist aber auch möglich, dass ein *Independent* Label mit aktueller Musik so erfolgreich ist, dass es sich zu einem wachsenden *Mainstream*-Label weiter entwickelt, welches in der Regel dann von einem *Major* Label aufgekauft wird. Beispiele dafür sind die Labels „Virgin" und „Geffen".

Die ersten kleinen und unabhängigen Labels entstanden in den USA schon in den dreißiger Jahren, in Europa dagegen erst in den sechziger und siebziger Jahren (Halbscheffel/Kneif, 1992, s.v. 'Independent Label'). Zu den ersten *Independent* Labels der Rockmusik gehört das 1962 in London gegründete Label „Island Records", welches zuerst jamaikanische Produktionen auf dem englischen Markt vertreiben wollte, seit 1967 aber auch Rockmusik produziert (ebd., s.v. 'Island Records').

Einige Autoren versuchen dagegen, den Begriff *Independent* auf die Punk-Bewegung festzulegen, insbesondere auch, weil dieser Musikstil – trotz *Major* Verträge der bekanntesten Gruppen – als „Independent" bezeichnet wird:

„Independent-Labels werden dabei im Sinne der aus der Punk-Bewegung hervorgegangenen kleinen Schallplattenfirmen betrachtet" (Gruber, 1995, 41)

Diese Sichtweise schließt aber aus, dass sich auch außerhalb der Punk-Bewegung Musikstile ebenso wie unabhängige Labels entwickelt haben, die nicht dem *Mainstream* gefolgt sind. Siegfried Grubers Kriterium, „dass die künstlerische Kontrolle weitgehend, wenn nicht zur Gänze beim Musiker bleibt" (ebd.), ist auch bei anderen Labels der Fall. Außerdem wurde der Punk genauso kommerzialisiert wie andere Popularmusikformen auch; die bekanntesten Punk-Gruppen schlossen alle Verträge mit den *Majors* ab und die Punk-Labels mutierten nach Ende der Punk-Welle zu *Mainstream* produzierenden Labels. Ein Beispiel dafür ist das Label „Rough Trade", das sich heute „Zomba Records" nennt und Pop-Interpreten wie Britney Spears und Tom Jones vertreibt.

Der Begriff *Independent* hat im Laufe der achtziger Jahre seine Bedeutung verändert:

„Letztendlich stand 'Indie' für ein musikalisches Genre und die entsprechende Szene. Das war nicht immer so. In den Gründertagen, zu Zeiten des großen Booms der Independent-Labels Ende der Siebziger, konnte man das Wort 'Independent' beim Wort nehmen. 'Independent' heißt 'unabhängig' – und das beinhaltet mehr als nur Musik." (Walter, 1999, 218)

Als *Independent* Labels – im eigentlichen Sinne – versteht man kleine Tonträgerfirmen, die sowohl wirtschaftlich als auch künstlerisch unabhängig von den *Major Companies* sind. Dennoch bestehen, besonders im Vertriebsbereich, auch Zusammenarbeiten zwischen *Independent* und *Major* Labels.

Independent Labels, die progressive Rockmusik in ihrem Repertoire haben, sind:

- Charisma (Vertrieb: Virgin): GENESIS
- CMP Records (Vertrieb: EFA): Mick Karn; Jack Bruce
- Celluloid: MATERIAL, MASSACRE
- ECM Records, renomiertes deutsches Jazz-Label, welches auch mit Produktionen in den Grenzbereichen zu Rock und Neuer Musik tätig ist (Vertrieb: Universal): Michael Mantler; Heiner Goebbels; Terje Rypdal
- EG Records (Vertrieb: Virgin): KING CRIMSON; Bill Bruford; U.K.
- InsideOutMusic, deutsches Label für *Neo Prog* (Vertrieb: SPV): TRANSATLANTIC

- Island, mit den Sub-Labels Axiom und Antilles: EMERSON, LAKE AND PALMER; KING CRIMSON; Bill Laswell; Ronald Shannon Jackson
- Knitting Factory/Enemy Records: DEFUNKT
- Virgin, bis zur Übernahme durch die EMI: HENRY COW; Mike Oldfield

Eine Besonderheit sind Labels, die von Künstlern für ihre eigenen Produktionen gegründet werden. Neben den rein künstlerischen waren oftmals auch gesellschaftskritische Beweggründe ausschlaggebend; viele Labels entstanden innerhalb der Popkultur-Linken. Ein Beispiel dafür ist „Recommended Records". Das Label wurde von der 1978 gegründeten Kooperative „Rock In Opposition" aufgebaut. Die Kooperative linksorientierter Gruppen wollte auf Basis der gegenseitigen Selbsthilfe ihre Arbeit außerhalb der Strukturen der Musikindustrie organisieren (Wicke/Ziegenrücker, 1997, s.v. 'Rock In Opposition'). Über die Gründe der Unabhängigkeit sagt der HENRY COW und ART BEARS Schlagzeuger Chris Cutler in seinem Text *Rock in Opposition – Kritik der Ware Popmusik*:

„In uns reifte die Erkenntnis, daß die Widersprüche am wenigsten bei den Hörern lagen, für die wir spielten, sondern im ganzen Apparat der Kommerzkultur und im Geldinteresse der Besitzer und Manipulatoren dieser Kultur. Deshalb hörten wir auf, Kompromisse einzugehen, und wurden unabhängig. Zweifellos rettete uns das vor Erstarrung... Wir waren aus der Kommerzkiste ausgestiegen, aber es war klar, daß es noch eine Menge zu tun gab, wenn wir unseren gemeinsamen Kampf gewinnen wollten, und eine wichtige Sache war die Verbreitung, der Vertrieb." (Cutler, zit. nach: Walter, 1999, 220)

Beispiele für unabhängige Musiker-Labels sind:

- Bizarre und Zappa Records: Frank Zappa
- Discipline Global Mobile: Robert Fripp/KING CRIMSON; aber auch für andere Künstler offen, z.B. John Paul Jones
- Recommended Records: ART BEARS u.a.

Seit den achtziger Jahren entstanden zunehmend neue Independent Labels, die sich auf die Back-Kataloge der *Major Companies* spezialisiert hatten, die diese nicht mehr vertreiben wollten; Beispiele dafür sind:

- Ace Records: ABC/MCA Back-Katalog von SOFT MACHINE
- BGO Records: RCA/BMG Back-Katalog von CENTIPEDE; Chrysalis/EMI Back-Katalog von GENTLE GIANT; CBS/Sony Back-Katalog von MOUNTAIN
- East Side Digital: Virgin/EMI Back-Katalog von HENRY COW
- Line Records: Vertigo/Polygram Back-Katalog von GENTLE GIANT; Purple Records/EMI Back-Katalog von Jon Lord

Von den acht in Kapitel 3.4 beschriebenen Produktionen wurden sieben von einem *Independent* Label herausgebracht, lediglich der Vertrieb von drei Alben lag – wie zuvor schon beschrieben – bei einem *Major*. Die anderen vier Alben wurden sowohl durch ein *Independent* Label als auch durch einen unabhängigen Vertrieb vermarktet.

Der Vertrieb von der Fred Frith Produktion auf „Winter & Winter" erfolgte durch das große deutsche *Independent* Label „Edel", die „Discipline Global Mobile" Produktionen von Trey Gunn und BLUE wurden von dem *Independent* Vertrieb „Indigo" vertrieben, und der Vertrieb von TRIBAL TECH auf „ESC Records" lag bei der „EFA Medien GmbH". Der Vertrieb EFA – die Abkürzung steht für „Energie für Alle" – wurde 1982 als eine Vertriebskooperative von zehn kleinen Labels gegründet (Vormehr 1997, 205).

Bei den meisten Produktionen überwiegt der Künstlervertrag. Bei dieser Vertragsart ist die Plattenfirma der wirtschaftliche Produzent und Eigentümerin der Masterbänder. Oftmals stellt das Label auch den *Executive Producer* (Jahnke, 1998, 83).

Lediglich bei den KING CRIMSON Solo-Projekten auf „Discipline Global Mobile" lagen – ebenso wie bei dem auf „Virgin/EMI" erschienenen KING CRIMSON Album – alle Rechte bei den Künstlern. Das Label „DGM" übernahm im Auftrag der Künstler die Aufgabe, deren Urheberrechte zu wahren. Die übliche Praxis der Musikindustrie, bei der die Künstler ihre Rechte abtreten müssen, wird von dem Label nicht akzeptiert.[1]

Auffallend bei der Auswahl der im Kapitel 3.4 beschriebenen acht Produktionen ist der hohe Anteil an deutschen *Independent* Labels (ECM Records, Winter & Winter, Drakkar Records und ECS Records), insbesondere in Anbetracht der Tatsache, dass einige dieser Künstler, z.B. Fred Frith und TRIBAL TECH, in den USA leben.

Da Tonträger immer unter dem Aspekt der Wirtschaftlichkeit produziert werden müssen, lassen sich Projekte mit großen Orchester-Besetzungen oftmals nur über eine Förderung realisieren. Eine Möglichkeit dafür ist die Co-Produktion durch eine Rundfunkanstalt; Beispiele dafür sind die Heiner Goebbels Produktion *Surrogate Cities* (Bayrischer Rundfunk) und die Fred Frith Produktion *Traffic continues* (Westdeutscher Rundfunk). Die Terje Ryp-

---

[1] Hinweis auf allen „DGM" Produktionen, besonders ausführlich auf dem John Paul Jones Album *Zooma* (1999).

dal Produktion *Double Concerto/5th Symphony* ist durch andere Institutionen gefördert worden.

Ein Beispiel für eine Förderung durch zwei verschiedene Rundfunkanstalten bietet Michael Mantler mit seinem Album *Songs and One Synphony* (2000). Die *Songs* sind in Kooperation mit dem „Jazz Department" der Danish Broadcasting Corporation, die *One Symphony* ist in Kooperation mit dem „Music Department, Forum Neue Musik" des Hessischen Rundfunks entstanden.

Hier zeigt sich, dass Musik mit Rockmusik-Einflüssen nur dann von einer öffentlichen Anstalt gefördert wird, wenn sich die Musik in die Kategorien „Neue Musik" oder „Jazz" einordnen lässt. Rockmusik – auch wenn sie primär künstlerisch und nicht kommerziell konzipiert ist – gilt nicht als öffentlich zu fördernde Kunst; deshalb unterliegt auch der *Progressive Rock* immer dem kommerziellen Druck des Tonträgermarktes.

4.1.4 Label unabhängige Produktionen

Die technische Entwicklung ermöglicht es heute den Musikern, die keinen Vertrag bei einem Label bekommen haben oder die keine Kompromisse mit einem Label eingehen wollen, eigene Tonträger aufzunehmen und herstellen zu lassen. Die digitale Studiotechnik erlaubt es heute schon, mit verhältnismäßig geringem Budget relativ gute Produktionen zu realisieren. Viele Musiker bauen sich entweder ein eigenes kleines *Home*-Studio auf oder sie gehen in ein kleines unabhängiges Studio. Neben den kleinen lokalen Studios boomt auch der Markt der CD-Presswerke für kleine Auflagen, ersichtlich durch das große Angebot im Anzeigenteil der Musikerzeitschriften (z.B. *Soundcheck* und *Gitarre & Bass*).

Neue Verkaufsmöglichkeiten unabhängig von der Musikindustrie ergeben sich durch das Internet, entweder durch eine eigene Internet-Seite oder über die neuen Tonträger-Vertriebe im Internet.

Die Grenzen zwischen einer Label unabhängigen Produktion und der Produktion eines *Independent* Labels sind natürlich fließend. Oftmals ist ein selbst produziertes Album die Keimzelle eines neuen Labels.

Die größten Probleme einer unabhängigen Produktion liegen bei der Werbung/Promotion und bei dem Verkauf/Vertrieb der Tonträger. Hier muss der Produzent, sofern er größere Käuferschichten erreichen will, dann doch mit bestehenden Vertrieben zusammenarbeiten.

Beispiele für Label unabhängige Produktionen bieten die schon im Kapitel 3.3.2 vorgestellten Gruppen MIASMA und ASGARD.

Die Gruppe MIASMA hat zu den Labels noch keinen Kontakt, die *Majors* haben allesamt ihr Demoband abgelehnt. Deshalb verkauft die Gruppe ihre CD in den Musikgeschäften der näheren Umgebung, bei Konzerten und über einen Mailorder-Vertrieb (Warrior Trade) im Internet. Hier bestehen aber auch Probleme. Der Vertrieb „Warrior Trade" macht keine Vertragsbindung und hat die Preisabsprache von 20,90 DM nicht eingehalten, denn er bietet die CD auf seiner *Homepage* für 24.90 DM an. Die Gruppe wird deshalb wohl auf ein weltweites Vertriebsangebot von „Maple Leaf Records" eingehen.

Werbung betreiben MIASMA über mehrere Internetseiten („besonic", „vitaminic", „people sound") und eine eigene *Homepage*, über *Flyer* in Unis und über CD-Rezensionen mittels Promo-CD's in den Zeitungen *Metal Hammer* und *Heavy oder was?!*. Die Gruppe MIASMA hält die Plattenkritiken für wichtig, weil sie zu Kontakten, Konzerten und Anfragen führen. Chancen auf ein *Airplay* im Radio sieht die Gruppe aber nicht.[1]

Die Gruppe ASGARD verkauft ihre Tonträger ebenso über einen Mix aus Vertrieben (Europa, USA), Plattenläden sowie über Privatverkäufe. Mit „Dragon's Music" möchte Alberto Ambrosi, der Keyboarder der Gruppe, ein eigenes, auch für andere Gruppen offenes Label aufbauen.

Geworben hat die Gruppe ASGARD mit einer 1/4 Werbeanzeigen-Seite im *Rock Hard* und mit einem bezahlten Teilnahme an einen CD-Sampler im *Metal Hammer*, beide Zeitschriften haben darüber hinaus je eine Promo-CD bekommen, damit sie diese in einer Plattenkritik vorstellen können. Des Weiteren wurden zusätzliche Promo-CD's an die Zeitschriften *Heavy oder was?!* und *Metal Heart* sowie an viele *Prog-Fanzines* und Radiosender verteilt. Die Medienresonanz durch Plattenkritiken und *Airplay* sieht die Gruppe ASGARD als enttäuschend an, obwohl es nach ihren Aussagen schon „etwas bringt".[2]

4.1.5 Kalkulationen im Vergleich

Der Vergleich der unterschiedlichen Kalkulationsgrundlagen soll zeigen, dass auch mit geringen Stückzahlen, wie sie die progressive Rockmusik erzielt, durchaus wirtschaftlich gearbeitet werden kann.

---

[1] Miasma/Daniel Behrmann, Bergstraße 11, 27404 Gyhum, persönlicher Brief vom 24.07.00 (25.07.00).
[2] Dragon's Music/Alberto Ambrosi, Am Forstamt 18, 83486 Ramsau, persönliche Briefe vom 09.06.00 und 03.08.00 (10.06.00 und 04.08.00).

4. *Progressive Rock* auf dem Tonträgermarkt

Da die Labels aber aus Gründen des Wettbewerbs nicht zu einer Herausgabe ihrer Kalkulation bereit waren, basieren die Berechnungen auf durchschnittlichen Werten, die von der ehemaligen A & R-Managerin Marlis Jahnke veröffentlicht wurden (1998, 115-120). Für die Kalkulation der labelunabhängigen Produktionen lagen zwei konkrete Beispiele vor.

I. *Major Company*

Die Vorgaben der Kalkulation sind ein Album und zwei Singles eines etablierten nationalen Interpreten bei einer *Major Company*, der erwartete Umsatz liegt bei drei Millionen DM. Bei internationalen Produktionen sind die durchschnittlichen Kosten deutlich höher, Ende der siebziger Jahre lagen sie schon zwischen 350.000 und 500.000 Dollar (Frith, 1978, 106).

Ausgaben des Labels für die Produktion:

Promotion und Werbung	
2 Videoproduktionen	150.000,00 DM
+ TV-Werbung (z.B. Viva)	150.000,00 DM
+ TV-Auftritte, Radiobesuche,	
Gimmicks, Pressekonferenzen	50.000,00 DM
+ Bauzaunplakatierung	150.000,00 DM
+ Anzeigen	50.000,00 DM
+ Werbekostenzuschuss an den Handel	50.000,00 DM
	600.000,00 DM
Aufnahmekosten +	200.000,00 DM
Initialkosten +	50.000,00 DM
Gesamtausgaben des Labels:	850.000,00 DM

Einnahmen durch einen Tonträger nach Abzügen:

Händlerabgabepreis	20,00 DM
- Fertigungsstandardpreis	2,00 DM
- Lizenzen an die Künstler (15%)	3,00 DM
- Copyright an die GEMA (9,306%)	1,86 DM
- Variable Kosten	3,00 DM
- Fixe Kosten (durch den Konzernapparat einer *Major Company*)	4,00 DM
Deckungsbetrag eines Tonträgers:	6,14 DM

Break Even (Stückzahl, bei der die Ausgaben gedeckt sind) Berechnung:

Produktionskosten		Deckungsbetrag		Stückzahl:
850.000,00 DM	:	6,14 DM	=	ca. 140.000

(Jahnke, 1998, 115-120)

II. *Independent* Label

Die Vorgaben der Kalkulation sind eine Album-Produktion, Daten wie bei Beispiel I., abzüglich der Werbeausgaben für Video, TV, Radio und Plakatierung sowie der speziellen Ausgaben einer *Major Company* (Fixe Kosten) und ungünstigeren GEMA-Konditionen.

Ausgaben des Labels für die Produktion:

Promotion und Werbung		
Anzeigen		50.000,00 DM
+ Werbekostenzuschuss an den Handel		50.000,00 DM
		100.000,00 DM
Aufnahmekosten	+	200.000,00 DM
Initialkosten	+	50.000,00 DM
Gesamtausgaben des Labels:		350.000,00 DM

Einnahmen durch einen Tonträger nach Abzügen:

Händlerabgabepreis	20,00 DM
- Fertigungsstandardpreis	2,00 DM
- Lizenzen an die Künstler (15%)	3,00 DM
- Copyright an die GEMA (11,6325%)	2,32 DM
- Variable Kosten	3,00 DM
Deckungsbetrag eines Tonträgers:	9,68 DM

Break Even Berechnung:

Produktionskosten		Deckungsbetrag		Stückzahl:	
350.000,00 DM	:	9,68 DM	=	ca. 36.000	(ebd.)

III. Label unabhängige Produktionen

1. Beispiel: ASGARD:

Produktionskosten:
Aufnahmekosten im Studio
+ Booklet
+ Werbung
+ Presswerk (1. Auflage 3000 Stück)   25.000,00 DM

Einnahmen durch Tonträgerverkauf:
(Prozentzahlen, ermittelt nach Verkauf der ersten 800 Exemplare bis 09.06.00)

Verkaufsform	Verkaufsanteil	Abgabepreis	Umsatz bei 100 Stück
Vertriebe	75%	12,00 DM	900,00 DM
Läden	20%	18,50 DM	370,00 DM
Privat	5%	30,00 DM	150,00 DM
			1420,00 : 100

Durchschnittliche Einnahme eines Tonträgers: 14,20 DM[1]

Break Even Berechnung:

Produktionskosten		Einnahme einer CD		Stückzahl
25.000,00 DM	:	14,20 DM	=	ca. 1760

2. Beipiel: MIASMA

Produktionskosten:
Aufnahmekosten im Studio
+ Booklet
+ Presswerk (1. Auflage 500 Stück, davon 40 Promo-CD's)   7.500,00 DM

Abgabepreis: 16,00 DM[2]

Break Even Berechnung:

Produktionskosten		Einnahme einer CD		Stückzahl
7.500,00 DM	:	16,00 DM	=	ca. 470

---

[1] Dragon's Music/Alberto Ambrosi, Am Forstamt 18, 83486 Ramsau, persönlicher Brief vom 09.06.00 (10.06.00).
[2] Miasma/Daniel Behrmann, Bergstraße 11, 27404 Gyhum, persönlicher Brief vom 24.07.00 (25.07.00).

Der Vergleich der Kalkulationen zeigt, dass auch bei den geringen Stückzahlen, die bei der progressiven Rockmusik üblich sind, durchaus Gewinne erzielt werden können. Diese Produkte benötigen in der Regel, weil sich nicht trendabhängig sind, keinen großen Werbeetat (Single, Video). Außerdem unterliegen sie als individuelle Produkte nicht so stark dem Konkurrenzdruck des Marktes. Die labelunabhängigen Produktionen können dagegen zwar ihre Produktionskosten durch äußerst geringe Stückzahlen decken, Gewinne sind aber wegen eines fehlenden Werbeetats kaum zu erzielen.

Der verhältnismäßig große Promotionsaufwand der *Major Companies* treibt die Produktionskosten enorm in die Höhe. In den meisten Repertoirebereichen der Pop- und Rockmusik (außer *Progressive Rock* und Heavy Metal) ist die chartorientierte Marketingstrategie wichtig, die Regel der Musikindustrie lautet: „Ohne Singlehit keine Albumverkäufe" (Jahnke, 1998, 121). Die Werbung garantiert zwar höhere Verkaufszahlen, andererseits benötigt das Label diese Einnahmen auch, um ihre hohen Ausgaben zu decken. Die Produktion wird dadurch risikoreicher, denn wenn sich das Produkt nicht wie erhofft auf dem Markt etablieren kann, sind die Verluste hoch. Liegt die Produktion jedoch erfolgreich im Trend, sind auch extrem hohe Gewinne möglich, da die Produktionskosten einmalige, von der Verkaufszahl unabhängige Ausgaben sind. Die *Majors* haben durch ihre bessere Ausgangslage (niedrigerer GEMA Satz, größeres Werbebudget) zwar günstigere Voraussetzungen am Markt, haben dagegen aber auch einen deutlich höheren Anteil an internen Verwaltungskosten zu decken. Die hohen Ausgaben zwingen sie geradezu, kommerzielle Interpreten zu produzieren.

Die Produktionen der *Independent* Labels sind dagegen weniger riskant, da ihre Künstler weniger trendabhängig sind. Die *Independent* Labels versuchen kleine, von den *Majors* vernachlässigte Marktnischen zu besetzen. Probleme ergeben sich bei einem geringen Werbebudget dann, wenn ein neuer Interpret etabliert werden soll.

Bei einem erreichten *Break Even* fallen die von der Verkaufszahl abhängigen Tantiemen für die Künstler und die GEMA-Abgaben aber deutlich verschieden aus. Geht man von den Verkaufszahlen der zuvor dargestellten Kalkulationsbeispiele aus, so erhält der *Mainstream*-Interpret einer *Major Company* etwa die vierfache Summe des auf einem *Independent* Label erschienenen Künstlers. Bei den unabhängigen Produktionen sind die Einnahmen der Komponisten und Künstler fast schon zu vernachlässigen, da ihre Auflagen mangels eines großen Werbe- und Promotion-Etats relativ gering bleiben; ihre Einnahmen erfolgen erst bei Übersteigen des *Break Even*. Hier wird deutlich, dass die künstlerische Selbstverwirklichung sicherlich wichtiger ist als der kommerzielle Erfolg.

4.1.6 Chancen durch das Internet?

Durch die digitale Vernetzung des Internets ergeben sich auch für den Vertrieb von Musik neue Möglichkeiten. Einerseits können die Musiker völlig unabhängig von der Musikindustrie ihre Musikproduktionen im Internet anbieten. Andererseits ist es möglich, die selbst produzierte Musik über einen der neuen Internet-Vertriebe, die sich auf Label unabhängige Musik spezialisiert haben, anzubieten. Aber auch die etablierte Musikindustrie sieht ihre Chancen im Internet. Entweder baut sie selber Unternehmensbereiche für Promotion und Vertrieb im Internet auf oder sie kooperiert mit den neuen Internet-Anbietern:

„Die neuen Medien werden von Schallplattenfirmen gezielt und erfolgreich als neue Instrumente zur Kundengewinnung und -bindung eingesetzt." (*Musikmarkt*, Nr. 20/2000, 28)

Um sich gegen die Internet-Piraterie mit Musik zu wehren, gibt es auch Versuche, diese illegalen Anbieter an sich zu binden. Ein Beispiel dafür ist die strategische Allianz zwischen der Bertelsmann „eCommerce Group" und „Napster" (*Musikmarkt*, Nr. 46/2000, 18).

Als Vertriebswege für Musik bestehen über das Internet zwei Möglichkeiten:

1) Der elektronische Handel (E-Commerce), bei dem der Tonträger nach der Bestellung im Internet physisch über den Postweg vertrieben wird (Mailorder).

2) Neben der Geschäftsabwicklung wird auch die Musik digitalisiert über das Internet vertrieben (C-Commerce). (Block/Röscheisen, 2000, 22-25)

Das Durchsetzen des C-Commerce Vertriebes auf dem Musikmarkt hängt jedoch von der Sicherheit der Musikübertragung im Internet ab:

„Sicherheit ist dabei zum einen technisch zum anderen aber auch rechtlich zu verstehen." (Gerlach, 2000, 46)

Neben der Wahrnehmung der Urheberrechte durch Schutztechnologien sind für eine Etablierung auf dem Markt auch noch die Kosten für den *Download* (Online-Gebühren, Tantiemen) und das Brennen (Rohling, *Cover*) sowie die Klangqualität (Datenkomprimierung und -reduktion) von Bedeutung. Die Qualitätsverluste durch die Komprimierung um etwa 1/11 der Datenmenge im nicht hörbaren Bereich wird von einigen Autoren als marginal angesehen (ebd., 44).

Einige Internet-Mailorder-Vertriebe sehen den C-Commerce-Vertrieb aber noch als zu früh an. Thorsten Reuber vom „amazon.de" hält sich beim direkten *Download* noch zurück:

> „Zwar ist die Technologie in Sachen Download zuletzt extrem weit fortgeschritten, trotzdem herrscht derzeit noch ein totales Format-Wirrwarr. So gibt es verschiedene Encoder, unterschiedliche Abrechnungssysteme und dergleichen mehr. Ein Tohuwabohu, in das wir uns nicht begeben wollen. Im Moment ist das noch viel zu früh." ('et', 2000, 32)

Noch spielt der Tonträgerhandel über das Internet im Vergleich zum Einzelhandel keine große Rolle, der Umsatzanteil des Internet-Mailorder beträgt 1,3 Prozent (*Musikmarkt*, Nr. 20/2000, 28). Die digitale Lieferung von Musik steckt im Vergleich zur Nutzung des Internets als Marketing- und Promotionsinstrument noch in den Anfängen:

> „Die heute zur Verfügung stehenden Übertragungstechniken und Bandbreiten, aber auch die PC- und Internet-Ausstattung in vielen Haushalten, vor allem aber fehlende rechtliche Rahmenbedingungen lassen noch kein Geschäft von signifikanter Größenordnung zu." (ebd.)

Das Internet ist aber trotz geringer Umsätze das ideale Medium für Nischenprodukte, zu dem auch der *Progressive Rock* gehört; der Online-Plattenhändler „amazon.de" hat beispielsweise einen relativ hohen Anteil an Nischenverkäufen ('et', 2000, 32). Ob sich der *Progressive Rock* nicht nur über den Mailorder, sondern auch über den direkten *Download* vertreiben lässt, bleibt abzuwarten. Gerade für den *Progressive Rock* sind anders als beim Pop sowohl die Klangqualität als auch die Verpackung – das *Booklet* mit *Cover*, Texten und *Liner Notes* – von großer Bedeutung. Außerdem ist beim *Progressive Rock* das Gesamtwerk in Form eines Albums – im Gegensatz zur Single beim Pop – entscheidend. Damit ergeben sich bei guter CD-Klangqualität (ohne Datenreduktion und -komprimierung) relativ hohe Online-Kosten von ca. 50,00 DM ('et/def-t',2000, 29), dazu kommen noch der CD-Rohling, das CD-*Cover* und die Tantiemen für die Urheberrechte. Ohne Datenkomprimierung kann ein Album auf diesem Wege also nicht mit den Preisen der Einzelhändler konkurrieren.

Aufgrund der technischen Möglichkeiten des Internets sehen viele Musiker die Chance, ihre Musik ohne die Hilfe der Musikindustrie verkaufen zu können:

„Jetzt und heute haben die Kreativzellen (also die Künstler und Musikschaffenden an sich) die Möglichkeit, ihre Musik dem Zuhörer via Internet direkt und unverfälscht auf demselben professionellen Level zugänglich zu machen (nämlich auf digitaler Ebene), wie es aufgrund der hohen Kosten bisher nur den Plattenfirmen vorbehalten war." (Gunia, 2000, 150)

Bei einer Produktion, deren Herstellung und Vertrieb unabhängig von einem Label erfolgt, ergeben sich aber insbesondere für den *Newcomer* einige Probleme:

- Die Musiker müssen die gesamten Produktionskosten und die Promotion allein bezahlen. Sie tragen also auch das finanzielle Risiko, falls die Produktion sich nicht wie erwartet verkaufen lässt. Außerdem sind bei einem geringeren Etat keine aufwendigeren Produktionen (z.B. mit Orchester) mehr möglich; die Musiker müssen also auch, ohne dass sie für einen Produzenten oder ein Label arbeiten, Kompromisse eingehen.

- Ohne Werbung und Unterstützung durch die Medien lässt sich keine Produktion verkaufen, die Zielgruppe muss erst auf das neue Produkt aufmerksam gemacht werden.

Die Promotion ist bei dem Verkauf eines Tonträgers das größte Problem:

„Eine große Schwierigkeit besteht darin, dass das riesige Internet-Angebot die Angebote eines Einzelnen an den Rand drängt. Ohne ausreichende Präsentation gehen die Angebote in der Masse unter und die Suche nach bestimmten Aufnahmen entspricht der Suche nach der Nadel im Heuhaufen. Dabei ist zu bedenken, dass das Internet als Abrufmedium die Initiative der Nutzer voraussetzt. Diese werden jedoch meistens nur nach dem suchen, was sie ohnehin schon kennen. Insofern besteht für Newcomer zusätzlich das Problem, sich zunächst einmal buchstäblich Gehör zu verschaffen." (Gerlach, 2000, 45)

Die Musiker können sich natürlich bestimmter Strukturen des Internets bedienen. Möglichkeiten ergeben sich durch die neuen Internet-Vertriebe, die sich auf Musikproduktionen ohne Plattenvertrag spezialisiert haben; ein Beispiel dafür ist „peoplesound". Hier werden zwei Songs aus dem Repertoire des Künstlers zum *Download* freigestellt. Gefällt dem Kunden die Musik, kann er die ganze Platte bestellen. Die Urheberrechte bleiben bei den Autoren, während der Verkaufserlös zwischen „peoplesound" und den Künstlern je zur Hälfte aufgeteilt wird (Krulle, 2000, 32). Bei dieser Form des Internet-Vertriebes sind die Musiker aber auch nicht frei von kommerziellen Einflüssen. Der Anbieter will natürlich nur die Musik vertreiben, die er auch gut verkaufen kann. Voraussetzung für einen Vertrag ist, dass die Musik von „peoplesound" akzeptiert wird, dass ein *Track* nicht länger als 10 Minuten dauert und dass mindestens zwei Songs als *free-sample-downloads* vorliegen, die sich der *User* kostenlos herunterladen kann.

Ob sich trotz des Promotionsproblems neue *Progressive-Rock*-Interpreten etablieren können, bleibt abzuwarten. Noch werden die größten Umsätze im Online-Verkauf durch „Alt-Rocker", die keinen Plattenvertrag mehr haben, erzielt: THE WHO; Jimmy Page; THE DOORS; GREATEFUL DEAD; und Jimi Hendrix (Diehl, 2000, 14).

Bedingt durch den Erfolg im Online-Verkauf, hat Jimmy Page für sein mit den BLACK CROWES eingespieltem Album *Live at the Greek* (2000) einen Plattenvertrag bei dem *Independent* Label „Steamhammer/SPV" bekommen. Dieser Fall beweist, dass der Internet-Verkauf – auch wenn er noch verhältnismäßig gering ist – die etablierte Musikindustrie auf Produkte aufmerksam machen kann, die trotz einer Nachfrage bei den Kunden zuvor nicht beachtet wurden. Hier könnten sich auch für den *Progressive Rock* Chancen ergeben.

Voraussichtlich werden sich im Internet ähnliche Strukturen bilden, wie sie schon in der „alten" Musikindustrie bestehen; wenige Oligopolisten beherrschen den *Mainstream*-Markt, daneben existiert eine Vielzahl kleinerer Anbieter für Nischenprodukte.

4.2 *Progressive Rock* als Ware

4.2.1 Warenwert

Die Rockmusik ist eine Musikform, die durch die Produktions- und Verbreitungsbedingungen der audiovisuellen Massenmedien geprägt wurde. Wichtigstes Medium der Rockmusik ist die Schallplatte, bzw. seit Einführung der digitalen Technik, die Compact Disc. Die auf Tonträgern verkaufte Musik ist, selbst wenn sie höchsten Kunstansprüchen genügt, immer auch eine Ware:

„Sofern Musik dabei im Hinblick auf die Marktverwertung produziert oder bereitgestellt wird, ist sie eine Ware. Sie bleibt dies so lange, bis die Marktverwertung, nämlich der

4. *Progressive Rock* auf dem Tonträgermarkt

Tausch, abgeschlossen ist und sich der Tauschwert der Ware – in der Regel in Geldform – realisiert hat." (Feurich, 1974, 299)

Der Gebrauchswert, d.h. dessen stofflich-strukturelle Qualität, kann durch den Tauschwert abgelöst werden. Der Tauschwert stellt eine gesellschaftliche Wertschätzung der Ware dar, beispielsweise durch den Prestigegewinn für den Besitzer. Das beste Beispiel dafür ist das Gold. Der Wert beruht nicht allein auf den stofflichen Qualitäten des Metalls, sondern auf dessen Tauschwert.

Durch die unreflektierte Verehrung eines Produktes entsteht ein Kult, den Karl Marx als den „Fetischcharakter der Ware" bezeichnet:

„Die stoffliche Qualitätseinschätzung wird überlagert, überfremdet durch den Tauschwertaspekt. Im Erlebnisakt schiebt sich die Tauschwertgegenständlichkeit und damit eine gesellschaftliche Kategorie vor die Gebrauchsgegenständlichkeit und spreizt sich so zu deren zweiter Natur auf. Da das Erlebnissubjekt diesen Überfremdungsprozeß in der Regel nicht reflektiert, entsteht das, was Marx den 'Fetischcharakter der Ware' nennt." (ebd., 300)

Setzt sich der Tauschwertstandpunkt durch, dann wird nicht nur der Gebrauchswert produziert, sondern mit eigenen Techniken, Überlegungen und Anstrengungen auch die Erscheinung des Gebrauchswertes, das ästhetische Gebrauchswertversprechen. Die Ware wird, damit sie sich auf dem Markt gegen konkurrierende Produkte mit dem gleichen Gebrauchswert durchsetzen kann, mit Reizen inszeniert. Um einen höheren Tauschwert zu erzielen, wird der Gebrauchswert der Ware zum Schein erhöht:

„Der Waren-Produzent versucht, das Werterlebnis darüber hinaus dadurch zu steigern, daß er durch eine ästhetisch möglichst attraktive Aufmachung zwar nicht den realen Gebrauchswert, wohl aber den Gebrauchswert*schein* der Ware erhöht." (ebd., 300-301)

Den Begriff des Fetischcharakters hat Theodor W. Adorno auf die Musik übertragen. In dem gemeinsam mit Max Horkheimer verfassten Buch *Dialektik der Aufklärung* schreibt Adorno[1] in dem Kapitel „Kulturindustrie":

„Was man den Gebrauchswert in der Rezeption der Kulturgüter nennen könnte, wird durch den Tauschwert ersetzt, anstelle des Genusses tritt Dabeisein und Bescheidwissen, Prestigegewinn anstelle der Kennerschaft. Der Konsument wird zur Ideologie der Vergnügungsindustrie, deren Institutionen er nicht entrinnen kann... Der Gebrauchswert der Kunst, ihr Sein, gilt ihnen als Fetisch, und der Fetisch, ihre gesellschaftliche Schätzung, die

---

[1] Man kann davon ausgehen, dass Adorno das Kapitel schrieb, siehe dazu Prokop, 2000, 164.

sie als Rang der Kunstwerke verkennen, wird zu ihrem einzigen Gebrauchswert, der einzigen Qualität, die sie genießen." (Horkheimer/Adorno, 1944, 167)

Adornos Thesen zur Kulturindustrie haben bis heute ihre Gültigkeit bewahrt. Die Vermarktung der untalentierten Kandidaten der *Real-Life-Soap* „Big Brother" auf dem Tonträgermarkt ist dafür das beste Beispiel. Dass diese Produkte reines Marketing sind, die mit Kunst nichts zu tun haben, gibt auch Christian Wolff, der zuständige Manager von BMG, in einem Interview ganz ehrlich zu:

„Qualität hat es da in meinen Augen nie gegeben. Das war und ist eine reine Marketing- und Merchandising-Umsetzung. Ich sehe gegenwärtig und auch aus der Vergangenheit niemand, der auch nur den Ansatz einer Chance auf eine langfristige Karriere im Musikbereich hätte. Man sollte in diesem Zusammenhang auch gar nicht von Künstlern reden, sondern die Container-Idee ist einfach nur die Marketing- und Merchandising-Auswertung eines TV-Konzepts in einer musikalischen Umsetzung. Das hat nichts mit hochwertiger Musik, tollen Texten oder außergewöhnlichen 'Künstlern' zu tun." (Andresen, 2001, 10-11)

Dennoch ist zu kritisieren, dass Adorno in seinen Thesen zur Kulturindustrie (die deutsche Ausgabe erschien 1969!) die realen Entwicklungen des Jazz – und dies gilt analog auch für die spätere Rockmusik – ignorierte. Adorno unterschied nur zwischen avancierter Kunst – und hier meinte er primär die Neue Musik in der Tradition Schönbergs – sowie den Produktionen der Kulturindustrie, zu der er Kino, Radio, Jazz und Magazine zählt (Horkheimer/Adorno, 1944, 136-140). Seiner Meinung nach lässt sich der Gegensatz zwischen „leichter" und „ernster Kunst" nicht versöhnen (ebd., 143-144). Auch in späteren Publikationen zählt Adorno den Jazz eindeutig zu der leichten Musik:

„Jazz, auch in seinen raffinierteren Formen, gehört der leichten Musik an... Nach wie vor bleibt der Jazz ... eine sportlich-akustische Veranstaltung, um Normalbürger zusammenzubringen." (Adorno, 1962, 43)

Musikformen wie Bebop, *Free Jazz* und *Progressive Rock* lassen sich aber nicht einfach mit den rein kommerziellen Produktionen der Kulturindustrie, beispielsweise mit denen der „Big Brother"-Kandidaten, gleichsetzen. Hier bestehen unübersehbare Unterschiede sowohl in der musikalischen Struktur als auch in dem politischen Bewusstsein der Musiker.

4. *Progressive Rock* auf dem Tonträgermarkt

Adorno hat den Jazz als die Musik bezeichnet, die zur Identifizierung mit der Gesellschaft und ihren Machthabern dient, mit der man sich in die Widerstandslosigkeit begibt:

„Das Existieren im Spätkapitalismus ist ein dauernder Initiationsritus. Jeder muß zeigen, daß er sich ohne Rest mit der Macht identifiziert, von der er geschlagen wird. Das liegt im Prinzip der Synkope des Jazz, der das Stolpern zugleich verhöhnt und zur Norm erhebt... Jeder kann sein wie die allmächtige Gesellschaft, jeder kann glücklich werden, wenn er sich nur mit Haut und Haaren ausliefert, den Glücksanspruch zediert. In seiner Schwäche erkennt die Gesellschaft ihre Stärke wieder und gibt ihm davon ab. Seine Widerstandslosigkeit qualifiziert ihn als zuverlässigen Kantonisten." (Horkheimer/Adorno, 1944, 162)

Dass sich der Bebop, der *Free Jazz* und der Avantgarde Rock bewusst gegen die gesellschaftlichen Normen stellten, hat Adorno in seiner Verallgemeinerung ignoriert. Bebop und *Free Jazz* waren Ausdruck des neuen politischen Selbstbewusstseins der unterdrückten Afroamerikaner, die sich damit „ganz bewußt gegen das soziale und ästhetische Normensystem der weißen Mittelschichten" stellten (Wicke/Ziegenrücker, 1997, s.v. 'Bebop'). Auch die von den HENRY COW und ART BEARS Musikern gegründete Kooperative „Rock In Opposition" stellte sich sowohl politisch als auch ästhetisch gegen die Strukturen der Musikindustrie (ebd., s.v. 'Rock In Opposition').

Darüber hinaus besteht auch innerhalb des Systems der Musikindustrie die Möglichkeit zur Schaffung von Kunst. Dieter Prokop hat als Gegenposition zur „Unkreativitäts-These" Adornos, seine „These über die Kreativität in der Kulturindustrie" gestellt:

„Was Adorno nicht sehen wollte: diese Autonomie zur professionellen Konsequenz gibt es nicht nur beim Avantgarde-Werk, sondern auch bei den erfolgreichen Medienprodukten: Auch hier gibt es – in den geglückten Fällen – professionelle künstlerische Kreativität: Beherrschung des Handwerks; Kenntnis der Genres, in denen man arbeitet; intensivste Arbeit im Detail; Perfektionismus; Arbeit an Neuem, Innovativem etc." (Prokop, 2000, 166)

Bei einer kommerziell ausgerichteten Musikproduktion versucht nun der Waren-Produzent den warenästhetischen Schein des Produktes zu erhöhen. Feurich nennt als grundsätzliche Aspekte einer musikalischen Warenästhetik folgende Punkte:

1) Die Versinnlichung musikalischer Strukturen, das Zurücktreten von Werkstrukturen zugunsten sinnlicher Effekte mit unmittelbarer Reizwirkung, die historisch schon im Werk Telemanns festzustellen sind.

2) Fetischisierung sensueller Reizmomente, beispielsweise durch Markennamen (Stradivari) oder das Hervorstellen von bekannten Interpreten statt musikalischer Werke.
3) Außermusikalische Konsumversprechen, beispielsweise vorfabrizierte Erlebniswelten beim Schlager und Musical.
4) Verselbständigung des warenästhetischen Scheins, beispielsweise durch Schallplattenhüllen, die durch starke Attraktionen zum eigentlichen Gesicht der Ware werden.
5) Loslösung des warenästhetischen Scheins vom Warenkörper, beispielsweise durch werbliche Maßnahmen, bei der Musikstücke unabhängig von ihrer tatsächlichen Verfügbarkeit werblich aufgebaut werden (Feurich, 1974, 301).

Die ästhetische Abstraktion bei der marktorientierten Musik hat, im Gegensatz zu anderen Waren, einen direkten Einfluss auf deren Beschaffenheit:

„Während sie aber etwa bei Lebensmitteln die materielle Grundlage ihres Gebrauchswertes nicht notwendig tangieren muß, vernichtet die ästhetische Abstraktion in der Musik unvermeidlich die Substanz ihres künstlerischen Gebrauchswertes: Denn diese ist nicht ablösbar von ihrer sinnlichen Außenseite und geht verloren, wenn diese sich außerkünstlerischen Funktionsbestimmungen unterwirft." (Feurich, 1977a, 60)

Für die marktorientierte Musik ist die als MAYA (*Most advanced yet acceptable*) benannte Schwelle von Bedeutung. Das Produkt muss einerseits bekannte Elemente enthalten, andererseits muss es so neu wie möglich sein, um noch gekauft zu werden:

„Bezeichnend für den Reklamecharakter der marktorientierten Musik ist generell auch das für die Produktion insbesondere des Schlagers (weniger allerdings für die der progressiven Rockmusik) typische Jonglieren zwischen dem Schein des Bekannten und Neuheitswerten." (ebd., 62)

Erreicht werden kann dieser Schein des Vertrauten, der gleichzeitig etwas Neues darstellt, am besten durch eine funktionale Trennung:

„... dadurch, daß die Melodik, Diasthematik, Rhythmik, Harmonik und das Formschema das Konventionelle repräsentieren und sich gegen jede weitere Entwicklung sterilisieren, während damit das Arrangement frei wird, ohne starre Traditionsbindungen modische Werte aufzuspüren und optimal zu reproduzieren." (ebd., 68)

Ein Album, bei dem das Gleichgewicht von alten und neuen Elementen kommerziell äußerst erfolgreich verbunden wurde, ist *Supernatural* (1999) von Carlos Santana. Das Album, das von Clive Davis – dem Chef des BMG-Labels „Arista" – konzipiert und produziert wurde, enthält neben den typischen Santana Instrumentalkompositionen Songs mit Gastauftritten junger Sängerinnen und Sänger der aktuellen Rock- und Popmusik. Damit wurde ein Brückenschlag zwischen den Generationen erreicht.

Der *Progressive Rock* enthält Elemente, die sich von den bekannten Mustern der Marktanpassung absetzen. Merkmale wie Polyphonie, Polymetrie, ungerade Taktarten, eine komplexe Harmonik und eine individuelle Klangästhetik vermindern die Marktchancen der Rockmusik. Stattdessen erreicht die progressive Rockmusik relativ stabile Nischenmärkte, die nicht wie die Modetrends des *Mainstream* einem steten Wandel unterliegen. Trotzdem ist es bei entsprechendem Zeitgeist auch möglich, dass der *Progressive Rock* als ein Trend neben dem Mainstream relativ große Hörerschichten erreicht, beispielsweise der *Art*- und Jazz Rock Anfang der siebziger Jahre und die progressiven Strömungen der *New-Wave*-Bewegung. Die in ihren musikalischen Mitteln und Strukturen konsequentesten *Progressive-Rock*-Gruppen sind dagegen, kommerziell betrachtet, erfolglos geblieben. Ein Beispiel dafür ist die Gruppe GENTLE GIANT:

„Das Stück *Design* weist Merkmale auf, die seine spezifische Funktionstauglichkeit als Ware herabsetzen. Das Gleichgewicht von Vertrautheitsmerkmalen und Neuheitswerten, eine der fast unabdingbaren Erfolgsformeln der kommerziellen Musik, wird durch die fortgeschrittene Individualisierung, die ja immer auch die Abwehr von Gängigem einschließt, infrage gestellt." (Feurich 1977b, 176)

Die Gruppe verfolgte gezielt ihren künstlerischen Anspruch und nimmt die Unbeliebtheit bei den Massen bewusst in Kauf. Auf dem Albumcover von *Acquiring the Taste* von 1971[1] bekennen sie:

„Unser Ziel ist es, die Grenzen der zeitgenössischen Umgangsmusik zu überschreiten, selbst um den Preis, dabei sehr unpopulär zu sein. An jeder Komposition haben wir mit einem einzigen Gedanken gearbeitet: daß sie unaustauschbar individuell, abenteuerlich und fesselnd sein möge." (Kneif, 1976, 105)

---

[1] Dieses Bekenntnis fehlt auf der CD-*Reissue* von Line Records aus dem Jahre 1989.

Dass seine Musik kein kommerzielles Potential besitzt, wurde auch Frank Zappa attestiert. Den Kommentar eines Managers von „Columbia Records" (dem CBS Label) zitiert Zappa als *Relevant Quotes* im *Booklet* seines Albums *Freak Out*:

> „No commercial potential." (*Booklet*: Frank Zappa, *Freak Out*,1966)

Andere *Progressive-Rock*-Gruppen haben sich in einigen bestimmten Parametern bewusst dem Markt angepasst, trotzdem aber eine eigene, unverwechselbare Ästhetik entwickelt, die sich deutlich vom *Mainstream* abhebt.

Im Widerspruch zu ihrer avancierten Elektronik, ihrer Collagentechnik und ihren Konzeptalben mit einer durchgehenden Thematik – meistens ohne Single-Auskopplungen – und im Verhältnis zu anderen *Progressive-Rock*-Gruppen hält die Gruppe PINK FLOYD bewusst an einer relativ einfachen Periodik und Harmonik fest. Einer Äußerung eines Mitgliedes von PINK FLOYD zufolge ist dies eine bewusste Marktanpassung:

> „Wir und viele andere Gruppen könnten das Niveau unserer Konzerte heben. Aber wir tun's nicht, weil die Leute einfach noch immer Geld für Gruppen ausgeben, die seit Jahren das gleiche machen. Deshalb ziehen viele Bands weiter durchs Land und verspüren vielleicht wirklich so etwas wie eine neue, wunderbare Art der Kommunikation mit dem Publikum, aber ich glaub's nicht. Es ist einfach ein gut bezahlter Job." (Hartwich-Wiechell, 1974, 220)

Auch die *Progressive-Metal*-Gruppe FATES WARNING hat sich dem Markt angepasst. Nachdem das Album *Perfect Symmetry* (1989) – es enthielt „das sperrigste Material in der Geschichte von FATES WARNING" – nur geringe Verkaufszahlen erzielte, folgte das Album *Parallels* (1991) – „welches für ihre Verhältnisse fast schon simple Musik enthielt" (Dengler, 2000, 54). Die Gruppe wollte damit mehr kommerziellen Erfolg erreichen, ein Gruppenmitglied sagt dazu:

> „Tatsächlich hatten wir diesen Schritt bewusst vollzogen, weil wir uns davon mehr Anerkennung von der breiten Masse versprachen." (ebd.)

Eine Ausrichtung ihrer Produktionen auf zwei verschiedene Märkte, dem typischen Single-Käufer sowie dem Album-Käufer, hat die Gruppe EMERSON, LAKE AND PALMER erfolgreich realisiert:

> „Man bediente schließlich zwei unterschiedliche Hörerschichten. Die Konzertbesucher wollten action und waren nicht unbedingt die Plattenkäufer. Erstanden wurden ELP-

4. *Progressive Rock* auf dem Tonträgermarkt

Alben überwiegend von den Interessenten, die die erweiterten Klassikformen favorisierten. Sie sinnierten eher über kontrapunktische Formen und enharmonische Verwechslungen, goutierten die kammerspielartigen Hör-Erlebnisse lieber in aller Stille zuhause und nicht in der tosenden Masse bei einer Großveranstaltung". (Engelbrecht/Boebers, 1995, 55)

Dementsprechend produzierte der Bassist und Sänger Greg Lake die Alben – aus denen immer eine Single ausgekoppelt wurde – mit einer ausgewogenen Mischung:

„Klavierstück von Emerson, Ballade von Lake, Drum-Etüde von Palmer und ein gemeinsam komponiertes Werk... Die Hits sollten für die Masse sein, die LP-Stücke allerdings zielten aufs gesetztere Publikum." (ebd., 52)

Die Frage der weiteren kommerziellen Auswertung des Back-Kataloges, bei der versucht wird, den warenästhetischen Schein durch eine neue Verpackung zu erhöhen, kann zu Konflikten zwischen den Mitgliedern einer Gruppe führen. Gegen die zahlreichen Wiederveröffentlichungen als Live-CDs, Jubiläumsausgaben und limitierten Editionen, also einer für den Konsumenten teureren Neuverpackung alter Aufnahmen, wehrt sich der ehemalige Bandleader von PINK FLOYD, Roger Waters, erfolglos:

„Ich finde sie einfach geschmacklos, und daraus mache ich auch keinen Hehl. Leider kann ich nichts dagegen tun, was ich wirklich gerne würde. Aber ich habe keinerlei Kontrolle über den Back-Katalog. Er gehört einer Firma namens Pink Floyd Music Limited, und jedes Band-Mitglied hält 25 Prozent der Anteile. Von daher kann ich bei jeder Sitzung überstimmt werden – was auch jedesmal passiert." (Anders, 2001, 58)

Ebenso stört ihn, dass die derzeitigen Musiker von PINK FLOYD seine Kompositionen in ihren Live-Konzerten spielen:

„Sie nehmen etwas, das ich erschaffen habe und setzen es genau so ein, dass es im krassen Widerspruch zu meiner Philosophie steht... Es geht ihnen lediglich um die verdammte Kohle und darum, Popstars zu sein." (ebd.)

Im Falle einer Trennung, bei der ein Teil der Gruppenmitglieder den Namen beibehält, lässt sich oftmals eine Fetischisierung des Markennamen beobachten. Bei dem Beispiel PINK FLOYD erhebt sich deutlich der warenästhetische Schein über den Gebrauchswert. Das Publikum, das in erster Linie die alten PINK FLOYD Songs hören will – die aber überwiegend von Roger Waters stammen – geht in die Konzerte der ausverkauften Stadien-Tournee von PINK FLOYD. Die Konzerte des ehemaligen Bandleaders Roger Waters sind dagegen nur schwach besucht (ebd., 55). Der Kaufanreiz für die Konzertkarte ist primär der Markenname „PINK FLOYD", nicht der Musiker und die Musik, die dahinter steckt. Ebenso verhält es sich mit den Tonträgern, die nach der Trennung veröffentlicht wurden. In den Charts wurde das nostalgisch klingende PINK FLOYD Album *A Momentary Lapse of Reason* (1987) in England und den USA auf Platz 3 und in Deutschland auf Platz 2 notiert, dagegen erreichte das Konzeptalbum *Radio K.A.O.S* (1987) von Roger Waters – welches nicht den typischen „PINK FLOYD-Sound" reproduzierte – nur Platz 15 in England, Platz 50 in den USA und Platz 58 in Deutschland (Ehnert, 1992, s.v. 'PINK FLOYD'; s.v. 'Waters, Roger'). Nicht die musikalischen Strukturen und die Inhalte der Texte sind hier primär ausschlaggebend für den Erwerb des Tonträgers, sondern der Sound und der Name „PINK FLOYD" als Markenzeichen der Gruppe.

Die in Kapitel 3.4 vorgestellten Produktionen enthalten Elemente, durch die ihre Funktionstauglichkeit als Ware herabgesetzt wird. Die Alben werden nicht von einem größeren Publikum akzeptiert und lassen sich nur auf Nischenmärkten verkaufen.

Die Alben von Heiner Goebbels, Fred Frith und Terje Rypdal sind sicherlich künstlerische Werke ohne kommerzielle Kompromisse, ihre aufwendigen Orchester-Produktionen rentieren sich wohl nur durch eine nicht kommerzielle Förderung. Aber auch das Soloalbum *The Heretic* des Gitarristen Victor Smolski, der sonst mit seiner Band RAGE kommerziellen Heavy Metal spielt, weist eindeutig Elemente auf, die künstlerisch und nicht kommerziell motiviert sind; so verwendet Smolski die für die Rockmusik äußerst untypische russische Sprache, und er vermeidet weitgehend typische Rocksongstrukturen. Das Beispiel KING CRIMSON zeigt aber, dass auch ohne eine kommerzielle Orientierung relativ große Nischenmärkte möglich sind; das Album *the construkction of light* erreichte Platz 67 der deutschen Album-Charts (*Musikmarkt*, Nr. 21/2000).

4.2.2 Repertoire-Politik

Nach Simon Frith ist Musik niemals, selbst in ihrer gröbsten Warenform, ausschließlich ein Produkt (1978, 87).[1] Bei dem Verkauf der Tonträger stellt der künstlerische Wert der Ware aber ein großes Problem dar:

> „Der Gebrauchswert von Kulturwaren basiert auf ästhetischen Präferenzen, und folglich ist die Nachfrage nach ihnen viel weniger steuerbar als bei anderen Waren, die einen stär-

---

[1] Bei Kenntnis der „Big Brother" Produktionen würde Frith sicherlich seine Meinung revidieren.

4. *Progressive Rock* auf dem Tonträgermarkt

keren Nützlichkeitscharakter haben; darum muß die Kulturindustrie ein weit größeres Angebot an Waren bereithalten, als sie letztlich verkaufen kann." (ebd.)

Frith geht davon aus, dass von den 4000 bis 5000 Alben, die innerhalb eines Jahres erscheinen, nur etwa 10 Prozent Gewinn einbringen und bei weiteren 10 Prozent die Kosten gedeckt sind (ebd.). Der „Warner" Manager Joe Smith geht von 70 bis 80 Prozent Verlierern aus, bei denen die Kosten nicht gedeckt sind (Chapple/Garofalo, 1977, 206). Die Plattenfirmen versuchen also bei den erfolgreichen Produktionen die Gewinne zu maximieren und die Verluste bei den Verlierern zu minimieren. Insbesondere auf dem *Mainstream*-Markt, wo viele gleichartige Produkte miteinander konkurrieren, ist das Risiko sehr hoch. Musik, die sich durch eine starke Individualisierung nur auf Nischenmärkten absetzen lässt, hat im Gegensatz zum *Mainstream*-Markt kaum Konkurrenz und unterliegt auch nicht den Modeschwankungen:

„Das ästhetische Prinzip der Individualität schlägt so – vor allem in der Schallplattenbranche – als Möglichkeit einer relativ risikolosen Absatzplanung ökonomisch zu Buche." (Feurich, 1977a, 74)

Der *Progressive Rock* – und dies gilt auch für andere nicht primär kommerziell ausgerichtete Musikformen – erreicht zwar nicht die breiten Publikumsgruppen, dafür erzielt er auf Nischenmärkten einen geringen, aber relativ konstanten Umsatz. Seine ökonomische Funktion für die Musikindustrie ist daher der Risikoausgleich für den *Mainstream*-Markt:

„Da sie zwar meist geringe, in ihrer Unersetzbarkeit dafür aber sichere und von Mode- und Saisonschwankungen relativ unabhängige Umsätze bringen, dient ihre Produktion in der repertoirepolitischen Kalkulation primär dem Ausgleich der oft unberechenbaren und unregelmäßigen Einkommensstöße auf dem Gebiet der Unterhaltungsmusik-Platten." (ebd., 75)

Die Musikindustrie versucht neben dem *Mainstream*-Markt, Rockmusik auf verschiedenen Nischenmärkten, von denen der Heavy-Metal-Markt sicher einer der größten ist, zu verkaufen. Dabei können unter günstigen Umständen (Medien, allgemeine gesellschaftliche Situation) auch progressive Rockstile größere Hörerschichten erreichen:

„Die Verkaufsstrategie für Rockmusik richtet sich auf die Abschöpfung der Kaufkraft in einer Reihe von Teilmärkten. Dabei versuchen die Plattenfirmen, ihr Risiko dadurch zu minimieren, daß sie den Rockmarkt in verschiedene Genres mit jeweils eigenen Institutionen (Radiosender, Konzertsäle, Presse usw.) aufteilen. Dann brauchen sie ihre Neuveröffentlichungen nur auf die jeweilige 'Nische' auszurichten. So wurde in den 70er Jahren selbst 'Crossover' zu einem eigenständigen Genre." (Frith, 1978, 149)

Diese Strategie enthält weniger Risiken für die Musikindustrie als der *Mainstream*-Markt:

„Keine überraschenden Profite, aber auch keine überraschenden Verluste mehr." (ebd.)

Ein weiterer Vorteil der Nischenmärkte gegenüber dem trendabhängigen *Mainstream*-Markt – und dies gilt nicht nur für die Rockmusik, sondern auch für den Jazz und andere Musikformen – ist eine Kontinuität sowohl was die Arbeit der Musiker anbelangt als auch den Verkauf von alten Aufnahmen aus dem Back-Katalog. Die Produkte aus dem Back-Katalog der *Progressive-Rock*-Gruppen verkaufen sich ohne neue Investitionen auf einem zwar geringen, aber konstanten Level, insbesondere dann, wenn der Künstler neuere Produktionen veröffentlicht hat. Ein Beispiel für ein langfristig sehr erfolgreiches Album ist *Dark Side of the Moon* (1973) von PINK FLOYD. Das Album hielt sich 15 Jahre in den Top 100 der amerikanischen „Billboard Charts" (Graves/Schmidt-Joos/Halbscheffel, s.v. 'PINK FLOYD'). Einen Sonderfall stellen bisher unveröffentlichte Live-Aufnahmen dar. Die Gruppe PINK FLOYD konnte sich mit einem Doppelalbum, das 20 Jahre alte Aufnahmen ihrer *The Wall* Tournee enthielt, auf Platz drei der deutschen Album-Charts plazieren (*Musikmarkt*, Nr. 17/2000).

Mainstream-Musiker sind dagegen von der Mode abhängig. Ihre Verkaufsform ist primär die Single, die nur über einen begrenzten Zeitraum im Handel erhältlich ist. Danach werden die Hits auf *Samplern* herausgeben – das Ziel der Marketingstrategie ist bei diesen Produkten oftmals eine nostalgische Erinnerung an die Jugendzeit. Außerdem werden diese Tonträger nicht nur über den typischen Plattenladen verkauft, sondern auch über *Special Marketing* vertrieben, d.h. über Fernsehwerbung mit Mailorder sowie in Supermärkten und Tankstellen.

Außerdem sind die Karrieren von *Progressive-Rock*-Musikern, da sie nicht so stark von Modeschwankungen abhängen, deutlich länger; das Label braucht also keine neuen Künstler mit viel Promotionsaufwand zu etablieren. In der Regel sind die *Progressive-Rock*-Musiker auch in der Lage, sich musikalisch weiterzuentwickeln – als Beispiele seien hier nur der Gitarrist Fred Frith und die Gruppe KING CRIMSON genannt – und können auch noch nach Jahrzehnten Produktionen mit neuen Ideen herausgeben. *Mainstream*-Musiker sind dagegen auf einen oder zwei Hits ihrer Karriere festgelegt und müssen mit diesem immer gleichen Stück in den Oldiesendungen des Fernsehens sowie auf Werbeveranstaltungen in Verbrauchermärkten auftreten.

In einer relativ risikolosen Absatzplanung und einer Vermarktung des Back-Kataloges, unabhängig von schnelllebigen Modetrends, liegt die wirtschaftliche Grundlage der Nischenprodukte. Darum produzieren auch *Major Companies* Musik für kleinere Nischenmärkte. Dennoch versuchen viele *Major Labels* – aber auch einige *Independent* Labels – diese Nischen zu standardisieren und zu kommerzialisieren. Deshalb haben sich viele Genres zu kommerziellen Klischees entwickelt; Beispiele dafür sind der *Art Rock*, der heute als *Prog Rock* oder *Neo Prog* verkauft wird sowie die als *Fusion* bezeichnete Variante des Jazz Rock. Musiker, die sich mit aller Konsequenz der Kommerzialisierung verweigern, beispielsweise Interpreten des Avantgarde Rock, haben meist keine Verträge mit *Major Companies*.

In Zeiten wirtschaftlicher Rezession, künstlerischer Stagnation oder bei Einführung eines neuen Tonträgersystems dient der aus den Alben-Produktionen bestehende Back-Katalog als eine lukrative Einnahmequelle für die Labels:

„Die 60er und 70er Jahre hindurch nahmen amerikanische Plattenfirmen massenhaft Gruppen unter Vertrag. In Deutschland kam eine ähnliche Situation erst durch die Neue Deutsche Welle (NDW) zustande. Doch 1979 erlosch diese Euphorie plötzlich. Eine weltweite Rezession und die wachsende Beliebtheit anderer Möglichkeiten der Unterhaltung erschütterten die Plattenindustrie erneut. Seitdem kämpft sie einen zähen Kampf, um die alten Umsätze wieder zu erreichen... Wie schon einmal in der Vergangenheit, gelang es den Plattenfirmen, sich mit einem neuen Tonträger über Wasser zu halten: der CD. Zwar erholten sich die Umsätze bei Neuveröffentlichungen im allgemeinen und neuen Künstlern im besonderen nie richtig, doch dafür sind die Umsätze aus dem Backkatalog (alte Veröffentlichungen) auf CD mehr als befriedigend..." (Lyng, 1998, 6)

Während sich Ende der sechziger und Anfang der siebziger Jahre das Album zum wichtigsten Tonträger entwickelt hat, nahm durch die zunehmende Kommerzialisierung der Rockmusik die Bedeutung der Single wieder zu. Durch die Möglichkeit des *Downloads* aus dem Internet verlagert sich insbesondere der Single-Markt zum C-Commerce; um den Tonträgerhandel wieder zu stabilisieren, könnte das Album für die Musikindustrie wieder interessanter werden. Der BMG-Manager Christian Wolff sieht hier jedenfalls die Zukunft. Dazu sagt er in einem Interview:

„Wir müssen wieder dahin kommen, dass wir LP-Künstler entwickeln. Wenn ich an die vielfältigen Download-Möglichkeiten denke, weiß ich nicht, wie lange es in Deutschland noch gut geht mit dem Single-Markt... Die langfristige Perspektive liegt in Bands, die Alben verkaufen." (Andresen, 2001, 11)

Durch die Notwendigkeit, Album-Künstler etablieren zu müssen, könnten auch progressive Rockstile wieder eine Chance bekommen. Voraussetzung dafür ist aber die Nachfrage nach progressiver Rockmusik bei den Konsumenten. Die *Major Companies* haben, im Gegensatz zu vielen *Independent* Labels, keinen künstlerischen Anspruch. Produziert wird nur das, was sich auch gut verkaufen lässt:

„Ich will nicht in die credibile Ecke abstürzen und in Schönheit sterben, sondern einfach schauen, was der Markt will. Das ist unser Job." (ebd.)

4.2.3 Einflussfaktoren beim Tonträgerkauf

Beim Kauf eines Tonträgers lässt sich der Käufer durch verschiedene Faktoren beeinflussen. Dabei gibt es langfristige (Musiksozialisation, Referenzgruppen), kurz- und mittelfristige (Medien und Modetrends) sowie unmittelbare Einflüsse (situative Kaufbedingungen). Das Verhalten des Tonträgerkäufers lässt sich in vier verschiedene Grundmuster gliedern:

I. Rationalverhalten: der Käufer hat sich vorher über die Medien informiert und er hört den Tonträger evtl. noch im Geschäft ab, um dann nach Übereinstimmung von Vorstellung und tatsächlicher Leistung zu entscheiden.

II. Gewohnheitsverhalten: der Kauf wird aufgrund bisheriger Erfahrungen, z.B. bei Kenntnis eines Interpreten, getätigt.

III. Impulsverhalten: hier lässt sich der Käufer durch augenblickliche Gefühle und Einflüsse leiten und entscheidet ganz spontan.

IV. Sozial abhängiges Verhalten: der Käufer lässt sich durch die Wertvorstellungen seiner Umwelt leiten (Schmidig, 1992, 31).

4. *Progressive Rock* auf dem Tonträgermarkt

Bei einer Untersuchung des Kaufverhaltens von Tonträgern hat Schmidig folgende wichtige Einflussfaktoren festgestellt:

„Eindeutig am häufigsten (60%) wurde das Stöbern im Plattenladen als wichtig eingestuft. Unbestritten wichtige Quellen sind auch das Radio (47%) und Freunde bzw. Kollegen (50%). Während das Fernsehen allgemein als nicht wichtig (56%) angesehen wird, haben Musikvideos für die Jugendlichen (bis 25 J.) durchaus eine gewisse Bedeutung. Für die älteren Befragten rücken dafür die Printmedien in den Vordergrund." (ebd., 68)

Die nach Altersgruppe abweichende Mediennutzung ist auch auf das Angebot zurückzuführen. In den audiovisuellen Medien dominiert die trendabhängige, die Jugend ansprechende Popmusik, während in den Printmedien eine Vielzahl von Anbietern existieren, die auch Musik vorstellen, die sich außerhalb des *Mainstream* befindet. Außerdem ist das Informationsangebot in den Printmedien tendenziell anspruchsvoller und kritischer als das Angebot in den audiovisuellen Medien Radio und Fernsehen.

Direkte Tonträgerkenntnisse haben nach der Befragung von Schmidig drei Viertel der Kunden gehabt. Davon ist das Radio mit 47 Prozent das wichtigste Medium, aber immerhin 26 Prozent hörten den Tonträger bei anderen Personen (ebd., 60). Neben der direkten Kenntnis der Musik besteht auch die Möglichkeit der indirekten Tonträgerkenntnisse – dabei sind natürlich Überschneidungen möglich –, ein Drittel der Befragten kannte den Tonträger durch ein persönliches Gespräch, etwa ein Fünftel durch Plattenkritiken (ebd., 63). Obwohl der Käufer beim Betreten des Tonträgergeschäftes in den meisten Fällen schon eine bestimmte Kaufabsicht hat, wird von ihm dennoch eine Sichtung des weiteren Angebots vorgenommen, bei der es zu spontanen Entscheidungen kommen kann (ebd., 72).

Zu den wichtigsten Einflüssen beim Tonträgerkauf gehört auch die *Peergroup*. Nach der Umfrage von Schmidig gaben 22 Prozent an, Mitglied in einer Clique zu sein, die einen bevorzugten Musikstil hat. Weitere wichtige Einflüsse ergeben sich durch Kontakte im persönlichen Umfeld (Familie, Partnerschaft, Schule, Universität, Arbeitsplatz). Nur 21 Prozent der Befragten gaben an, keine Vorschläge durch andere Personen zu erhalten (ebd., 91). Starke Einflüsse durch die *Peergroup* ergeben sich neben dem *Mainstream*-Markt oft auch in Nischenmärkten, wie beispielsweise in der Heavy-Metal-Szene. Musikstile, die wie der *Progressive Rock* zu einer starken Individualisierung streben, unterliegen sicherlich nicht so stark dem Gruppendruck durch die *Peergroup*.

4.3 Analyse des Tonträgermarktes

4.3.1 Die Marktforschung der Phonographischen Wirtschaft

Der Interessenverband der Tonträgerindustrie, der Bundesverband der Phonographischen Wirtschaft e.V., führt jedes Jahr eine Marktforschung durch. Die Ergebnisse dieser Untersuchung – beispielsweise die Umsatzentwicklung, die Umsatzanteile der Repertoiresegmente und die Käuferstruktur – werden dann im Jahrbuch der Phonographischen Wirtschaft veröffentlicht.

Der Tonträgermarkt in Deutschland hat im Jahr 2000, wie schon in den beiden Jahren zuvor, leichte Umsatzrückgänge zu verzeichnen (Phonographische Wirtschaft, 2001, 13-15). Ein Grund dafür könnte die Musikpiraterie sein:

„Der Jahresumsatz der deutschen Tonträgerindustrie ist im Jahr 2000 zum dritten Mal in Folge gesunken. Leicht zwar nur, aber spürbar. Dagegen wurden in Deutschland fast so viele CD-Rohlinge mit Musik bespielt wie Musik-CDs verkauft, und die Downloads illegaler Musikangebote im Internet gehen in die Millionen." (ebd., 9)

Die Aufteilung der Repertoiresegmente ist – wie bei jeder anderen Marktforschung auch – problematisch, weil sie aufgrund der Übersichtlichkeit verallgemeinert werden muss. So fallen unter das Segment „Rock" sowohl Heavy Metal, Punk, Deutsch-Rock, als auch ein Teil der progressiven Rockmusik. Weitere Produkte des *Progressive Rock* sind im Segment „Jazz" (Jazz Rock, Avantgarde Rock) zu finden. Eine Zuordnung zum Bereich „Klassik" ist aber bei einigen Künstlern – beispielsweise bei Heiner Goebbels – auch denkbar. Die Grenzziehung zwischen „Pop" und „Dance" ist selbst für die Marktforscher nicht ganz einfach; Produkte, die zuvor zum „Dance" gerechnet wurden, werden seit 1997 dem „Pop" zugeschrieben. Die größten Umsätze erzielten die *Mainstream* orientierten Genres. Im Jahr 2000 erreichte das „Pop"-Segment 44 Prozent, das Segment „Jazz" erreichte dagegen nur 1,6 Prozent, dazwischen bewegen sich die anderen Stil-Segmente.

4. *Progressive Rock* auf dem Tonträgermarkt

Umsatzanteile der einzelnen Repertoiresegmente am Gesamtumsatz des Jahres 2000:

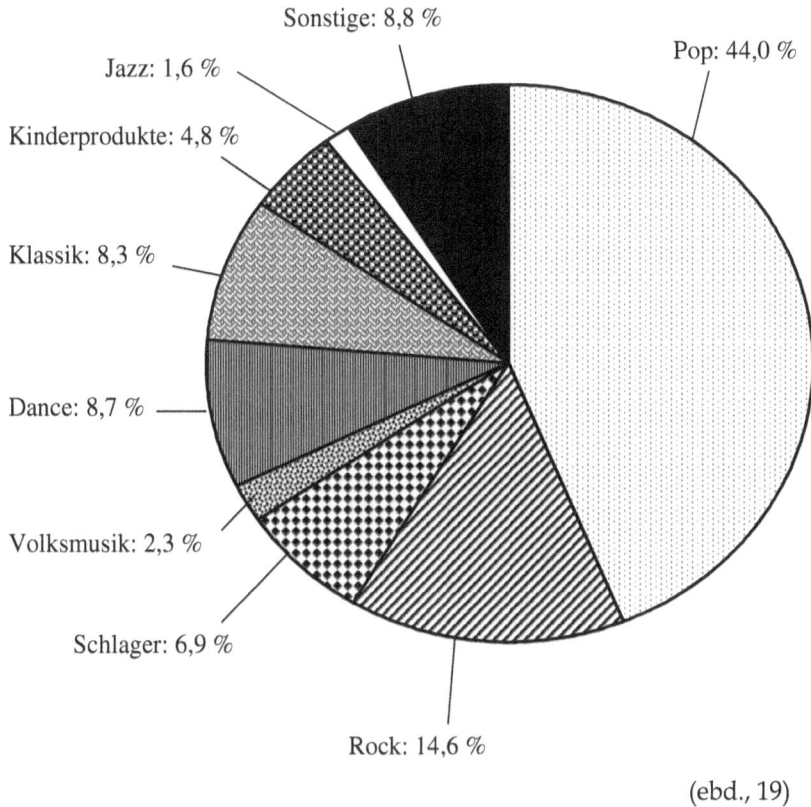

(ebd., 19)

Die Umsatzanteile der einzelnen Repertoiresegmente haben sich in den letzten Jahren verschoben.

Die Bereiche „Pop" und „Dance" haben zusammen seit 1994 einen Zuwachs von 9,4 Prozent zu verzeichnen. Dagegen verringerte sich der Anteil des „Rock"-Segmentes um 8 Prozent. Ebenfalls einen Zuwachs haben Kinderprodukte mit 2 Prozent erzielt. Alle anderen Sparten stagnieren mit leichten Schwankungen. Beim „Jazz", der sich auf einem sehr niedrigen Verkaufsniveau befindet, gab es von 1998 auf 1999 einen leichten Zuwachs von 0,7 Prozent, der aber im Jahre 2000 wieder um 0,2 Prozent rückläufig war. Insgesamt gibt es nicht nur eine starke Dominanz des *Mainstreams*; dieser Bereich hat sogar noch einen kräftigen Zuwachs zu verzeichnen.

Veränderung der Umsatzanteile der einzelnen Repertoiresegmente von 1994 bis 2000:

in Prozent	1994	1995	1996	1997	1998	1999	2000
Pop	34,5	36,3	40,1	44,7	45,7	45,5	44,0
Rock	22,6	20,5	16,6	14,0	14,1	14,3	14,6
Schlager	7,7	6,1	6,8	7,1	7,7	6,4	6,9
Volksmusik	3,0	2,9	2,3	2,0	1,9	1,9	2,3
Dance	8,8	12,2	13,2	9,5	6,5	7,7	8,7
Klassik	9,6	7,0	7,8	7,5	9,6	8,7	8,3
Kinderprodukte	2,8	2,6	3,1	3,6	4,1	4,5	4,8
Jazz	1,3	1,3	1,2	1,1	1,1	1,8	1,6
Sonstige	9,7	11,1	8,9	10.5	9,3	9,1	8,8

(Phonographische Wirtschaft, 1999, 13; dies., 2000, 13; dies., 2001, 19)

Die Umsatzentwicklung im Marktsegment *Progressive Rock* ist nicht gesondert untersucht worden, deren Anteil ist aber sicherlich mit dem allgemeinen Rückgang der Rockmusik auch weniger geworden. Aufschluss darüber können aber die Chart-Notierungen geben (siehe Kapitel 4.3.2).

Der wichtigste Tonträger ist mit 85 Prozent die Album-CD, die die alten Tonträger Musikkassette (3%) und Langspielplatte (0%) nahezu ersetzt hat. Die Single hat mit einem Marktanteil von 12 Prozent ihren Umsatz seit 1991 verdoppeln können (Phonographische Wirtschaft, 2001, 18), bei gleichzeitiger Reduzierung der Produktionen von 2.439 Stück im Jahr 1991 auf nur 1.288 Stück im Jahr 2000 (ebd., 37). Hier hat eine extreme Konzentration auf wenige, dafür aber kommerziell sehr erfolgreiche Singles stattgefunden. Diese Zunahme zu Lasten der Album-Tonträger ist auf die starken Umsatzsteigerungen im „Pop"- und „Dance"-Segment zurückzuführen, die als trendabhängige Genres den Single-Markt dominieren. Trotzdem kann die Album-CD ihre Position als wichtigster Tonträger bewahren. Außerhalb des *Mainstream*-Marktes spielt die Single keine Rolle („Jazz", „Klassik"). In dem stark divergierenden Segment „Rock" werden in bestimmten Bereichen so gut wie keine Singles veröffentlicht (*Progressive Rock*, Heavy Metal), in anderen, dem *Mainstream* zugewandten Bereichen (Deutsch-Rock, *Mainstream*-Rock) spielt die Single aber noch eine wichtige Rolle als ein Marketinginstrument. Der Gewinn wird dann aber primär mit den höheren Umsätzen der durch die Single-Auskopplung geförderten Album-CD erzielt.

Veränderung der Tonträgeranteile von 1991 bis 2000:

in Prozent	1991	1992	1993	1994	1995	1996	1997	1998	1999	2000
CD	62	75	79	81	82	83	84	85	85	85
MC	23	16	11	9	7	6	5	4	3	3
LP	9	2	1	0	0	0	0	0	0	0
Single	6	7	9	10	11	11	11	11	12	12

(ebd., 18)

Die Stärken der deutschen Produktionen liegen eindeutig auf dem Single-Markt, hier werden fast ebenso viele Tonträger in Deutschland produziert, wie Produkte aus dem Ausland übernommen werden.

Nationaler und internationaler Anteil am deutschen Markt pro Tonträgerart:

in Prozent	Single	Longplay
nationale Produktion	44,1	19,5
internationale Produktion	55,9	48,7
Compilations/Soundtracks	-	31,9

(ebd., 40, 41)

Der hohe Anteil am Single-Markt lässt darauf schließen, dass die deutschen Eigenproduktionen stärker auf den *Mainstream*-Markt ausgerichtet werden als die internationalen Produktionen. Darauf deutet auch ein nationaler Single-Marktanteil von 12 Prozent im Vergleich zu einem internationalen Marktanteil von nur 4,3 Prozent hin (ebd., 18 und 45).

Die Kundenstruktur gibt Aufschluss darüber, welche Käufer und Altersgruppen am Tonträgerumsatz beteiligt sind. Interessant hierbei ist, dass eine Bevölkerungsgruppe, die nur 5,4 Prozent der Gesamtbevölkerung ausmacht, für 44,0 Prozent des Umsatzes verantwortlich ist; dagegen kauften 51,1 Prozent der Bevölkerung keine Tonträger. Die Tonträgerkäufer werden nach Anzahl der gekauften Tonträger pro Jahr in vier Gruppen eingeteilt. Käufergruppen und ihre Anteile an der Gesamtbevölkerung und am Umsatz der Tonträgerindustrie:

Anteil an der Bevölkerung	Käufergruppe (Stück pro Jahr)	Anteil am Umsatz
5,4 %	Intensivkäufer (mehr als 9)	44,0 %
13,3 %	Durchschnittskäufer (4-9)	32,2 %
30,2 %	Extensivkäufer (1-3)	23,9 %
51,1 %	Nichtkäufer	0,0 %

(ebd., 29-30)

Ein geringfügiger Rückgang der Intensivkäufer von 6 Prozent im Jahr 1999 auf 5,4 Prozent im Jahr 2000 bewirkt natürlich massive Umsatzeinbußen; diese sind wahrscheinlich auf die privaten Vervielfältigungen zurückzuführen (ebd.). Eine möglicherweise aufschlussreiche Aufgliederung nach Repertoiresegmenten ist bei der Kaufintensität aber nicht durchgeführt worden. Wahrscheinlich sind aber bei den umsatzstärksten Segmenten „Pop" und „Rock" die Intensivkäufer zu finden, während die „Schlager-" und „Volksmusik"-Produkte von den Extensivkäufern erworben werden. Diese Genres werden wahrscheinlich mehrheitlich über TV-Programme konsumiert. Darauf deutet einerseits die Altersstruktur und die Kaufintensität der „Schlager-" und „Volksmusik"-Käufer (50 und älter) hin, andererseits sind die hohen Zuschauerzahlen von Volks- und Schlagersendungen im Fernsehen (ebd., 94) ein Indiz dafür.

In der Auswertung der Repertoiresegmente nach dem Alter der Käufer zeigen sich deutlich die Präferenzen der Altersgruppen für bestimmte Genres. „Dance" ist die Trend-Musik der unter Dreißigjährigen, „Pop" und „Rock" werden von den Zwanzig- bis Vierzigjährigen bevorzugt, die Käufer ab Fünfzig – der statistisch größten Bevölkerungsgruppe – hören überwiegend „Schlager", „Volksmusik" und „Klassik".

4. Progressive Rock auf dem Tonträgermarkt

„Jazz" ist wohl aufgrund seiner schwachen Umsätze nicht in dieser Statistik erfasst worden, wahrscheinlich sind hier aber die über Dreißigjährigen am stärksten vertreten.

Anteil der Altersgruppen an den jeweiligen Repertoiresegmenten:

Anteil in Prozent	10-19 Jahre	20-29 Jahre	30-39 Jahre	40-49 Jahre	50 Jahre und mehr
Bevölkerung	12,6	13,2	19,1	16,1	39,1
Tonträgermarkt gesamt	12,3	25,7	28,2	17,2	16,6
Pop	13,6	28,0	32,2	18,2	8,0
Rock	16,0	36,5	26,6	13,6	7,1
Schlager/Volksmusik	4,3	15,3	21,1	21,1	38,2
Dance	27,3	38,0	20,2	11,5	3,0
Klassik	0,5	6,4	12,7	21,4	59,0

(ebd., 31)

Eine Zunahme des Anteils der über Fünfzigjährigen von 5,2 Prozent (1997) auf 7,1 Prozent (2000) und der Vierzig- bis Fünfzigjährigen von 11,3 Prozent (1997) auf 13,6 Prozent (2000) am Segment „Rock" sowie die starke Präsenz (26,6 %) der Dreißig- bis Vierzigjährigen am „Rock"-Segment – dagegen haben die Zehn- bis Neunzehnjährigen nur einen Anteil von 16,0 Prozent (Phonographische Wirtschaft, 1999, 28; dies., 2001, 31) – zeigt eindeutig, dass die Rockmusik keine reine Jugendkultur mehr ist.

Der Anteil der Tonträgerkäufer innerhalb einer Altersgruppe zeigt eine Dominanz bei den Zwanzig- bis Vierzigjährigen, von denen jeweils 70 Prozent Tonträger kaufen; dies sind auch die Altersgruppen, in denen die umsatzintensivsten Segmente „Pop" und „Rock" am stärksten vertreten sind.

Anteil der Tonträgerkäufer nach Altersgruppen in Prozent:

10-19 Jahre: 52,9 %
20-29 Jahre: 70,2 %
30-39 Jahre: 70,6 %
40-49 Jahre: 54,0 %
50 u. älter: 27,1 %

(ebd., 32)

Die Zurückhaltung der über Fünfzigjährigen beim Tonträgerkauf ist sicherlich auch ein Grund für die schwachen Umsätze im Bereich „Klassik", „Schlager" und „Volksmusik". Deren Medium für den Musikkonsum ist wohl entweder das Konzert (Klassik) oder das Fernsehen (Schlager, Volksmusik).

4.3.2 *Progressive Rock* in den Charts

In Deutschland werden die Charts im Auftrag des Bundesverbandes der Phonographischen Wirtschaft durch die Baden-Badener Firma Media Control ermittelt. Das Recht auf Veröffentlichung haben die beiden Branchen-Zeitschiften *Musikmarkt* und *Musik Woche*; darüber hinaus werden Lizenzen an andere Zeitungen und Zeitschriften vergeben (Prokop, 2000, 160). Die Jugendzeitschriften veröffentlichen meist die „Top 10" der Single-Charts, Magazine mit einem eher gehobenen Niveau, beispielsweise der *Rolling Stone*, drucken dagegen die „Top 10" der Album-Charts.

Insbesondere bei den Single-Charts liegt die Bedeutung primär nicht in den Verkaufszahlen, die sind bei den Alben deutlich höher, sondern in der Funktion als ein Marketinginstrument. Ein Einstieg in die Single-Charts hat unter anderem einen Einfluss auf:

- den massiven Einsatz in den Medien (Radio, Musikfernsehen, Zeitungen)
- die Kaufentscheidung der chartorientierten Konsumenten (die Single-Charts haben dabei auch einen Einfluss auf den Verkauf des Albums, aus dem die Single ausgekoppelt wurde)
- weitere Veröffentlichungen im Ausland
- die Kalkulation des *Follow-Up*-Produktes (Jahnke, 1998, 144).

Die Album-Charts haben dagegen nicht diese Bedeutung, ein Einstieg hat keinen zusätzlichen *Airplay* im Radio zur Folge. Die sogenannten *Airplay*-Charts werden dementsprechend auch nur für Singles ermittelt. Bei der Ermittlung der Verkaufs-Charts tauchen jedoch Probleme auf, die zu Verzerrungen führen. Bis 1996 wurden die Charts nach Listen erstellt, in denen bundesweit 600 Händler ihre Verkäufe notieren mussten (ebd., 145). Diese waren jedoch nicht immer ganz objektiv:

„Einzelhändler meldeten ihre Ladenhüter oder auch ihre persönlichen Lieblinge, um sie in die Charts zu bringen." (Prokop, 2000, 160)

4. *Progressive Rock* auf dem Tonträgermarkt

Mitte 1996 wurde mit den „Phono-Net-Charts" auf ein Computer-System umgestellt, das mit dem Scanner der Kassen verbunden ist und damit den echten Abverkauf meldet (Jahnke, 1998, 145). Die Folgen der Charts-Umstellung wurden wegen der verstärkten Platzierung deutscher Schlagerstars in den Charts als „Wolfgang-Petry-Syndrom" bezeichnet:

„So fällt auf, daß MOR (Middle of the road) und Schlager-Themen höher als erwartet in den Charts auftauchen". (ebd., 146)

Trotzdem ergeben sich auch heute noch Verzerrungen, da „kleinere oder spezialisierte Einzelhändler nicht in die Stichprobe aufgenommen werden" (Prokop 2000, 160). Ebenso sind kleinere Labels nicht repräsentiert, weil die Musikstücke gegen eine Gebühr bei Media Control angemeldet werden müssen. Auch eine Erfassung der Tonträger aus dem Back-Katalog erfolgt nicht, weil diese meist billiger als üblich sind und damit unter die Erfassungsgrenze fallen. Mit den Produkten aus dem Back-Katalog „verdienen aber die Tonträgerfirmen die Hälfte ihres Umsatzes" (ebd.). Prokop zieht daraus die Schlussfolgerungen:

„Die Charts messen nur den Verkaufserfolg der neu erscheinenden Tonträger." (ebd.)

„Charts spiegeln letztlich nur eins: die Promotion-Macht der großen Musik-Konzerne." (ebd., 161)

Auch wenn die Charts ein verzerrtes Bild wiedergeben, lassen sich dennoch Tendenzen erkennen. So besteht beim Vergleich verschiedener *Progressiv-Rock*-Gruppen/Musiker eine Kausalität zwischen der musikalischen Struktur und dem Eintritt in die Charts.

Als Beispiele dienen typische Vertreter (siehe 3. Kapitel) der jeweiligen Genres. Die Auflistung verfolgt jedoch nicht den (kaum zu realisierenden) Anspruch auf Vollständigkeit, sie soll einen Zusammenhang zwischen der musikalischen Struktur und dem kommerziellen Erfolg aufzeigen.

Ein Problem stellt aber der direkte Vergleich der deutschen, britischen und amerikanischen Longplay-Charts dar, denn die Erfassungsgrundlagen sind nicht immer die gleichen; darüber hinaus wurden diese in Deutschland und Großbritannien mehrmals verändert.

Der Vergleich der Charts-Notierungen erstreckt sich über den Zeitraum von 1964 bis 1986, nicht berücksichtigt wurden *Re-Entrys* und Zweitverwertungen (*Best Of*).

Die deutschen Album-Charts wurden zunächst als „Top 25", ab 01.04.64 als „Top 40", ab 15.11.71 als „Top 50", ab 04.09.78 als „Top 60", ab 07.01.80 als „Top 75" geführt.

Die britischen Album-Charts wurden zunächst als „Top 10", ab 17.12.66 als „Top 15", ab 07.06.69 als „Top 20", ab 28.11.70 als „Top 30", ab 23.04.83 als „Top 50" geführt.

Die amerikanischen Album-Charts wurden seit 1964 als „Top 100" notiert.

Die Darstellung gliedert die Interpreten (mit der Anzahl der Alben in diesem Zeitraum) nach Genres. Notiert sind nur die Alben, die auch die Charts erreichten, mit Angabe des Jahres, des Titels und der höchsten Position.

Art Rock:	D	GB	USA
CURVED AIR: (7)			
- 1970, Air Conditioning	-	7	-
- 1971, Curved Air (Second Album)	-	12	-
EMERSON, LAKE AND PALMER: (10)			
- 1971, Emerson, Lake and Palmer	7	5	18
- 1971, Tarkus	4	3	10
- 1971, Pictures At An Exhibition	9	5	('72) 7
- 1972, Trilogy	6	7	4
- 1973, Brain Salad Surgery	18	1	7
- 1974, Welcome Back My Friends ...	26	5	5
- 1977, Works, Vol. 1	10	7	13
- 1978, Works, Vol. 2	50	22	49
- 1978, Love Beach	-	-	63
GENESIS: (16)			
- 1972, Foxtrot	45	25	-
- 1973, Live	-	14	-
- 1973, Selling England By The Pound	-	6	91
- 1974, The Lamb Lies Down On Broadway	-	16	36
- 1976, A Trick Of Tail	43	3	36
- 1977, Wind And Wuthering	19	8	28
- 1977, Seconds Out	17	8	69
- 1978, And Then There Were Three	2	2	29
- 1980, Duke	2	1	18
- 1981, Abacab	6	1	7
- 1982, Three Sides Live	22	3	10
- 1983, Genesis	1	1	9
- 1986, Invisible Touch	2	1	3

4. *Progressive Rock* auf dem Tonträgermarkt

Art Rock:	D	GB	USA
GENTLE GIANT: (12)			
- 1974, The Power And The Glory	-	-	46
- 1975, Free Hand	-	-	68
KING CRIMSON: (12)			
- 1969, In The Court Of The Crimson King	-	4	36
- 1970, In The Wake Of Poseidon	-	10	29
- 1972, Islands	35	-	60
- 1973, Larks Tongues In Aspic	-	23	55
- 1974, Starless & Bible Black	-	-	50
- 1974, Red	-	-	59
- 1981, Discipline	-	29	59
- 1982, Beat	-	-	52
- 1984, Three Of A Perfect Pair	58	24	58
PINK FLOYD: (12)			
- 1967, Piper At The Gates Of Dawn	-	3	41
- 1968, Saucerful Of Secrets	-	10	-
- 1969, More (Soundtrack)	-	10	-
- 1970, Ummagumma	25	('69) 6	83
- 1970, Atom Heart Mother	8	4	42
- 1971, Meddle	11	5	54
- 1972, Obscured By Clouds (Soundtr.)	19	7	37
- 1973, Dark Side Of The Moon	3	1	1
- 1975, Wish You Were Here	6	1	1
- 1977, Animals	1	2	6
- 1979, The Wall	1	4	1
- 1983, The Final Cut	1	1	6
YES: (14)			
- 1971, The Yes Album	-	6	34
- 1971, Fragile	-	8	('72) 4
- 1972, Close To The Edge	36	3	5
- 1973, Yessongs (Live)	28	7	3
- 1974, Tales From Topographic Oceans	26	('73) 4	7
- 1975, Relayer	27	('74) 7	('74) 5
- 1977, Going For The One	6	1	9
- 1978, Tormato	36	9	15
- 1980, Drama	50	8	20
- 1981, Yesshows (Live)	-	23	('80) 64
- 1983, 90125	2	14	5
- 1986, 9012 Live – The Solos	-	31	81

Avantgarde Rock:	D	GB	USA
ART BEARS: (3)	keine Platzierung!		
CASSIBER: (2)	keine Platzierung!		
HENRY COW: (5)	keine Platzierung!		
Frank Zappa: (38)			
- 1967, Absolutely Free	-	-	22
- 1968, We're Only In It For The Money	-	-	29
- 1968, Lumpy Gravy	-	-	87
- 1968, Cruisin' With Ruben & The Jets	-	-	40
- 1969, Uncle Meat	-	-	38
- 1970, Burnt Weeny Sandwich	-	-	88
- 1970, Hot Rats	-	10	-
- 1971, Live At The Filmore East	-	-	34
- 1971, 200 Motels	-	-	57
- 1972, Just Another Band From L.A.	-	-	80
- 1973, Over-Nite Sensation	-	-	39
- 1974, Apostrophe'	-	-	19
- 1974, Roxy And Elsewere	-	-	38
- 1975, One Size Fits All	-	-	34
- 1975, Bongo Fury	-	-	68
- 1976, Zoot Allures	-	-	74
- 1978, Zappa In New York	-	-	66
- 1979, Sheik Yerbouti	10	25	36
- 1979, Joe's Garage Act I	41	-	42
- 1979, Joe's Garage Act II & III	31	-	80
- 1981, Tinsel Town Rebellion	23	-	56
- 1982, Ship Arriving Too Late To Save A…	65	-	23
- 1984, Them Or Us	42	34	-
- 1986, Meets The Mothers Of Prevention	-	46	-
- 1986, Jazz From Hell	-	46	-

Jazz Rock, britisch:			
CARAVAN: (11)	keine Platzierung!		
COLOSSEUM: (7, mit COLOSSEUM II)			
- 1969, Those Who Are About To Die …	-	-	91
- 1971, Daughter Of Time	36	-	-
- 1971, Colosseum Live	14	19	-
HATFIELD & THE NORTH: (2)	keine Platzierung!		
MATCHING MOLE: (2)	keine Platzierung!		

4. *Progressive Rock* auf dem Tonträgermarkt

Jazz Rock, britisch:	D	GB	USA
NATIONAL HEALTH: (3)	keine Platzierung!		
SOFT MACHINE: (12)			
- 1968, The Soft Machine	-	-	54
- 1970, Third	-	19	-

Jazz Rock, amerikanisch:			
Tony Williams LIFETIME: (6)	keine Platzierung!		
MAHAVISHNU ORCHESTRA: (5)			
- 1972, The Inner Mounting Flame	-	-	83
- 1973, Birds Of Fire	29	26	9
- 1973, Between Nothingness And Eternity	-	-	27
- 1974, Apocalypse	-	-	47
- 1975, Visions Of The Emerald Beyond	-	-	72
RETURN TO FOREVER: (10)			
- 1974, Where Have I Known You Before	-	-	65
- 1975, No Mystery	-	-	44
- 1976, Romantic Warrior	-	-	44
- 1977, Musicmagic	-	-	66
WEATHER REPORT: (15)			
- 1973, Sweetnighter	-	-	97
- 1974, Mysterious Traveller	-	-	54
- 1975, Tale Spinnin'	-	-	39
- 1976, Black Market	-	-	78
- 1977, Heavy Weather	-	-	41
- 1978, Mr. Gone	-	-	55
- 1979, 8:30	-	-	60
- 1980, Night Passage	-	-	80
- 1982, Weather Report	-	-	68
- 1983, Procession	-	-	96
- 1984, Domino Theory	-	37	-

Free Funk:

Ronald Shannon Jacksons DECODING SOCIETY: (5)	keine Platzierung!
DEFUNKT: (4)	keine Platzierung!
EVERYMAN BAND: (2)	keine Platzierung!
MATERIAL: (6)	keine Platzierung!

Neo Prog und Progressive Metal:	D	GB	USA
MARILLION: (5)			
- 1983, Script For A Jester's Tear	-	4	-
- 1984, Fugazi	42	4	-
- 1984, Real To Reel (Live)	38	8	-
- 1985, Misplaced Childhood	3	1	47
- 1986, Brief Encounter (Live)	42	-	67
QUEENSRYCHE: (3)			
- 1983, Queensryche	-	-	81
- 1984, The Warning	-	-	61
- 1986, Rage For Order	58	41	47

(Ehnert, 1987, ders., 1990, ders., 1993, ders., 1994)

Beim Vergleich fällt auf, dass Genres, die komplexere und für die überwiegende Mehrheit der Hörer auch ungewohntere Strukturen verwenden, seltener in den Charts auftauchen als diejenigen Genres, die einfachere und bekanntere Strukturen benutzen. So gelangten die Produktionen des *Free Funk*, des Avantgarde Rock – eine Ausnahme ist Frank Zappa – und des britischen Jazz Rocks überwiegend nicht in die Charts. Dagegen waren der *Art Rock* – insbesondere in Großbritannien – und der amerikanische Jazz Rock – vor allem in den USA – überwiegend kommerziell erfolgreich. Die am *Art Rock* orientierte *Neo-Prog*-Gruppe MARILLION – obwohl nicht im allgemeinen Trend liegend, sich deshalb wohl aber auch außer Konkurrenz befindend – war kommerziell erfolgreicher als der etwa zeitgleiche *Free Funk*.

Beim Vergleich der *Art-Rock*-Gruppen miteinander lässt sich ebenfalls eine Kausalität zwischen der musikalischen Struktur und dem Erfolg in den Charts feststellen. Besonders deutlich wird dies zwischen den einfacheren Spielformen der Gruppe PINK FLOYD sowie den komplexeren musikalischen Strukturen bei GENTLE GIANT – die kaum den Sprung in die Charts schafften – und KING CRIMSON. Der kommerzielle Erfolg von EMERSON, LAKE AND PALMER ist sicherlich auf die bis ins Detail durchdachte Marketingstrategie mit einer gelungenen Mischung aus komplexen Albumtiteln und eher einfacheren Singletiteln zurückzuführen.

Beim Beispiel Frank Zappa zeigt sich, dass die Produktionen, die mehr dem Jazz (*Waka/Jawaka*, 1972; *The Grand Wazoo*, 1972) oder der Avantgarde (*Boulez conducts Zappa: The Perfect Stranger*, 1984) zugewandt waren, nicht in die Charts gelangten. Dagegen waren die mehr am Rock orientierten Alben kommerziell erfolgreicher.

4. *Progressive Rock* auf dem Tonträgermarkt

Auch bei GENESIS kann man anhand der Chart-Positionen die Kommerzialisierung der Musik nachvollziehen. Die ersten vier Alben der Gruppe erreichten die Plätze 25, 14, 6 und 16 der britischen Charts. Die erste Produktion ohne Peter Gabriel (*A Trick Of Tail*, 1975) erreichte Platz drei in Großbritannien und 43 in Deutschland, die erste Produktion ohne Steve Hackett (*And Then There Were Three*, 1978) erreichte in Großbritannien und Deutschland Platz zwei der Album-Charts. Die folgenden Studio-Produktionen, in denen sich die Gruppe noch stärker der Popmusik zuwandte, erreichten alle Platz eins in Großbritannien.

Aber selbst in der erfolgreichsten Phase des *Progressive Rock* – ungefähr zwischen 1971 und 1975 – blieb die Musik trotz des kommerziellen Erfolges einzelner Produktionen des *Art*- und Jazz Rocks, eine Musik für Minderheiten. Denn einige wenige Produktionen des *Progressive Rocks*, die den Sprung in die Charts schafften – legt man die zuvor dargestellten Beispiele zugrunde, so ergibt sich für die Jahre von '71 bis '75 ein Durchschnitt von etwa 10 Produktionen pro Jahr – stehen vier- bis fünftausend Neuproduktionen (Frith, 1978, 87) gegenüber. Außerdem sind nur etwa 5 Prozent der Bevölkerung für ungefähr die Hälfte des Umsatzes der Tonträgerindustrie verantwortlich (Phonographische Wirtschaft, 2001, 29).

Von den in Kapitel 3.4 vorgestellten Neuproduktionen erreichte lediglich die Gruppe KING CRIMSON mit Platz 67 die Album-Charts (*Musikmarkt*, Nr. 21/2000). Das beweist zwar, dass auch die Nischen von extrem individualisierter Rockmusik heute noch relativ groß sein können, die Mehrheit der progressiven Rockproduktionen erreicht diese Popularität aber nicht. KING CRIMSON hat sicherlich das Glück gehabt, in einer Zeit entstanden zu sein, in der die progressive Rockmusik populärer war als heute. Durch die ständige Weiterentwicklung hat es die Gruppe geschafft, ihre Hörer langfristig und unabhängig von den musikalischen Trends an sich zu binden; darüber hinaus haben sie sicherlich auch neue Hörergruppen dazugewinnen können.

Die Gruppe PINK FLOYD hat mit einer zwanzig Jahre alten, damals nicht zur Veröffentlichung vorgesehenen Live-Aufnahme der *The Wall*-Konzerte Platz drei der deutschen Album-Charts erreicht (Musikmarkt, Nr. 17/2000). Der Einstieg in die Charts mit dem 1980/81 live eingespielten Konzept-Doppelalbum *Is There Anybody Out There?* (2000) zeigt, dass die Musik PINK FLOYDs – trotz des kommerziellen Erfolges des *The Wall*-Albums im Jahre 1979 – nicht unbedingt trendabhängig ist. Hier bestehen sicherlich langfristige Hörerbindungen.

Weitere Gruppen, die als *Progessive Rock* bezeichnet werden und die den Sprung in die Charts schafften, sind die *Neo-Prog*-Bands TRANSATLANTIC mit dem Album *SMPTe* auf Platz 66 (*Musikmarkt*, Nr. 17/2000) und SPOCK'S BEARD mit dem Album *V* auf Platz 37 der Album-Charts (ebd., 37/2000). Die Einschätzung des an beiden Alben beteiligten Keyboarders und Sängers Neal Morse, dass das TRANSATLANTIC Album „progressiver" ist als das von SPOCK'S BEARD (siehe Kapitel 3.3.2), bestätigt sich auch in der Chart-Platzierung.

Im Verhältnis zu den insgesamt 3.193 neuerschienenen Alben (alles außer „Klassik") im Jahre 2000 (Phonographische Wirtschaft, 2001, 37), von denen 928 Alben die Charts erreichten (*Musikmarkt*, Nr. 1/2001), ist der *Progressive Rock* wie erwartet nur schwach in den Charts vertreten. Die Produktionen des *Progressive Rock*, die die Charts erreichten, stammen entweder von bekannten *Art-Rock*-Gruppen der siebziger Jahre – sofern man KING CRIMSON heute noch als *Art Rock* bezeichnen kann – oder von den am *Art Rock* orientierten Gruppen des *Neo Progs*.

4.4 *Progressive Rock* in den Medien

4.4.1 Radio

Als wichtigste Informationsquelle über Musikprodukte fungiert das Radio. Hier gelangt die Musik am unmittelbarsten an den Hörer, dem dadurch auch direkte Kaufanreize gegeben werden:

> „Das heißt, das Radio informiert nicht nur über Musik, sondern löst allein schon durch das Spielen der Titel unbewußte und bewußte Verkaufsimpulse aus." (Jahnke, 1998, 127)

Die überwiegenden Radioprogramme sind Formatradios, ein Werbegelder akquirierendes Radio, welches sich auf ein einziges Genre konzentriert – meistens ist dies die aktuelle dynamische Musik (Prokop, 2000, 161). In den siebziger Jahren entstanden in der Bundesrepublik Deutschland die ersten „Servicewellen". Sender, die neben den Verkehrsnachrichten Unterhaltungsmusik im Programm hatten. Diese Sender – z.B. SWF 3 – erzielten mit ihren „Begleitmusik-Programmen" so große Marktanteile, dass sie auch für die Werbewirtschaft interessant wurden (ebd., 162). Mit der Kommerzialisierung des Radio- und Fernsehsystems entstanden die eigentlichen Formatradios. Ihre Grundlage ist die Tatsache, dass die Hörer das Radio heute nicht mehr gezielt einschalten, sondern eher zufällig (ebd.). Die häufigsten Formate sind das *Adult Contemporary* (AC) und das *Contemporary Hit Radio* (CHR):

> „Die Hörer werden meistens mit dem AC-Format bedient, mit aktueller Unterhaltungsmusik für Erwachsene. Das an zweiter Stelle erfolgreichste Format ist CHR, die Sendung der Top Hits." (ebd.)

Die Musikauswahl übernimmt ein Computer, der die Programmabfolge für einen Tag festlegt. Die Titel sind nach bestimmten Kategorien wie melodisch/rhythmisch, Dur/Moll und männlich/weiblich im Computersystem gespeichert (ebd., 163). Der Computer wählt die Musiktitel dann nach diesen Kriterien aus:

> „Die Wahl eines Musikstücks wird nicht dem Geschmack – und der Sachkenntnis – des Redakteurs überlassen. Man wendet sogenannte 'objektive' Maßstäbe an: Man richtet sich nach den Charts und der kommerziellen Zielgruppenforschung." (ebd., 162)

Bei vielen Sendern besteht zudem die sogenannte *Hot Rotation*, bei der die Titel in verschiedene Kategorien eingeteilt werden:

> „Zur A-Klasse gehören Songs, die mehrfach täglich gesendet werden, zur B-Rotation zählen Songs, die höchstens zweimal am Tag zu hören sind. Oft gibt es für Songs, die nur hin und wieder laufen, auch noch die C-Kategorie." (Hilberger, 1998, 89)

Die größte Hörerschicht erreicht das Formatradio bei den 25- bis 49-Jährigen. Die Jugend ist dagegen seit Ende der achtziger Jahre zu den privaten Videoclip-Sendern abgewandert (Prokop, 2000, 163). Um auch diese Hörerschicht wieder für sich zu gewinnen, haben die öffentlich-rechtlichen Rundfunkanstalten neue Jugendsender – beispielsweise WDR/*Eins Live* und NDR/*N-Joy Radio* – eingerichtet. Die öffentlich-rechtlichen Unterhaltungssender unterscheiden sich in der Musikauswahl kaum von ihren privaten Konkurrenten. Um keine Höreranteile zu verlieren – und damit für die Werbewirtschaft unbedeutend zu werden – mussten auch sie sich dem Trend der privaten Radiowellen anpassen. Die stündlich mehrmals gesendeten Jingles der Sender gleichen sich deshalb auch in ihrer Aussage.

Beispiele dafür sind:

NDR 2: „Mehr Hits – mehr Abwechslung"

„Die größte Vielfalt – NDR 2 – ein Sender, alle Hits"

Hit Radio Antenne: „Echte Abwechslung mit ihren Klassikern und Super hits von heute"

„Den besten Mix"

FFN: „Die Superhits der Achtziger und Neunziger und das Beste von heute – echte Abwechslung"

In den Jingle-Sprüchen liegt jedoch ein Widerspruch. Ein Sender, der sich nur auf die Hits beschränkt, kann nicht gleichzeitig die größte Vielfalt präsentieren, die liegt nämlich jenseits der Single-Charts.

Neben den unterhaltenden Formatradios mit Werbeunterbrechungen bestehen bei den öffentlich-rechtlichen Sendern auch Kulturangebote. Dazu zählen sowohl Nachrichten und Informationsprogramme als auch die musikorientierten Programme mit einem hohen Anteil an „klassischer und anderer ernster Musik" (Dubrau/Oehmichen/ Simon, 2000, 50).

Die Aufteilung der öffentlich-rechtlichen Programme erfolgt überwiegend nach dem gleichen Schema. Der Westdeutsche Rundfunk ist beispielsweise in „drei Tagesbegleitwellen für verschiedene Kernzielgruppen" und zwei Wellen mit einem „Anspruchsradio für Interessierte" gegliedert (Eckhardt, 1995, 536).

4. *Progressive Rock* auf dem Tonträgermarkt

Senderaufteilung nach zielgruppenorientierten Radiowellen beim Westdeutschen und Norddeutschen Rundfunk:

	Tagesbegleitendes Programm nach Kernzielgruppen	Sender	
		NDR	WDR
I.	15-29 Jahre: CHR Format; Jugendsender mit Hip Hop, Dance, Charts	N-joy	Eins Live
II.	30-49 Jahre: AC Format; Mainstream Pop/Rock	NDR 2	WDR 2
III.	50 Jahre und älter: Easy Listening/Middle of the road/Oldie based Format; Schlager, Country, Oldies, Volksmusik, populäre Klassik	NDR 1	WDR 4

	„Anspruchsradio"	Sender (mit Programm Beispielen)	
		NDR	WDR
IV.	Info-Sender; Überwiegend Wortbeiträge, abends mit speziellen Jazz-Sendungen	NDR 4	WDR 5
V.	Kultursender; überwiegend Klassik u.a. „Ernste Musik"	NDR 3 1x pro Woche „Crossover" (20.00-21.00)	WDR 3 täglich Jazz (19.30-20.00), 1x pro Woche Neue Musik (23.00-24.00)

(Norddeutscher Rundfunk, 2000a; ders., 2000b; Westdeutscher Rundfunk, 2000a; ders., 2000b)

Aufgrund eines erheblich geringeren Etats ist Radio Bremen – der kleinste öffentlich-rechtliche Sender – in nur drei Wellen gegliedert:

	Tagesbegleitendes Programm nach Kernzielgruppen	Sender (mit Programm Beispielen) RB
I.	15-29 Jahre: CHR Format; Jugendsender mit Hip Hop, Dance, Charts	RB vier
II.	30 Jahre und älter: AC/Middle of the road Format; Mainstream Pop/Rock und Schlager	RB eins „Pop's tönende Wunderwelt"1x pro Woche
III.	„Anspruchsradio" Kombination aus Info und Musiksender; Klassik, Neue Musik, Pop/Rock, Jazz, Folk, Weltmusik	RB 2wei 1 x pro Woche Neue Musik (20.30-22.00 Uhr)

(Radio Bremen, 2001a; ders., 2001d)

Die mehr musikorientierten Kultursender haben jedoch eine vorherrschende Orientierung „am Kanon etablierter Kulturgüter (klassische Musik, Theater, Konzert, Museum)" (Oehmichen, 1995, 550). Daraus resultiert, dass die gehobenen Hörfunkangebote der ARD auch von der angestrebten Kernzielgruppe immer weniger wahrgenommen wird:

„Kulturradio ist in der Kulturszene schon lange kein Thema mehr." (ebd., 547)

Ein Beispiel für einen Kultursender neueren Zuschnitts ist Radio Bremen *2wei*, hier ist ein *Crossover* aus Kunstmusik – von der *musica antigua* bis zur *musica nova* – Jazz, Pop/Rock, Folk u.a. zu hören (Radio Bremen, 2000b). Aufgrund der gespannten Finanzlage von Radio Bremen wird das Programm in Kooperation mit dem Norddeutschen Rundfunk umgestaltet; das neue *NordWest-Radio* nimmt seinen Sendebetrieb am 1. November 2001 auf (Radio

Bremen, 2001c, 1-2). Im werktäglichen Tagesprogramm soll eine klare Musikfarbe und Struktur die Wiedererkennung garantieren; in den Abendstunden und am Wochenende werden spezifische Musiksendungen angeboten:

„Eine bislang in Deutschland nicht gesendete Musikmischung soll unterschiedliche musikalische Genres (E-Musik, Jazz, Musicals, Folklore, Chansons, anspruchsvoller Rock, Pop und Soul usw.) zu einer grundsätzlich anspruchsvollen aber harmonischen Klangeinheit verbinden. Das Repertoire bietet Neues wie Vertrautes, aber keine 'Hits'. Auf anstrengende Klangexperimente wird während des Tages verzichtet." (ebd., 3-4)

Auch das tagesbegleitende Programm für Erwachsene stellt bei Radio Bremen eine Besonderheit dar. Das Programm von RB *melodie*, dem *Middle of the road* Format für die über fünfzigjährigen Hörer, wurde eingestellt; stattdessen wurden Programmteile bei RB *eins* eingegliedert. Das Musikprofil der *Hansawelle* wurde neu gestaltet und in RB *eins* umbenannt; dieses neue Programm wird auch über die ehemaligen Frequenzen von RB *melodie* gesendet. Neben den Oldies aus den 60er bis frühen 80er Jahren werden hier deutschsprachige Titel (Schlager) und aktuelle Pop-Produktionen gespielt (Radio Bremen, 2001b; vgl. ders., 2000a).

Das Programm wird konsequent an die Präferenzen seiner Zielgruppe angepasst, so schreibt der Sender in einer Pressemitteilung:

„Neu – und für den Programmerfolg nicht unwesentlich – ist, dass die Auswahl der Titel, [*sic*.] sich an den Kriterien 'Bekanntheit und Beliebtheit' orientiert, und ebenfalls neu ist, dass das Musikangebot nur in tageszeitlichen Nuancen differiert, also eine ständige hohe Wiedererkennbarkeit garantiert." (Radio Bremen, 2001b, 2)

Der durch die schlechte Finanzlage bedingte Zuschnitt auf nur drei Radiowellen hat zumindest bei RB *2wei* zu einer völlig neuen Konzeption des Kulturradios geführt. Das Programm dieses Kulturradios stellt jedoch noch eine Ausnahme dar.

Die Ergebnisse von Marktforschungen zeigen aber deutlich, dass durchaus ein Bedarf nach einem neuen Kulturradio-Typus besteht. In einer von ARD und ZDF beauftragten Studie über Lebensstil und Publikumssegmentierung wurde eine Medien-Nutzer-Typologie (MNT) erstellt (Hartmann/Neuwöhner, 1999, 531-539).

Dabei wurden neun verschiedene Typen von Mediennutzern entwickelt:

MNT	Bevöl-kerung-santeil	Durch-schnitts-alter	Bildungs-niveau	Musikgeschmack: Präferenzen	Ablehnung
„Junge Wilde"	7 %	16-23	hoch	Hip Hop, Techno	alle traditionellen u. klassischen Stile
„Erlebnis-orientierte"	10 %	27	überdurch-schnittlich	aktueller *Mainstream* u. Oldies	Volksmusik, Schlager, Klassik
„Leistungs-orientierte"	9 %	36	sehr hoch	keine eindeutigen, Crossover aus Klassik u. Pop	Schlager, Volksmusik, Hip Hop, Techno
„Neue Kultur-orientierte"	5 %	35	hoch	Klassik, Jazz und Pop/ Rock, einschließlich klassische Moderne u. Pop-Oldies	Oper
„Unauffällge"	14 %	38	unterdurch-schnittlich	Pop-*Mainstream* der 60er bis 80er	klassische Musik, Oper, Jazz, Techno, Hip Hop
„Aufgeschlossene"	13 %	46	etwas unter dem Durch-schnitt	Oldies u. deutsche Schlager	-
„Häusliche"	17 %	59	stark unterdurch schnittlich	deutsche Schlager, volkstümliche Musik, bekannte Klassiktitel	Pop, Jazz, anspruchsvolle Klassik
„Klassisch Kultur-orientierte"	14 %	54-70	hoch	Klassik, Oper	Klassische Moderne, Rock und Pop
„Zurückgezogene"	10 %	65	unterdurch-schnittlich	Volksmusik, Schlager, Tanzmusik	Pop, Jazz

(ebd., 535-538; vgl. Oehmichen, 1999, 553-554)

4. *Progressive Rock* auf dem Tonträgermarkt

Der MNT-Typ „Neue Kulturorientierte" fasst „kulturell interessierte, integrierte, weltoffene Menschen mit eher musischer Ausrichtung" zusammen (Hartmann/Neuwöhner, 1999, 536). Dieser MNT-Typ erwartet vom Radio erheblich mehr als nur eine „akustische Kulisse". Wichtig sind für die „Neuen Kulturorientierten" geistige Anregung und Bildungsangebote (Oehmichen, 1999, 554). Die Hörer dieses Milieus verlangen einerseits mehr als nur eine Musik zur entspannenden Begleitung, andererseits ist ihnen die Orientierung am Musikgeschmack des klassischen Bürgertums zu einseitig. Ihre Präferenzen überschreiten die Genregrenzen:

„Musikalisch sind sie Grenzgänger zwischen Rock/Pop und Jazz auf der einen, und Klassik bis hin zur Neuen Musik auf der anderen Seite." (ebd.)

Die „Neuen Kulturorientierten" hören darüber hinaus auch die sogenannte „Ethno Musik" (ebd., 551). Obwohl sich dieser MNT-Typ aber im Allgemeinen für alle Formen der „Ernsten Musik" interessiert, fällt aus diesem Muster die Präferenzstruktur für die Kategorie Oper heraus:

„Neue Kulturorientierte zeigen sich hier sehr distanziert" (ebd.)

Diese Tatsache lässt darauf schließen, dass die „Neuen Kulturorientierten" wohl einerseits von der Jazz- und Rockmusik sozialisiert wurden und sie die Gesangsästhetik dieser Musikstile der Ästhetik des klassischen Gesangsideales vorziehen. Andererseits erwarten sie von der Musik aber mehr als nur Unterhaltung und sind immer auf der Suche nach neuen musikalischen Eindrücken; dabei zeigen sie auch ein großes Interesse an der sogenannten „Ernsten Musik" einschließlich der Neuen Musik.

Die *Progressive-Rock*-Hörer sind sicherlich ein wesentlicher Bestandteil dieser MNT-Gruppe. Da diese MNT-Gruppe derzeit aber nur 5 % der Bevölkerung ausmacht, ist ihr Einfluss auf die Programmstruktur der Radiosender sehr gering.

Eine weitere Studie hat nach der Zusammengehörigkeit oder der unversöhnlichen Trennung von verschiedenen Musikrichtungen gefragt und eine Typologie der Musikinteressen erstellt (Eckhardt, 1986, 86-103). Dabei hat Eckhardt fünf Dimensionen aufgestellt:

„Bei der Interpretation dieser Dimensionen dienen die sogenannten 'Ladungen' zur Orientierung. Je höher die Ladung, desto höher korreliert die musikalische Richtung mit der Dimension." (ebd., 99)

Die Nebenladungen zeigen, dass eine musikalische Richtung nicht nur mit einer Dimension korreliert.

Typologie der Musikinteressen:

Dimension 1	Dimension 2	Dimension 3	Dimension 4	Dimension 5
Volkstümliche Musik, Operette/ Walzer, Konzertante Musik, Deutsches Volkslied, Oper, Blasmusik, Chor/Orchester Romantisches Lied, Barock vokal, Klassisch-romantische Sinfonik, Barock instrumental, Deutsch Folk, Tanzmusik	Deutschsprachiger Schlager, Südeuropäischer Schlager, Industrieproduktion/ Hit, Liedermacher/ Chanson, Pop, Rock	Klassische Moderne, zeitgenössische Musik, Avantgarde, Klassisch-romantische Kammermusik, Mittelalter/ Renaissance, Modern Jazz, Rock Jazz, Musik fremder Kulturen (Indien)	Folk, Internationale Folklore	Oldtime Jazz, Rock'n'Roll, Country and Western, Soul/Gospel, Amerikanischer Standard
Nebenladung	**Nebenladung**	**Nebenladung**	**Nebenladung**	**Nebenladung**
Klassisch-romantische Kammermusik, Mittelalter/ Renaissance	Tanzmusik, Country and Western, amerikanischer Standard	Klassisch-romantische Sinfonik	Deutsch Folk, Liedermacher/ Chansons, Mittelalter/ Renaissance, Musik fremder Kulturen (Indien)	

(ebd., 100)

4. *Progressive Rock* auf dem Tonträgermarkt

Interessanterweise zeigt auch diese Studie eine Gruppe (Dimension 3), in die sowohl die „Ernste Musik" einschließlich der Avantgarde, der Modern Jazz, die Musik fremder Kulturen (Indien) als auch die progressive Rockmusik (Rock Jazz) fallen. Die überwiegenden Beispiele der „Ernsten Musik" fallen aber in die Dimension 1. Damit haben sich zwei verschiedene Dimensionen mit „anspruchsvoller Musik" heraus gebildet:

„Die Dimension 3, geprägt von der klassischen Moderne und der zeitgenössischen Musik, ist sicherlich so etwas wie eine Komplementär-Dimension zur Dimension 1. Die Dimension 3 vereinigt das Nicht-Gängige und das nicht Eingängige; bezogen auf den Mehrheitsgeschmack könnte man von „experimenteller" Musik sprechen. Das würde auch erklären, warum sich hier Modern Jazz und Rock Jazz finden." (ebd. 101)

Ein Problem beim Erstellen von Typologien, die die ästhetischen Präferenzen der Hörer beschreiben sollen, ist die Auswahl der Musikbeispiele. Bei der Auswahl für diese Studie bestand ein Schwerpunkt auf Beispielen aus dem Bereich der „Ernsten Musik". Der Barock wurde beispielsweise sogar noch in Vocal- und Instrumentalmusik unterschieden, bei der Pop- und Rockmusik wurden dagegen viele gegensätzliche Genres – z.B. Heavy Metal, Hip Hop, *Funk* – nicht berücksichtigt. Der *Progressive Rock* war lediglich durch den Rock Jazz vertreten. Dieses Problem sieht auch Eckhardt:

„Schließlich noch einige Bemerkungen zur Dimension 2. Sie wird eher vom Schlager als von der Rockmusik geprägt; möglicherweise ein Grund dafür, daß der Rock Jazz in der Dimension 3 erscheint. Der Rock war nur durch die Beispiele 'Prima Klima' und 'Patti Smith' vertreten. Bei mehr Beispielen wäre denkbar, daß sich eine gesonderte Dimension herausgebildet hätte, oder aber die Dimension 2 anders geprägt wäre." (ebd.)

Aufgrund der zurückgehenden Marktanteile des Kulturradios auf nur 2,4% (Oehmichen, 1995, 547), stellt Ekkehardt Oehmichen in seinem Aufsatz „Zuwendungsbarrieren zum Kulturradio" die Frage:

„Was hindert vor allem junge, gebildete, vielseitig interessierte und aufgeschlossene Menschen, die Möglichkeiten dieser Angebote zu entdecken und zu nutzen?" (ebd., 548)

Oehmichen kommt zu dem Fazit, dass das Kulturradio die Forderungen der Zielgruppe ernst nehmen sollte, um das Programm wieder interessanter zu gestalten. Dabei müssen neben einer offeneren Form und einer verständlicheren Vermittlung – ohne die Minderung des Anspruchsniveaus – auch das Musik- und Kulturspektrum erweitert werden:

„Öffnung des musikalischen Spektrums zugunsten grenzüberschreitender Präsentation unter Einschluß gerade auch von Musikfarben, die in formatierten Massenprogrammen ausgeschlossen sind, größere Anstrengung bei der Vermittlung von Musik, damit auch Fremdes und Randständiges allmählich verstanden werden kann". (ebd., 552-553)

Die Realität sieht jedoch anders aus. Das Kulturradio wendet sich überwiegend an die Interessen der „Klassisch Kulturorientierten". *Progressive Rock* wird hier nur dann gesendet, wenn er als ein grenzüberschreitendes Projekt auch als Neue Musik oder Jazz kategorisiert werden kann – ein Beispiel dafür ist das vom WDR 3 co-produzierte Fred Frith Album *Traffic continues* mit dem ENSEMBLE MODERN. Dieser Fall ist aber eher die Ausnahme. Darüber hinaus haben Neue Musik-Sendungen meist nur einen kleinen Anteil am Gesamtprogramm der entsprechenden Radiowelle und werden zudem überwiegend in den späten Abendstunden gesendet. Dies ist sicherlich auch ein Ausdruck der Tatsache, dass die Moderne – wie die MNT-Studie gezeigt hat – von den „Klassisch Kulturinteressierten" abgelehnt wird. Zu einem ähnlichen Ergebnis ist auch Eckhardt in seiner Untersuchung gekommen – die Avantgarde fällt in eine andere Dimension, als die klassisch-romantische Musik.

Im AC-Formatradio finden sich gelegentlich auch Titel von *Progressive-Rock*-Künstlern wieder, aber nur dann, wenn diese Künstler einmal in ihrer Karriere einen Single-Hit erzielen konnten. In der Regel beschränkt sich das Repertoire, das von einem *Progressive-Rock*-Künstler im Radio gesendet wird, aber auf einen einzigen Titel. Ein Beispiel dafür ist Frank Zappa – der immerhin über 50 Alben produziert hat – von ihm wird, wenn überhaupt, nur der Titel *Bobby Brown* (von *Sheik Yerbouti*, 1979) im AC-Formatradio gespielt. Bei anderen Gruppen ist es ähnlich: von YES wird ausschließlich der in der kommerziellsten Phase der Gruppe produzierte Titel *Owner of a lonely heart* (von *90125*, 1983) gesendet. Diese Titel sind, obwohl von *Progressive-Rock*-Interpreten produziert, keine progressive Rockmusik, sondern auf den Erfolg hin produzierter AOR. Diese radikale Beschränkung wird natürlich der Vielfalt des *Progressive-Rock*-Genres keinesfalls gerecht. Das Problem des *Progressive Rock* im Radio ist, dass dieses Genre einerseits nicht in das kommerzielle Format der Pop- und Rocksender passt, andererseits aber auch nicht als „Kultur" im Sinne der öffentlich-rechtlichen Kulturradios gilt.

Aber auch die lokalen, nicht kommerziellen Radiosender können nicht immer eine befriedigende Alternative bieten. Ihre Sendungen sind oft von dem persönlichen Geschmack oder der mangelnden Sachkenntnis des zuständigen

Redakteurs geprägt. Die Sendung „Progressive Rock" des Oldenburger *ok* (*offener kanal*) präsentiert lediglich das, was die Musikindustrie als *Progressive Rock* verkauft, also *Neo Prog, Progressive Metal* und AOR.

4.4.2 Fernsehen

Der Anteil von Musiksendungen im Deutschen Fernsehen befindet sich auf einem sehr niedrigen Niveau. Im Jahr 1999 erreichte der Musikanteil in der ARD: 4,5 %, im ZDF: 2,1 %, 3 sat: 7,6 % und bei den Privaten unter 1 % (Phonographische Wirtschaft, 2001, 92-93).

Von den wenigen Kulturprogrammen der öffentlich-rechtlichen Rundfunkanstalten – hier gilt vom Angebot her Ähnliches wie beim Kulturradio – senden die Fernsehsender überwiegend die Unterhaltungsmusiksendungen, die die Masse ansprechen sollen. Die Musiksendungen mit den größten Zuschauerzahlen werden beispielsweise von zwei Schlagersendungen und acht Volksmusiksendungen angeführt (ebd., 94). Diese Genres sprechen vor allem die ältere Generation an. Die Jugendlichen konsumieren dagegen überwiegend die kommerziellen Musiksender MTV und VIVA. Deren primäre Funktion ist jedoch die Werbung:

„Das drückt sich nicht zuletzt auch in der Programmgestaltung aus, die nach einem Rotationsprinzip aufgebaut ist, d.h. Videoclips wie Werbespots werden nach einem bestimmten Schlüssel bis zu einem Mal stündlich (Heavy Rotation) permanent wiederholt, bei wöchentlichem Wechsel von sechs bis zehn der dem Programm zugrunde liegenden 60 bis 70 Musikvideos. Grundlage dafür ist die Höhe der Gebühren, die die Firmen entsprechend der Ausstrahlungshäufigkeit für ihre Videos bzw. Werbespots zu zahlen bereit sind." (Wicke/Ziegenrücker, 1997, s.v. 'Music Television')

Als ein neues Marketinginstrument der Musikindustrie wurde 1993 der Sender VIVA durch die Musikkonzerne Time-Warner, Sony, PolyGram und EMI ins Leben gerufen (ebd.).

Der Musiksender VIVA kategorisiert seine Playlisten in verschiedene Rotationsstufen, wobei die vorderen Chart-Position häufiger gespielt werden, als die hinteren:

Kategorie	aktuelle Single-Chartplazierung	Rotation
A-Liste	Top 20	3-4 x pro Tag
B-Liste	21-50	2-3 x pro Tag
C-Liste	51-100	1-2 x pro Tag
N1-Liste	Newcomer	1-2 x pro Tag
N3-Liste	Newcomer	3-5 x pro Woche nur nachts

(Jahnke, 1998, 129)

Bei VIVA wird nur marktorientierte Musik gespielt, also Singles, die entweder schon in den Charts notiert sind, oder die höchstwahrscheinlich in die Charts gelangen werden. Je höher die Chart-Position, desto häufiger werden die Titel gespielt. Der *Progressive Rock* spielt also auch im Fernsehen nur eine untergeordnete Rolle.

4.4.3 Printmedien

Da der *Progressive Rock* in den Rundfunk- und Fernsehprogrammen nur relativ schwach vertreten ist, muss sich dieses Genre – ebenso andere, nicht populäre Musikstile – alternative Wege der Kommunikation zwischen den Anbietern und den Hörern suchen. Die Vielfalt der Printmedien bietet hier eine Reihe von Möglichkeiten. Auf dem Zeitschriftenmarkt existieren Produkte, die oft in kleinster Auflage ganz bestimmte Zielgruppen ansprechen, die sich fernab des musikalischen *Mainstream* bewegen. So konkurrieren beispielsweise mehrere Magazine um die Gunst der Jazz-Hörer, obwohl dieses Genre nur einen Marktanteil von 1,6 % aufweist. Die auflagenstärksten Magazine sind aber ausschließlich auf den *Mainstream*-Markt ausgerichtet.
Die wöchentlich erscheinende Jugendzeitschrift *Bravo* hat beispielsweise eine Auflage von 714.000 Stück, die monatlich erscheinende Musikzeitschrift *Musikexpress* – die ein relativ breites Spektrum vom *Mainstream* bis zum Jazz abdeckt – hat dagegen nur eine Auflage von 73.000 Stück (Phonographische Wirtschaft, 2001, 100). In der Auswertung der Auflagenhöhe der musikbezogenen Zeitschriften durch die Phonographische Wirtschaft wurde die überwiegende Mehrheit der Musikzeitschriften aber überhaupt nicht berücksichtigt. Die Zeitschriften *Jazzthetik, Jazzpodium, Dissonanz, Neue Zeitschrift für Musik* sowie die Musikermagazine *Sound Check, Gitarre & Bass, Keyboards* u.a.

4. *Progressive Rock* auf dem Tonträgermarkt

wurden wohl aufgrund ihrer nur geringen Auflage – und damit auch ihrer geringen Bedeutung für die gesamte Tonträgerindustrie – nicht in der Statistik des Verbandes aufgeführt.

Die Platzierung in den zielgruppengerechten Magazinen, beispielsweise durch Werbung, Interviews und Plattenkritiken, ist insbesondere für diejenigen Musikstile wichtig, die wenig oder gar nicht in den audivisuellen Medien vertreten sind:

„Die Bedeutung und Verkaufsauswirkung der Pressearbeit variiert stark je nach Musikstil. So ist der Printbereich bei 'alternativen' Musikstilen wesentlicher Bestandteil einer Kampagne, während er bei Themen im 'Middle Of The Road'- Bereich weniger Bedeutung hat". (Jahnke, 1998, 131)

Als ein genreübergreifender Musikstil ist der *Progressive Rock* nicht nur in Zeitschriften zu finden, die sich primär und allgemein mit der Rockmusik beschäftigen (z.B. *Musikexpress* und *Rolling Stone*), sondern – je nach Einflüssen des Künstlers und der Produktion – auch in Zeitschriften, die sich an andere oder auch speziellere musikalische Zielgruppen wenden. Beispiele für Zeitschriften, in denen unter anderem auch Berichte über progressive Rockmusik erscheinen, sind:

- *Jazzthetik* und *Jazzpodium* (Jazz)

- *Neue Zeitschrift für Musik* und *Dissonanz* (Avantgarde)

- *Sound Check, Gitarre & Bass* und *Keyboards* (Rock- und Jazz-Musiker)

- *Rock Hard* und *Metal Hammer* (Heavy Metal, Hard Rock)

Das Kriterium für die Berücksichtigung eines Tonträgers in einer zielgruppenorientierten Zeitschrift ist aber nicht immer der musikalische Inhalt des betreffenden Tonträgers. Oftmals ist auch die Herkunft des Musikers, d.h. dessen Kategorisierung durch vorhergehende Produktionen, von großer Bedeutung. Die Victor Smolski Produktion *The Heretic* wurde beispielsweise – mit Ausnahme einer Musikerzeitschrift – nur in Heavy-Metal-Magazinen besprochen, obwohl dieses Album in Klangbild und Struktur eher an der europäischen Orchestermusik orientiert ist, als am Heavy Metal.

Eine Besonderheit stellt die „Demo Zone" im *Metal Hammer* dar, hier werden ausschließlich nicht professionelle Produktionen vorgestellt. Damit haben *Newcomer* die Möglichkeit, mit ihren Tonträgern an die Öffentlichkeit zu treten, ohne einen großen Werbeaufwand betreiben zu müssen.

Neben den speziellen Musik- und Musikerzeitschriften sind auch in Tageszeitungen, Illustrierten (z.B. das Musik-Sonderheft des *Stern*), Stadt- und Zeitgeistmagazinen Berichte über Musiker und deren Produktionen – zuweilen auch über progressive Rockmusik – zu finden. Darüber hinaus existieren *Point Of Sale*-Magazine, die als kostenlose Werbezeitungen bei großen Handelsketten (WOM, JPC) ausliegen. Diese haben jedoch nur rein kommerzielle Ziele, bei der die Berichterstattung in Verbindung mit einer Anzeige „teuer bezahlt" werden muss (ebd., 133).

5. Schlussbetrachtung

Der *Progressive Rock* stellt eine über die Genre-Grenzen der Rockmusik hinausgehende Stilrichtung dar. Neben der Rockmusik sind vor allem die Einflüsse aus dem Jazz und der Kunstmusik – einschließlich der Neuen Musik – maßgebend; daneben sind aber auch Einflüsse aus anderen Musikkulturen – beispielsweise aus Indien und Afrika – zu hören. Die Entwicklung des *Progressive Rock* ist weniger durch die Fortschreitung des Materialstandes als durch die Neukombination verschiedenster musikalischer Quellen zu einer neuen Ästhetik geprägt. Diese kompositorische Verfahrensweise ist ein Ausdruck unserer Zeit und wird auch in anderen Genres (Jazz, Neue Musik) verwendet.

Entstanden ist der *Progressive Rock* aus dem Bedürfnis der Rockmusiker nach künstlerischer Anerkennung; sie wollten ihre eigenen Vorstellungen verwirklichen und nicht mehr nur reine Unterhaltungsmusik für die Musikindustrie abliefern. Aber auch Musiker und Komponisten aus Jazz und Neuer Musik haben sich an dieser Entwicklung beteiligt – fasziniert von der Sinnlichkeit und der Klangästhetik der Rockmusik, haben sie Rock-Elemente in ihrer Musik aufgenommen. Durch dieses Zusammenspiel hat sich eine eigene Ästhetik entwickelt, die eine Alternative darstellt und das sowohl für den Rockhörer, der statt der kommerziellen Massenware eine anspruchsvollere Musik hören will, als auch für die Jazz- und Neue-Musik-Hörer, die auf der Suche nach neuen Ausdrucksmöglichkeiten sind. Hier bieten sich durch die Sinnlichkeit der Rockmusik neue musikalische Erfahrungen an. Gerade der Avantgarde Rock ist eine ansprechende zeitgenössische Alternative, die im Gegensatz zur akademischen Neuen Musik eine sinnliche Wahrnehmung zulässt. Für den musikalisch nicht ausgebildeten, aber dennoch am Neuen interessierten spontanen Hörer, lässt sich beispielsweise die Musik von Goebbels und Frith als eine spannende, sinnliche Erfahrung empfinden, die sich in der Neuen Musik – z.B. in den seriellen Klavierkompositionen von Boulez – nicht finden lässt.

Zwischen Werken mit eindeutigen kommerziellen Kompromissen und Kompositionen mit einem absoluten Kunstanspruch besteht in dem Genre des *Progressive Rock* ein sehr breites Spektrum. Die Spielformen des *Progressive Rock*, die von der Musikindustrie als progressiv verkauft werden – beispielsweise der *Neo Prog* – stellen sich jedoch als ein epigonaler Rückgriff auf die Ästhetik der siebziger Jahre heraus. Dagegen produzieren insbesondere die Interpreten eine progressive Rockmusik, die von der Industrie nicht im

Marktsegment „Rockmusik", sondern im Segment „Jazz" oder „Neue Musik" (im Handel meist „Klassik") verkauft werden. Beispiele dafür sind die genreübergreifenden Komponisten und Interpreten Fred Frith, Heiner Goebbels und Terje Rypdal. Wenig fortschrittlich sind dagegen Ausprägungen des *Progressive Rock*, in denen es primär um die Präsentation der erlernten Spieltechniken geht. Das Herunterspielen von technisch versierten, aber ausdruckslosen Klischees im *Fusion* ist ein Beispiel dafür.

Trotz der Vorgabe eines künstlerischen Anspruches sind einige der *Progressive-Rock*-Musiker kommerzielle Kompromisse eingegangen und haben sich bewusst an dem Geschmack ihres Zielpublikums orientiert. Der Vergleich der Chart-Notierungen verschiedener Interpreten des *Progressive Rock* hat ja auch eindeutig gezeigt, dass eine Kausalität zwischen der musikalischen Struktur und dem kommerziellen Erfolg besteht. Die Beweggründe für die Kompromisse sind sicherlich nicht immer nur das finanzielle Überleben, sondern oftmals auch die Verlockungen durch Popularität und Reichtum. Beispiele für eine Marktanpassung hinsichtlich der musikalischen Struktur finden sich vor allem im *Art Rock* und *Progressive Metal*, etwa bei den Gruppen GENESIS, YES, PINK FLOYD und FATES WARNING. Dagegen gibt es auch Musiker und Gruppen, die unangepasst geblieben sind, und die sich unabhängig von den Vorstellungen der Musikindustrie weiterentwickelt haben. Ein Beispiel dafür ist die Gruppe KING CRIMSON, die – einschließlich der Soloprojekte von Bill Bruford, Tony Levin u.a. – sehr früh damit begonnen hat, ihren eigenen Weg zu gehen.

Die Tonträgerindustrie hat durch ihr Gewinnstreben stets die Entwicklung der Rockmusik in erheblichem Maße mit geprägt. Dennoch ist es vielen Musikern gelungen, ihre eigenen Vorstellungen zu verwirklichen, sei es durch das Ausweichen auf unabhängige Labels oder durch die Gründung von eigenen Produktionsgesellschaften und Labels. Trotzdem ist es aber gerade für neue, noch nicht etablierte Künstler schwer, sich in diesem System der übermächtigen Tonträgerindustrie durchzusetzen. Die meisten Musiker konnten sich erst nach ihrer Etablierung und der damit verbundenen finanziellen Sicherheit als Produzenten und Labelinhaber selbstständig machen.

Musik, die eine individuellere Ästhetik und eine komplexere musikalische Struktur verwendet, setzt sich von den gängigen Mustern der Marktanpassung ab. Dennoch lässt sich der *Progressive Rock* in Nischenmärkten verkaufen; die Umsätze sind hier zwar gering, aber stabil. Die Produktionen dieses Genres erreichen heute – im Gegensatz zu den siebziger Jahren – nur noch selten die Album-Charts. Innerhalb der Repertoiregestaltung eines *Major* Labels stellt der *Progressive Rock* deshalb eine trendunabhängige Absatzplanung dar und dient damit als ein Ausgleich für die hohen, aber von Trends abhängigen Umsätze der Unterhaltungsmusik-Produkte. Dennoch sind die meisten Künstler dieses Genres im Laufe der Jahre zu den neu entstandenen unabhängigen Labels abgewandert. Während die *Major* Labels Ende der sechziger und Anfang der siebziger Jahre die Kreativität der Musiker kommerziell erfolgreich genutzt haben – z.b. unter dem CBS-Präsidenten Clive Davis – versuchten sie nun zunehmend, ihre Produkte selbst zu gestalten. Dabei entstanden dann Gruppen am Reißbrett, deren Mitglieder durch ein *Casting* ermittelt wurden. Ob sich jedoch die momentane Ignoranz der *Major* Labels gegenüber der nicht chartorientierten Musik rentiert, wird sich in Zukunft noch zeigen. In den achtziger Jahren, in denen die Verkäufe mit aktuellen Produktionen stagnierten, verdiente die Musikindustrie vor allem an den CD-Neuauflagen aus dem Back-Katalog, also an trendunabhängiger Musik. So verdient der *Major*-Konzern Sony noch heute an den über vierzig Jahre alten Jazzproduktionen aus dem CBS-Back-Katalog (z.B. Miles Davis), ohne neu investieren zu müssen. Obwohl sich heute kaum ein *Major* Label für die Produktion von primär künstlerisch orientierter Musik interessiert, versuchen sie doch, unabhängige Labels, die mit künstlerisch anspruchsvoller Musik erfolgreich sind, aufzukaufen. Ein Beispiel dafür sind die regelmäßig auftretenden Kaufangebote für das ECM-Label, das mit über 700 Produktionen einen erfolgreichen Back-Katalog aufweist (Nink, 2000, 40). Eine stärkere Präsenz von progressiver Rockmusik in den audiovisuellen Medien würde die Industrie sicherlich zu mehr Engagement in diesem Genre motivieren.

Gerade die öffentlich-rechtlichen Rundfunkanstalten müssten jedoch noch viel mehr ihren kulturellen Auftrag, der nicht nur die etablierte bürgerliche Musikkultur umfassen sollte, wahrnehmen. Hier müssten sich die Kulturradios mehr der progressiven Rockmusik öffnen. Die sprachliche Darbietung und die Musikauswahl dieser Sender spricht nach Untersuchungen nicht mehr alle Kulturinteressierten an. Ebenso ist es aber auch notwendig, dass die Rock- und Pop-Wellen der öffentlich-rechtlichen Rundfunkanstalten sich gegen die privaten Sender profilieren und mehr Wert auf ein anspruchsvolleres Programm legen. Insbesondere ist dies auch wichtig, weil die Jugend in ihrer musikalischen Sozialisation durch das Radioprogramm sehr stark geprägt wird. Das Beklagen des Rückganges der Kulturradionutzung nützt nichts, wenn die Jugend in ihrer Prägephase keine anspruchsvolle Musik zu hören bekommt, weil es einerseits im Kulturradio Zuwendungsbarrieren sprachlicher und inhaltlicher Art gibt, andererseits die Jugendsender nur die kommerziellen Produktionen aus den Single-Charts spielen.

Die Printmedien setzen dagegen Hör-Erfahrungen voraus, da sie die Musik selber nicht erfahrbar machen, sondern nur darüber berichten können. Deshalb sind sie zwar eine Informationsalternative für bestimmte, schon geprägte Zielgruppen, können aber nicht unbedingt neue Hörerschichten ansprechen.

Das Problem des *Progressive Rock* ist die Position zwischen dem Kunstanspruch auf der einen Seite und dem kommerziellen Druck durch die Tonträgerindustrie auf der anderen Seite. Einerseits ist der *Progressive Rock* durch die starke Individualisierung seiner Ästhetik und seiner komplexeren Struktur für die Musikindustrie nicht so leicht und schnell zu vermarkten wie der *Mainstream*; andererseits gilt das Genre noch nicht als Kultur, welche – abgesehen von einigen wenigen Ausnahmen – durch öffentlich-rechtliche Rundfunkanstalten, die GEMA-Tantiemen-Verteilung und anderen Formen der öffentlichen Förderung finanziell unterstützt wird. Ohne diese öffentliche Förderung könnte die Neue Musik beispielsweise nicht finanziell überleben. Der *Progressive Rock* ist also für den kommerziellen Markt zu unangepasst, gilt aber für die Kulturförderung weitgehend als „Unterhaltungsmusik". Aber gerade durch dieses genreübergreifende Spannungsfeld haben sich immer wieder interessante und neue musikalische Ästhetiken herausgebildet. Die Sinnlichkeit der Rockmusik kann der oftmals rein akademisch gedachten Neuen Musik zu neuen Impulsen und Hörerschichten verhelfen. Aber auch dem Jazz hat die Rockmusik stets neue Impulse gegeben (Jazz Rock, *Free Funk*) und dieses Genre so vor einer Stagnation bewahrt. Mit dem *Progressive Rock* hat sich eine anspruchsvolle zeitgenössische Musik herausgebildet, die entgegen der avancierten „kleinen Neue Musik Welt" (Fricke, 2000, 53) auch größere Hörerschichten ansprechen kann. In dem genreübergreifenden Spannungsfeld aus Rock, Jazz und Neuer Musik sind in Zukunft sicherlich noch weitere interessante Entwicklungen zu erwarten.

6. Nachwort 2005

Die Segmentierung des Musikmarktes setzt sich, verbunden mit dem Rückgriff auf alte Stilformen, nach wie vor fort. Dies führt dazu, dass unzählige Musik-Subkulturen nebeneinander existieren, ohne dass dabei aber ein wirklich neuer Stil entsteht. Ein Trend des letzten Jahres ist beispielsweise die Wiederentdeckung des Jazz durch die Musikindustrie, wobei es sich bei näherer Betrachtung eher um Popmusik mit Jazzelementen handelt. Dieses periodisch immer wieder auftretende Phänomen eines Schafes im Wolfspelz stellen derzeit die so genannten *Neo-Crooner* dar. Obwohl diese Entwicklung ästhetisch nichts Neues hervorgebracht hat, zeigt sie doch, dass ein Interesse für eine anspruchsvollere Popularmusik jenseits der industriellen Massenproduktion existiert.

Aber auch im *Progressive Rock* gab es in den letzten Jahren keine grundlegenden stilistischen Neuentwicklungen. Die im Kapitel 3.4 beschriebenen Künstler haben zum Teil wieder neue Produktionen guter Qualität herausgebracht, so beispielsweise Terje Rypdal mit *Lux Aeterna* (2002), KING CRIMSON mit *Power to believe* (2003) und der DVD *Eyes Wide Open* (2003) sowie Fred Frith / MAYBE MONDAY mit *Digital Wildlife* (2002).

Dagegen fällt die neuste Produktion *Majesty & Passion* (2004) von Viktor Smolski sehr enttäuschend aus. Seine Interpretationen von Bach Kompositionen bieten nur Standard im stilistischen Klischee „Heavy Metal trifft Klassik", hier wird der sehr interessante Ansatz von Smolskis erstem Album *The Heretic* weder fortgeführt, noch wird Neues entwickelt.

Neue interessante Produktionen gibt es beispielsweise von FANTÔMAS mit dem Konzeptalbum *Delirium Cordia* (2003) – Avantgarde Heavy Metal mit sehr offenen Strukturen und *Musique concrète* Klangexperimenten – sowie dem ENSEMBLE MODERN, das mit *Greggery Peccary & other persuasions* (2002) ein weiteres Album mit Kompositionen von Frank Zappa eingespielt hat.

Die Grenzüberschreitung von Rockmusikern kann aber auch soweit gehen, dass sie ihr Metier gänzlich verlassen. Ein Beispiel dafür ist die Oper über die französische Revolution *Ça Ira* (2004, veröffentlicht 2005) von Roger Waters, für PINK FLOYD Fans ist sie vielleicht nur noch von mäßigem Interesse, stellt sie doch ästhetisch keinen *Progressive Rock* mehr dar. Dementsprechend wird das Album auch von Sony im „Klassik"-Segment vermarktet, in Hinblick auf die Hörertypologie durchaus die richtige Entscheidung, denn gerade gegen das Genre „Oper" gibt es doch eine große Distanz bei vielen Rockhörern (vgl.

S. 151). Ob dies aber auch wirtschaftlich Sinn macht, wird sich zeigen, dafür müssten neue Hörerschichten gewonnen werden, denn der Komponist ist von seiner Biographie her in diesen Bereich völlig unbekannt.

Auch viele Gruppen aus der Blütezeit des *Progressive Rock* sind noch, oder wieder aktiv. Ein Beispiel dafür ist die britische Band VAN DER GRAAF GENERATOR, die nach einer jahrzehnte langen Pause wieder in Originalbesetzung im Studio zusammengearbeitet hat. Das Doppelalbum *Present* (2005) besteht aus zwei Teilen, die eine CD enthält komponierte Stücke, die andere dagegen ausschließlich Improvisationen – für eine aktuelle Rockproduktion wohl die große Ausnahme.

Ein sehr interessantes Projekt stellt das für Anfang 2006 geplante *Vibration Walls Festival* mit einem ungewöhnlichen Programm-Mix aus Neuer Musik und Heavy Metal (ua. mit FANTÔMAS) dar – zwei musikalische Extreme treffen aufeinander und loten ihre Gemeinsamkeiten aus.

Ein Beleg für eine lebendige *Progressive-Rock*-Szene jenseits des seichten *Mainstreams* ist die Vielzahl von Internetseiten, die sich ausschließlich mit diesem Thema beschäftigen. Auch hinsichtlich des Tonträgerangebotes hat das Internet positive Auswirkungen, bedingt durch den Mailorder Vertrieb lassen sich kleinere Auflagen besser vermarkten. Dies hat sicherlich mit dazu geführt, dass viele vergriffene Produktionen wieder neu aufgelegt werden – beispielsweise ist *Black on White* von Heiner Goebbels mit dem ENSEMBLE MODERN inzwischen ebenso wieder erhältlich, wie der gesamte Back-Katalog (als Import) der italienischen Gruppe BANCO.

Der *Progressive Rock* bietet, wie auch der Jazz, nach wie vor einen Ausweg aus der von der Musikwirtschaft immer wieder beklagten Krise. Bei der erschreckend kurzen Halbwertzeit der „Superstars" lohnt sich eigentlich nur ein illegaler Download, denn ein paar Wochen später ist der Titel ja nicht mehr „in". Ein gutes Album mit zeitloser Musik, die man noch Jahrzehnte später hören wird, in Verbindung mit einem gut gemachten *Cover* und einem informativen *Booklet* mit Texten als Gesamtkunstwerk, wird dagegen – eine angemessene Preisgestaltung natürlich vorausgesetzt – nicht so schnell als Raubkopie gehandelt. Ein Download bleibt bei der schlechten Tonqualität durch Datenkompression in diesen Genre aber weiterhin indiskutabel.

Für den schlechten Geschmack der Hörer-Mehrheit ist die sich immer weiter zum Monopol entwickelnde Musikindustrie (siehe die Sony-BMG Fusion) neben den – oftmals zum gleichen Konzern gehörenden – Medien aber wesentlich mitverantwortlich.

7. Bibliographie

7.1 Enzyklopädien und Lexika

Blume, Friedrich [begr.]; Ludwig Finscher (Hg.). 1998. *Die Musik in Geschichte und Gegenwart: allgemeine Enzyklopädie der Musik*. 21 Bde. in zwei Teilen. Kassel: Bärenreiter; Stuttgart: Metzler.

Dahlhaus, Carl; Hans Heinrich Eggebrecht (Hgg.). 1995. *Brockhaus Riemann Musiklexikon*. 4 Bde., 1 Erg.-Bd. Mainz: Schott; München: Piper.

Erlewein, Michael; Vladimir Bogdanov und Chris Woodstra (Hgg.). 1995. *All Music Guide to Rock: the best CDs, albums & tapes: rock, pop, soul, R&B and rap* [Personen-/Gruppenteil mit Rezensionen und Sachteil]. San Francisco: Miller Freeman Books.

Graf, Christian; Burghard Rausch. 1999. *Rockmusiklexikon: Amerika, Afrika, Asien, Australien*. 2 Bde. Frankfurt am Main: Fischer.

Graves, Barry; Siegfried Schmidt-Joos; Bernward Halbscheffel. 1998. *Rock-Lexikon*. 2 Bde. Reinbek: Rowohlt.

Halbscheffel, Bernward; Tibor Kneif. 1992. *Sachlexikon Rockmusik: Instrumente, Stile, Techniken, Industrie und Geschichte*. Reinbek: Rowohlt.

Kernfeld, Barry (Hg.). 1988. *The New Grove Dictionary of Jazz*. 2 Bde. London: Macmillan Press Limited; New York: Grove's Dictionaries of Music Inc.

Wicke, Peter; Kai-Erik und Wieland Ziegenrücker. 1997. *Handbuch der populären Musik*. Mainz: Atlantis-Schott.

Nachtrag für den interessierten Leser:

Lucky, Jerry (o.J., 1999?). *20th Century Rock and Roll - Progressive Rock*. Burlington, Canada: Collector's Guide Publishing Inc.

Smith, Bradley (1997). *The Billboard guide to Progressive Music*. New York: Billboard Books

7.2 Literatur zur Geschichte und Ästhetik

Adorno, Theodor W. 1962 [1968]. *Einleitung in die Musiksoziologie – Zwölf theoretische Vorlesungen*. Frankfurt am Main: Suhrkamp; Reinbek: Rowohlt [Berichtigte und erweiterte Lizensausgabe].

Davis, Miles; Quincy Troupe [bearb.]. 1990. *Die Autobiographie*. Hamburg: Hoffmann und Campe.

Dibelius, Ulrich. 1988 [4. durchges. Aufl. 1994]. *Moderne Musik II 1965-1985*. Mainz: Schott; München: Piper.

Döhring, Sieghart. 1978. „Popmusik und Gegenkultur – Untersuchungen zu Frank Zappa." In: Reinhold Brinkmann (Hg.). *Avantgarde, Jazz, Pop: Tendenzen zwischen Tonalität und Atonalität*. Mainz: Schott. S. 107-119.

Eco, Umberto. 1984. *Nachschrift zum „Namen der Rose"*. München; Wien: Hanser.

Engelbrecht, Ulli; Jürgen Boebers. 1995. *„Licht aus – Spot an!": Schlaglichter auf die Musik der 70er Jahre*. Essen: Klartext Verlag.

Faulstich, Werner. 1994. „Einführung: Niedergang der Rockkultur? Chronologie eines Jahrzehnts." In: Werner Faulstich und Gerhard Schäffner (Hgg.). *Die Rockmusik der 80er Jahre, 4. Kolloquium zur Medienwissenschaft*. Bardowick: Wissenschaftlicher-Verlag Werner Faulstich. S. 7-15.

Feurich, Hans-Jürgen. 1974. „Grundzüge einer musikalischen Warenkunde." *Musik und Bildung: Zeitschrift für Theorie und Praxis der Musikerziehung*, Mai 1974, S. 299-304.

----------. 1977a. „Warengeschichte und Rockmusik." In: Wolfgang Sandner (Hg.). *Rockmusik: Aspekte zur Geschichte, Ästhetik, Produktion*. Mainz: Schott. S. 53-80.

----------. 1977b. „Gentle Giant, Interview." In: Wolfgang Sandner (Hg.). S. 173-191.

Flender, Reinhard; Hermann Rauhe. 1989. *Popmusik: Aspekte ihrer Geschichte, Funktionen, Wirkung und Ästhetik*. Darmstadt: Wissenschaftliche Buchgesellschaft.

Frith, Simon. 1978 [dt. Ausg. 1981]. *Jugendkultur und Rockmusik: Soziologie der englischen Musikszene*. Reinbek: Rowohlt; London: Constable.

Goebbels, Heiner. 1993. „Zur aktuellen Musikentwicklung: Existiert der Realismus nur noch in der Disco?" In: Patrik Landolt und Ruedi Wyss (Hgg.). *Die lachenden Aussenseiter: Musikerinnen und Musiker zwischen Jazz, Rock und Neuer Musik. Die 80er und 90er Jahre*. Zürich: Rotpunktverlag. S. 77-81.

Hallenberger, Gerd. 1994. „Dekonstruktion und Rekonstruktion: Die Segmentierung von Rockstilen in den 80er Jahren." In: Werner Faulstich und Gerhard Schäffner (Hg.). *Die Rockmusik der 80er Jahre, 4. Lüneburger Kolloquium zur Medienwissenschaft*. Bardowick: Wissenschaftlicher Verlag Werner Faulstich. S. 28-46.

Hartwich-Wiechell, Dörte. 1974. *Pop-Musik: Analysen und Interpretationen*. Köln: Arno Volk Verlag/Hans Gerig.

Horkheimer, Max; Theodor W. Adorno. 1944 [dt. Ausg. 1969]. *Dialektik der Aufklärung – Philosophische Fragmente*. New York: Social Studies Association; Frankfurt am Main: Fischer.

Jost, Ekkehard. 1975. „Free Jazz." In: Joachim-Ernst Berendt (Hg.). *Die Story des Jazz: Vom New Orleans zum Rock Jazz*. Stuttgart: Deutsche Verlags-Anstalt [1975]; Reinbek: Rowohlt [1978]. S. 167-191.

Kemper, Peter. 1983. „Fusion Music & Avantgarde Rock: zwischen Free Jazz, New Wave, Punk & Funk." In: Burghard König (Hg.). *Jazzrock: Tendenzen einer modernen Musik*. Reinbek: Rowohlt. S. 254-270.

----------. 1987. „Editorial, Programm." In: OFF-Tat-Frankfurt (Hg.). [Programmheft des] *1. International Art Rock Festival* [Konzeption: Peter Kemper, Texte: Peter Kemper, Ulrich Olshausen]. Frankfurt am Main: OFF-TAT.

----------. 1988. „Flucht nach vorn oder Sieg des Vertrauten? Postmoderne Tendenzen im Jazz und Avantgarde-Rock." In: Peter Kemper (Hg.). *„Postmoderne" oder Der Kampf um die Zukunft*. Frankfurt am Main: Fischer.

Kneif, Tibor. 1976. „Avantgarde: zum Beispiel Rockmusik. Notizen anläßlich der Deutschland-Tournee von Gentle Giant." *Musik und Bildung: Zeitschrift für Theorie und Praxis der Musikerziehung*, Februar 1976, S. 104-105.

----------. 1977a „Ästhetische und nichtästhetische Wertungskriterien der Rockmusik." In: Wolfgang Sandner (Hg.). *Rockmusik: Aspekte zur Geschichte, Ästhetik, Produktion*. Mainz: Schott. S. 101-112.

----------. 1977b „Rockmusik und Bildungsmusik." In: Wolfgang Sandner (Hg.). S. 131-144.

----------. 1977c „Gentle Giant, Interview." In: Wolfgang Sandner (Hg.). S. 168-170.

----------. 1982. *Rockmusik: Ein Handbuch zum kritischen Verständnis*. Reinbek: Rowohlt.

Koch, Ralf (Hg.). 1995 [3. Aufl. 1996]. *Erstes Deutsches Progressivrock Verzeichnis*. Varel: Ralf Koch [Selbstverlag].

Landolt, Patrik. 1993. „Grenzen überspielen: Fred Frith" [Interview]. In: Patrik Landolt und Ruedi Wyss (Hgg.). *Die lachenden Aussenseiter: Musikerinnen und Musiker zwischen Jazz, Rock, und Neuer Musik. Die 80er und 90er Jahre*. Zürich: Rotpunktverlag. S. 15-24.

Lippegaus, Karl. 1975. „Rock Jazz." In: Joachim-Ernst Berendt (Hg.). *Die Story des Jazz: Vom New Orleans zum Rock Jazz*. Stuttgart: Deutsche Verlags-Anstalt [1975]; Reinbek: Rowohlt [1978]. S. 223-246.

Meyer-Denkmann, Gertrud. 1974. „Pop und Avantgarde." *Musik und Bildung: Zeitschrift für Theorie und Praxis der Musikerziehung*, November 1974, S. 606-613.

Nisenson, Eric. 1992. [1985]. *Miles Davis – Round about Midnight*. Wien: Hannibal Verlag [dt. EA]; München: Piper [Lizensausgabe mit „Nachwort 1992"].

Phleps, Thomas. 1998. „'The Crux of the Biscuit ...': Über politische und andere 'Atrocities' in Frank Zappas Musik." In: Helmut Rösing und Thomas Phleps (Hgg.). *Neues zum Umgang mit Rock und Popmusik*. Karben: CODA Musikservice + Verlag. S. 31-48.

Rumpf, Wolfgang. 1996. *Stairway to heaven: Kleine Geschichte der Popmusik von Rock'n'Roll bis Techno.* München: Beck.

Sandner, Wolfgang. 1977. „Rock'n'Roll – Rock and Roll – Rock: Anmerkungen zur Geschichte der Rockmusik." In: Wolfgang Sandner (Hg.). *Rockmusik: Aspekte zur Geschichte, Ästhetik, Produktion.* Mainz: Schott. S. 9-35.

Schmidt, Hans-Christian. 1978. „Per aspera ad Nirwanam. Oder: wie progressiv ist die Rockmusik-Ästhetik der 70er Jahre?" In: Reinhold Brinkmann (Hg.). *Avantgarde, Jazz, Pop: Tendenzen zwischen Tonalität und Atonalität.* Mainz: Schott. S. 94-106.

Solothurnmann, Jürg. 1993. „Trickfilmmusik: John Zorn" [Interview]. In: Patrik Landolt und Ruedi Wyss (Hgg.). *Die lachenden Aussenseiter: Musikerinnen und Musiker zwischen Jazz, Rock, und Neuer Musik. Die 80er und 90er Jahre.* Zürich: Rotpunktverlag. S. 249-254.

Unterberger, Richie. 1995a. „Psychedelic Rock." In: Michael Erlewine, Vladimir Bogdanov und Chris Woodstra (Hgg.). *All Music Guide to Rock: the best Cds, albums & tapes: rock, pop, soul, R&B and rap.* San Francisco: Miller Freeman Books. S. 896-898.

----------. 1995b. „Progressive Rock." In: Michael Erlewine, Vladimir Bogdanov und Chris Woodstra (Hgg.). S. 903-905.

----------. 1995c. „Jazz Rock." In: Michael Erlewine, Vladimir Bogdanov und Chris Woodstra (Hgg.). S. 907-909.

----------. 1995d. „The Avant-Garde & Contemporary Composition." In: Michael Erlewine, Vladimir Bogdanov und Chris Woodstra (Hgg.). S. 943-944.

Walter, Klaus. 1999. „Die Gunst der Stunde Null – Independent, Avantgarde und kleine Labels." In: Peter Kemper, Thomas Langhoff und Ulrich Sonnenschein (Hgg.). *Alles so schön bunt hier: Die Geschichte der Popkultur von den Fünfzigern bis heute.* Stuttgart: Reclam. S. 217-227.

7.3 Literatur zur Musikindustrie und den Medien

Chapple, Steve; Reebee Garofalo. 1977 [dt. Ausg. 1980]. *Wem gehört die Rockmusik? Geschichte und Politik der Musikindustrie.* Chicago: Nelson-Hall Inc.; Reinbek: Rowohlt.

Dubrau, Claudia; Ekkehardt Oehmichen und Erk Simon. 2000. „Kultur in Hörfunk und Fernsehen: Angebot und Publikumspotentiale – ARD Kulturstudie I". *Media Perspektiven*, Februar 2000 [9. Woche], S. 50-57.

Eckhardt, Josef. 1986. „Musik im Hörfunk: Für wen?". *Rundfunk und Fernsehen*, 1/1986 [34. Jg.], S. 87-103.

----------. 1995. „Die Reform der WDR-Hörfunkprogramme 1995 – Reaktion auf die Konkurenz der privaten Lokalradios". *Media Perspektiven*, November 1995 [49. Woche], S. 535-541.

Gassner, Rudi. 1997 [4. überarb. Aufl.; EA 1992]. „Weltmusikmarkt." In: Rolf Moser und Andreas Scheuermann (Hgg.). *Handbuch der Musikwirtschaft.* Starnberg; München: Josef Keller Verlag, S. 17-36.

Gruber, Siegfried. 1995. *Das Konsumentenverhalten bei Independent-Tonträgern: eine empirische Untersuchung der Käuferschicht von „unpopulärer Populärmusik".* Frankfurt am Main: Peter Lang.

Hartmann, Peter H.; Ulrich Neuwöhner. 1999. „Lebensstilforschung und Publikumssegmentierung – Eine Darstellung der Medien Nutzer Typologie (MNT)". *Media Perspektiven*, Oktober 1999 [44. Woche], S. 531-539.

Hilberger, Manfred. 1998. *Das Rock & Pop Business.* Bonn: Voggenreiter Verlag.

Hirsch, Hans. 1987. *Schallplatten zwischen Kunst und Kommerz: Fakten, Tendenzen und Überlegungen zur Produktion und Verbreitung von Tonträgern.* Wilhelmshaven: Florian Noetzel Verlag.

Jahnke, Marlis. 1998. *Der Weg zum Popstar. Vom Demoband bis in die Top 10. Das Handbuch für Musiker, Bands, Produzenten.* Mainz: Schott.

Lyng, Robert. 1998 [6. erw. Aufl.; EA 1990]. *Die Praxis im Musikbusiness.* Bergkirchen: PPV Presse Project Verlags Gmbh.

7. Bibliographie

Oehmichen, Ekkehardt. 1995. „Zuwendungsbarrieren zum Kulturradio – ist anspruchsvolles Radio ein verschwindendes Medium?". *Media Perspektiven*, November 1995 [49. Woche], S. 547-553.

----------. 1999. „Die Medien Nutzer Typologie als Beratungsinstrument im Hörfunk – zur Umsetzung der Publikumstypologie von ARD und ZDF für Planungsprozesse". *Media Perspektiven*, Oktober 1999 [44. Woche], S. 549-556.

[Phonographische Wirtschaft]. Bundesverband der Phonographischen Wirtschaft e.V. u.a (Hgg.). 1999. *Phonographische Wirtschaft – Jahrbuch '99*. Starnberg: Josef Keller Verlag.

----------. 2000. *Phonographische Wirtschaft – Jahrbuch 2000*. Starnberg: Josef Keller Verlag.

----------. 2001. *Phonographische Wirtschaft – Jahrbuch 2001*. Starnberg: Josef Keller Verlag.

Prokop, Dieter. 2000. *Der Medien Kapitalismus: Das Lexikon der neuen kritischen Medienforschung*. Hamburg: VSA-Verlag.

Renner, Tim. 1997 [4. überarb. Aufl.; EA 1992]. „Von Trends und Trendmachern." In: Rolf Moser und Andreas Scheuermann (Hgg.). *Handbuch der Musikwirtschaft*. Starnberg; München: Josef Keller Verlag, S. 133-137.

Schmidig, Urs. 1992. *Einflussfaktoren beim Tonträgerkauf*. Peter Vosseler (Hg.). Zürich: Phonos Verlag. [Universität Zürich, Lizentiatsarbeit].

Schmidt, Christoph. 1997 [4. überarb. Aufl.; EA 1992]. „Organisation der Majors." In: Rolf Moser und Andreas Scheuermann (Hgg.). *Handbuch der Musikwirtschaft*. Starnberg; München: Josef Keller Verlag, S. 185-200.

Vormehr, Ulrich. 1997 [4. überarb. Aufl.; EA 1992]. „Independents." In: Rolf Moser und Andreas Scheuermann (Hgg.). *Handbuch der Musikwirtschaft*. Starnberg; München: Josef Keller Verlag, S. 201-212.

Zeppenfeld, Werner. 1978. *Tonträger in der Bundesrepublik Deutschland: Anatomie eines medialen Massenmarktes*. Bochum: Studienverlag Dr. N. Brockmeyer.

7.4 Radioprogramme der Rundfunkanstalten

Norddeutscher Rundfunk. 2000a. „Programmschema: NDR 1, NDR 2". Norddeutscher Rundfunk, Rothenbaumchaussee 132, 20149 Hamburg.

----------. 2000b. „NDR Radio-Programme: NDR 3, NDR 4". 44. Programm-Woche, 30.10.2000-05.11.2000.

Radio Bremen. 2000a. „Programmschema: Hansawelle, 2wei, melodie, vier". Radio Bremen, Bürgermeister-Spitta-Allee 45, 28329 Bremen.

----------. 2000b. „Radio Bremen 2wei Info". Mai 2000.

----------. 2001a. „Programmschema: bremen eins, 2wei, vier".

----------. 2001b. „Pressemitteilung: bremen eins. Das neue Programm von radio bremen". 30.04.2001.

----------. 2001c. „NordWest-Radio" [Konzept und Programmschema]. Der Intendant (Hg.). 04.05.2001.

----------. 2001d. „Die Hörfunk-Programme: eins, 2wei, vier". 30. Woche vom 23.07.-29.07.2001, 31. Woche vom 30.07- 05.08.2001, 32. Woche vom 06.08.-12.08.2001.

Westdeutscher Rundfunk. 2000a. „Programmschema: Eins Live, WDR 2, WDR 3, WDR 4, WDR 5". September 2000. Westdeutscher Rundfunk, Appellhofplatz 1, 50667 Köln.

----------. 2000b. „WDR Radioprogramm: Eins Live, WDR 2, WDR 3, WDR 4, WDR 5". 41./42. Woche vom 09.-22. Oktober 2000.

7.5 Artikel und Interviews aus Musikzeitschriften und Zeitungen

Altmann, Henry. 2000. „Vom Hochmoor ins Weltall, Englishman in San Diego: Allan Holdsworth." *Jazzthetik*, Mai 2000, S. 12-13.

Anders, Marcel. 2001. „Roger Waters – Reise in die unbewältigte Vergangenheit." *Gitarre & Bass*, Februar 2001, S. 54-59.

Andresen, Willi. 2001. „Der Konsument will echte und gute Musik – Christian Wolff im Gespräch." *Musikmarkt*, Nr. 17/2001, S. 10-11.

7. Bibliographie

Ballhorn, Angela. 2000. „The Sky is the Limit: Tribal Tech." *Jazzthetik*, November 2000, S. 22-23.

Block, Amke; Eckehart Röscheisen. 2000. „Glossar zum E-Commerce-Spezial." *Musikmarkt*, Nr. 22/2000, S. 22-25.

Bungey, John. 2000. „König, Springer, Bauernopfer." *Rolling Stone,* April 2000, S. 72-79.

Dengler, Detlef. 2000. „Fates Warning – Kreativität hat einen Namen." *Metal Hammer*, Juli 2000, S. 54-55.

Diehl, Matt. 2000. „Letzte Ausfahrt auf den Daten-Highway." *Rolling Stone*, Juni 2000, S. 14.

Eriksson, Eric Zwang. 2000a. „Das Leben geht weiter... Traffic continues: Fred Frith." *Jazzthetik*, Februar 2000, S. 58-59.

----------. 2000b. „I'm an Alien in this World: Michael Mantler" [Interview]. *Jazzthetik*, März 2000, S. 48-51.

'et'. 2000. „Ist der gute alte Plattenladen tot? Ein Gespräch mit Thorsten Reuber, General Manager Music beim online-Plattenhändler amazon.de." *Musikexpress*, August 2000, S. 32.

'et/def-t'. 2000. „Was kostet ein MP3-Download." *Musikexpress*, August 2000, S. 29.

Falksohn, Rüdiger; Thomas Hüetlin. 1992. „Interview mit Frank Zappa über Freaks, Kommerz und Anarchie." *Der Spiegel*, Nr. 34, 17. August 1992, S. 195-199.

Frank, Arno. 2000. „Der Architekt" [Interview mit Roger Waters]. *Musikexpress*, Februar 2000, S. 34-36.

Fricke, Stefan. 2000. „Damit nichts bleibt wie es ist: 20 Jahre Ensemble Modern." *Neue Zeitschrift für Musik*, Nr.6, November/Dezember 2000, S. 52-53.

Gerlach, Tilo. 2000. „Musiker im Netz – Breakdown oder Added Value für ausübende Künstler." *Musikforum*, Nr. 92, Juni 2000, 44-48.

Glass, Seymour. 2000. „Das Rad der Geschichte vorgedreht" [Interview mit Robert Fripp]. *Rolling Stone*, Mai 2000, S. 22.

Gunia, Alex. 2000. „Gunia's Guide: Internet – oder die Wende im Music Business." *Gitarre & Bass*, März 2000, S. 150.

Jäger, Rolf. 2000a. „King Crimson" [Story und Interview mit Adrian Belew]. *Jazzthetik*, Juli/August 2000, S. 42-45.

----------. 2000b. „David Sylvian: Alles & Nichts." *Jazzthetik*, Dezember 2000/Januar 2001, S. 56-58.

'jols'. 2000. „Gemauert: Pink Floyd/Die Show." *Musikexpress*, Mai 2000, S. 72.

Krulle, Stefan. 2000. „Eine virtuelle Wundertüte – Die Plattenfirma der Zukunft." *Rolling Stone*, Juli 2000, S. 32.

Michel, Thomas. 2000. „Prog-Rock Special: Das Streben nach Unsterblichkeit, ARENA." *Heavy, oder was !?*, Nr. 4, Juli/August 2000, S. 78-79.

Mineur, Matthias. 2000a. *„Art Rock 2000." Gitarre & Bass*, April 2000, S. 96-99.

----------. 2000b. „Transatlantic – Elitäres Progrock-Projekt." *Metal Hammer*, Mai 2000, S. 64.

----------. 2000c. „Spock's Beard: Backstreet Boys des Prog Rock; Flower Kings: Halbiert." *Metal Hammer*, September 2000, S. 64-65.

[Musikmarkt]. 2000. „Musikindustrie im stukturellen Wandel." *Musikmarkt*, Nr. 20/2000, S.28-29.

----------. 2000. „Kein Time Warner/EMI Merger?" *Musikmarkt*, Nr. 42/2000, S. 5.

----------. 2000. „Bertelsmann, Napster und die Zukunft." *Musikmarkt*, Nr. 46/2000, S. 18.

----------. 2000. „News: Medientage München 2000 – Neue Musikkultur via Internet?" *Musikmarkt*, Nr. 49/2000, S. 4-6.

----------. 2000. „News: Bertelsmann & EMI kurz vor Abschluss?; AOL/Time Warner auf der Zielgeraden." *Musikmarkt*, Nr. 52/2000, S. 1.

----------. 2001. „News: BMG und EMI haben fertig..." *Musikmarkt*, Nr. 19/2001, S. 5.

Nink, Stefan. 2000. „Apostel des stählernden Blau." *Rolling Stone*, April 2000, S. 40.

[N.N.]. 2001. „Workshop Interview: Adrian Belew." *Soundcheck*, März 2001, S. 50-52.

Schmidt, Thorsten. 2000. „Steve Howe: Zwischen Yes & Jazz." *Jazzthetik*, Juli/August 2000, S. 46-49.

Trampert, Lothar. 2000. „Victor Smolski." *Gitarre & Bass*, Juli 2000, S. 34-38.

7.6 Rezensionen aus Musikzeitschriften und Zeitungen

'am' [Rez.]. 2000. „Bruford Levin Upper Extremities: Blue Nights." *Gitarre & Bass*, Juli 2000, S. 22.

Andris, Udo [Rez.]. 2000. „Henry Cow: In Praise Of Learning." *Jazzpodium*, Dezember 2000, S. 74.

Angerer, Sonja [Rez.]. 2000. „Victor Smolski: The Heretic." *Metal Hammer*, Juli 2000, S. 102.

Bartsch, Benno [Rez.]. 2001. „Terje Rypdal: Double Concerto/5th Symphony." *Jazzpodium*, Februar 2000, S. 65.

Dengler, Detlef [Rez.]. 2000. „Asgard: Drachenblut." *Metal Hammer*, Juli 2000, S. 106.

Dietel, Gerhard [Rez.]. 2000. „Helmut Oehring/Iris ter Schiphorst: Kammermusik." *Neue Zeitschrift für Musik*, Nr. 4, Juli/August 2000, S. 80.

Doberstein, Volker [Rez.]. 2000. „Bruford Levin Upper Extremities: Blue Nights." *Jazzpodium*, Juli/August 2000, S. 95.

Eckerle, Annette [Rez.]. 2000. „Fred Frith: Traffic Continues." *Neue Zeitschrift für Musik*, Mai/Juni 2000, S. 70.

Fischer, Guido [Rez.]. 2000. „John McLaughlin: The Heart of Things – Live in Paris." *Jazzthetik*, April 2000, S.87.

----------. [Rez.]. 2000. „Heiner Goebbels: Surrogate Cities." *Jazzthetik*, Mai 2000, S. 65.

'hake' [Rez.]. 2000. „Queensryche: Greatest Hits." *Musikexpress*, Oktober 2000, S. 87.

'hb' [Rez.]. 2000. „The Trey Gunn Band: The Joy Of Molybdenum." *Good Times*, Nr. 2, Mai/Juni 2000, S. 44.

Heining, Duncan [Rez.]. 2000. „Terje Rypdal: Double Concerto/5th Symphony." *Avant Magazine* zitiert nach: *Jazz Echo: ECM-Beilage*, Nr. 4, Winter 2000, o.S.

Hübner, Klaus [Rez.]. 2000. „Bruford Levin Upper Extremities: Blue Nights." *Jazzthetik*, Mai 2000, S. 78.

'hwh' [Rez.]. 2000. „Unerfreuliche, aber interessante Grossstädte. Heiner Goebbels: Surrogate Cities." *Dissonanz*, Nr. 65, August 2000, S. 44-45.

'It' [Rez.]. 2000. „King Crimson: The ConstruKction Of Light." *Gitarre & Bass*, Juni 2000, S. 20.

----------. 2000. „Terje Rypdal: Double Concerto/5th Symphony." *Gitarre & Bass*, Juni 2000, S. 20.

Kaiser, Boris [Rez.]. 2000. „Asgard: Drachenblut." *Rock Hard*, Juli 2000, S. 86.

Kampmann, Wolf [Rez.]. 2000. „Soft Machine: Noisette." *Jazzthetik*, April 2000, S. 73.

----------. 2001. „King Crimson: Heavy ConstruKction." *Jazzthetik*, Februar 2001, S. 86.

Kirchberg, Klaus [Rez.]. 2000. „Heiner Goebbels: Surrogate Cities." *Stern Spezial Musik* [zuvor als *Amadeo* ersch.], Nr. 2/2000 [sechste Ausgabe Herbst/Winter 2000/2001], S. 139.

Knauer, Wolfram [Rez.]. 2000. „Fred Frith & Ensemble Modern: Traffic Continues." *Jazzpodium*, Dezember 2000, S. 72.

Kühnemund, Götz [Rez.]. 2000. „Victor Smolski: The Heretic." *Rock Hard*, Juli 2000, S. 97.

Lohnert, Sven [Rez.]. 2000. „Victor Smolski & The Whiterussian Symph. Orchestra: The Heretic." *Break Out*, Nr. 5, Juni/Juli/August 2000. S. 44.

Magin, Marco [Rez.]. 2000. „King Crimson: The ConstruKction Of Light." *Break Out*, Nr. 5, Juni/Juli/August 2000, S. 40.

'man' [Rez.]. 2000. „King Crimson: The ConstruKction Of Light." *Inside* [Wochenbeilage der *NWZ*], 26. Mai 2000, S. 7.

----------. 2000. „Spock's Beard: V." *Inside* [Wochenbeilage der *NWZ*], 24. November 2000, S. 7.

'mat' [Rez.]. 2000. „King Crimson: The ConstruKction Of Light." *Musikexpress*, Juni 2000, S. 60.

'mfg' [Rez.]. 2000. „The Flower Kings: Alive On Planet Earth." *Musikexpress*, Juni 2000, S. 56.

Michel, Thomas [Rez.]. 2000. „King Crimson: The ConstruKction Of Light." *Heavy, oder was!?*, Nr. 4, Juli/August 2000, S. 59-60.

Mineur, Matthias [Rez.]. 2000. „Miasma: ...And Poetry Remains." *Metal Hammer*, Juli 2000, S. 106.

----------. 2000. „Spock's Beard: V." *Metal Hammer*, September 2000, S. 92.

----------. 2000. „The Flower Kings: Space Revolver." *Metal Hammer*, September 2000, S. 83.

Möhring, Michael [Rez.]. 2000. „Centipede: Septober Energy." *Jazzthetik*, Juni 2000, S. 99.

----------. 2000. „Tribal Tech: Rocket Science." *Jazzthetik*, Oktober 2000, S. 72-73.

[N.N.]. 2000. „King Crimson: The ConstruKction Of Light." *Keyboards*, Juli 2000, S. 44.

[N.N.]. 2000. „Spock's Beard: V." *Musikmarkt*, 31/2000, S. 47.

[N.N.]. 2000. „Spock's Beard: V." *Rolling Stone*, September 2000, S. 92.

'pb' [Rez.]. 2000. „King Crimson: The ConstruKction Of Light." *Sound Check*, Juli 2000, S. 101.

'pb' [Rez.]. 2000. „Trey Gunn Band: The Joy of Molybdenum." *Musikexpress*, Mai 2000, S. 57.

----------. 2000. „Bruford Levin Upper Extremities: Blue Nights." *Musikexpress*, August 2000, S. 52-53.

Pöpperl, Robert [Rez.]. 2000. „Erik Norlander: Into The Sunset." *Rock Hard*, August 2000, S. 93.

Schlüter, Jörn [Rez.]. 2000. „King Crimson: The ConstruKction Of Light." *Rolling Stone*, Juni 2000, S. 116.

Schulz, Thomas [Rez.]. 2000. „Heiner Goebbels: Surrogate Cities." *Neue Zeitschrift für Musik*, Nr. 4, Juli/August 2000, S. 80-82.

Stürm, Michael [Rez.]. 2000. „Tribal Tech: Rocket Science." *Jazzpodium*, Dezember 2000, S. 65.

Wörtche, Thomas [Rez.]. 2000. „Michael Mantler: Movies/More Movies, No Answer/Silence, Songs and One Symphony." *Jazzpodium*, Mai 2000, S. 68.

7.7 Chart-Notierungen und Diskographien

Ehnert, Günter (Hg.). 1987. *Hit Records British Chart LP's 1962-1986*. Hamburg: Taurus Press.

----------. 1990. *Hit Guide US Chart LP's 1964-1982*. Hamburg: Taurus Press.

----------. 1992. *Hit Bilanz Deutsche Chart LP's, British Chart LP's, US Chart LP's 1987-1990*. Hamburg: Taurus Press.

----------. 1993. *Hit Guide US Chart LP's 1983-1986*. Hamburg: Taurus Press.

----------. 1994. *Hit Bilanz Deutsche Chart LP's 1962-1986*. Hamburg: Taurus Press.

jpc. 1999. *jpc Pop Katalog 2000*. Georgsmarienhütte: jpc-Schallplatten Versandhandelsgesellschaft.

[Musikmarkt]. media control/Bundesverband der Phonographischen Wirtschaft e.V. „MM-Top-100-Single-/-Album-Charts." *Musikmarkt*, 1/2000-1/2001.

Tilch, K.D. 1987. *Rock LPs*. 5 Bde. Hamburg: Taurus Press.

----------. 1988. *Rock Musiker*. 4 Bde. Hamburg: Taurus Press.

8. Personen- und Gruppenregister

10cc 35, 95

A*Teens 91
ABBA 11, 91
Adorno, Theodor W. 117, 118, 119
Alder, Ray 64
Allen, Daevid 45, 46
Ambrosi, Alberto 66, 108
Anders, Christoph 34
Andersen, Arild 82
Anderson, Laurie 56
Aphrodites Child 14
Arena 61, 62
Armstrong, Ralphe 48
Art Bears 33, 34, 36, 40, 42, 43, 86, 95, 105, 119, 140
Asgard 65, 66, 67, 108, 111
Asia 23, 54
Askin, Ali N. 83
Auger, Brian 47
Auster, Paul 83
Ayers, Kevin 14, 45, 46

Babbington, Roy 45
Bach, Johann Sebastian 12
Bacon, Bill 59
Baker, Ginger 42, 59
Banco 164
Barbieri, Richard 54
Bartók, Béla 12, 25, 30, 60
Beatles 10, 11, 17, 18, 22, 30, 36, 43, 46, 60, 62, 91
Becker, Joachim 77
Bedford, David 20
Beethoven, Ludwig van 12
Beinhorn, Michael 58
Belew, Adrian 31, 71, 73
Benge, Alfreda „Alfie" 46
Berg, Alban 36
Berliner Philharmoniker 79
Beuys, Joseph 80
Björk 29
Black Crowes 116
Blackmore, Ritchie 32
Blanco, Roberto 81
Bley, Carla 35, 47
Blondie 53
Blood, Sweat and Tears 18, 43

BLUE *siehe* Bruford Levin Upper Extremities
Blue Öyster Cult 24
Bon Jovi 55
Bond, Graham 42, 47
Boston 15, 23
Botti, Chris 32, 74
Boulez, Pierre 33, 37, 142, 159
Bowie, David 31, 32
Bowie, Joseph 57
Braxton, Anthony 86
Brötzmann, Peter 59
Brown, James 44
Brubeck, Dave 25
Bruce, Jack 35, 42, 95, 104
Bruford Levin Upper Extremities 28, 32, 69, 74, 75, 76, 106
Bruford, Bill 22, 31, 32, 42, 74, 75, 95, 104, 160
Buena Vista Social Club 91
Burton, Gary 43
Bush, Kate 54

Cage, John 33, 36, 39
Cale, John 21, 23, 33
Can 14, 18, 33
Captain Beefheart 39
Caravan 14, 26, 39, 42, 43, 46, 140
Cartwright, George 59
Cassiber 34, 40, 95, 140
Centipede 6, 27, 32, 101, 105
Chamber Music and Song Ensemble 35
Cherry, Don 57, 95
Chicago 43, 44
Chinmoy, Sri 47, 49
Clapton, Eric 42, 47
Clarke, Stanley 61
Clash, The 51, 53
Cobham, Billy 48
Cocker, Joe 90
Coleman, Ornette 56, 58, 86
Collins, Phil 90, 91
Colosseum 24, 32, 42, 140
Colosseum II 42, 140
Coltrane, John 47, 49
Copland, Aaron 12
Cora, Tom 40, 41, 59, 87, 88
Corea, Chick 44, 49, 54, 56
Coryell, Larry 43, 48
Covington, Kirk 77

Cowell, Henry 39
Cream 35, 42, 59, 95
Cross, David 27
Cultieri, Cliff 58
Curlew 59
Curved Air 23, 138
Cutler, Chris 20, 34, 39, 40, 105
Czukay, Holger 33, 54

Davis, Clive 121, 161
Davis, Miles 18, 20, 42, 43, 44, 47, 48, 56, 60, 161
Dean, Elton 45
Dean, Roger 22
Decoding Society 57, 141
Deep Purple 12, 26, 32
Defunkt 57, 105, 141
Devo 53
DiMeola, Al 32, 49, 56
Dixie Dregs 69
Dizzazz 58
Dominici, Charlie 68
Doors, The 36, 116
Dream Theater 28, 30, 62, 65, 67, 68, 69, 101
Dunbar, Sly 59

Earthworks 32
Eicher, Manfred 81, 83
Ellis, Pee Wee 59
ELP *siehe* Emerson, Lake and Palmer
Emerson, Keith 65
Emerson, Lake and Palmer 12, 14, 23, 24, 25, 30, 50, 54, 61, 73, 105, 122, 138, 142
Emerson, Lake and Powell 26
Eno, Brian 14, 23, 32, 33
Ensemble Modern 38, 41, 85, 86, 154, 163, 164
Etheridge, John 45
Evans, Bill 48
Evans, Gil 44
Everyman Band 57, 58, 74, 95, 141

Fame, Georgie 47
Fantômas 163, 164
Fates Warning 64, 65, 122, 160
Fehlfarben 95
Fenn, Rick 35, 95
Flock, The 48
Flower Kings 16, 60, 61, 62
Focus 14
Fogel, Marty 57
Foreigner 15, 23

Foreman, Mitch 48
Free Spirits 43
Fripp, Robert 14, 22, 23, 30, 31, 32, 54, 72, 74, 77, 102, 103, 105
Frisell, Bill 54
Frith, Fred 15, 36, 38, 39, 40, 41, 42, 46, 55, 58, 59, 71, 85, 86, 87, 88, 95, 106, 124, 126, 159, 163
Fugs 24

Gabriel, Peter 6, 22, 28, 32, 62, 69, 143
Gallo, Ivo 66
Geballe, Tony 76
Geesin, Ron 34
Genesis 6, 14, 22, 24, 50, 54, 55, 60, 61, 62, 63, 68, 71, 73, 90, 104, 138, 143, 160
Gentle Giant 22, 26, 27, 28, 29, 54, 61, 101, 105, 121, 139, 142
Giles, Michael 30
Gilmour, David 55
Goebbels, Heiner 14, 21, 34, 40, 71, 83, 84, 85, 94, 95, 102, 104, 106, 124, 130, 159, 160, 164
Goldberg, Stu 48
Gong 14, 42, 45
Goodmann, Jerry 48
Gordian Knot 28, 69
Gottlieb, Danny 48
Greateful Dead 116
Greaves, John 7, 35, 39, 95
Green, Gary 28
Grieg, Edvard 82
Gunn, Trey 28, 31, 32, 72, 76, 77, 106

Hackett, John 71
Hackett, Steve 22, 71, 143
Haines, Paul 35
Hall & Oates 32
Hamilton, Hugo 85
Hammer, Jan 48
Hampel, Gunter 47
Hancock, Herbie 56, 59
Harth, Alfred 34, 40
Hatfield & The North 14, 42, 46, 140
Havel, Václav 38
Haydn, Joseph 12
Heckstall-Smith, Dick 42
Hein, Peter 95
Hellborg, Jonas 48, 59
Henderson, Scott 77
Hendrix, Jimi 30, 44, 47, 82, 83, 116
Hendryx, Nona 59

8. Personen- und Gruppenregister

Henry Cow 6, 15, 33, 34, 35, 36, 39, 40, 42, 43, 86, 95, 105, 119, 140
Héral, Patrice 82
Heuger, Markus 86
Hipgnosis 22
Hiseman, Jon 42
Hodgkinson, Tim 39, 40
Hodgson, Roger 20
Holdsworth, Allan 32, 42, 45, 70
Holland, Dave 42
Hollinger, Peter 95
Holst, Gustav 26
Hopper, Hugh 45
Howe, Steve 27
Human League 53

IQ 62
Iron Maiden 64, 65
Isham, Mark 95
Ives, Charles 36

Jackson, Ronald Shannon 57, 59, 105, 141
Jagger, Mick 60
Janácek, Leos 12
Jansen, Steve 54
Japan 53, 54, 95
Jazz Composer's Orchestra 35, 36, 42, 47
Jenkins, Karl 45
Jethro Tull 61
Jones, John Paul 105, 106
Jones, Tom 104
Journey 15, 23
Judas Priest 64
Junge Deutsche Philharmonie 34, 83

Kagel, Mauricio 33, 36
Kamen, Michael 64
Kansas 15, 23
Karn, Mick 54, 95, 104
King Crimson 14, 22, 23, 25, 26, 27, 30, 31, 32, 33, 54, 60, 61, 68, 69, 71, 72, 73, 74, 76, 77, 95, 102, 103, 104, 105, 106, 124, 126, 139, 142, 143, 144, 160, 163
King's X 69
Kinsey, Scott 77
Korner, Alexis 42, 47
Krause, Dagmar 40
Kurth, Ulrich 86

LaBrie, James 68
Laird, Rick 48

Lake, Greg 30, 123
Lapunov, Anatoly 79
Larsen, Mona 35
Last Exit 59
Laswell, Bill 41, 58, 59, 60, 105
Le Tekro, Ronni 81, 82
Led Zeppelin 32
Leigh, Geoff 39
Levin, Tony 28, 31, 32, 69, 74, 75, 160
Lifetime 35, 42, 44, 47, 141
Ligeti, György 33, 83
Lindsay, Arto 36, 58, 95
Liquid Tension Experiment 69
Lord, Jon 26, 81, 105
Lounge Lizards 36, 58, 95
Lucia, Paco de 49
Lurie, John 36, 58

Mac Cormick, Bill 46
Mahavishnu Orchestra 44, 47, 48, 49, 61, 141
Maher, Fred 41, 58, 59
Mahler, Gustav 83
Majesty 68
Malone, Sean 28, 69
Mantler, Michael 7, 14, 35, 46, 95, 104, 107
Mantler-Mason-Projekt 95
Marillion 62, 142
Marshall, John 45
Martin, George 17, 22
Marx, Karl 117
Mason, Nick 7, 35, 46, 95
Massacre 41, 59, 86, 104
Mastelotto, Pat 31, 72
Matching Mole 14, 43, 46, 140
Material 15, 55, 57, 58, 59, 104, 141
McDonald, Ian 23, 30
McLaughlin, John 35, 42, 44, 47, 48, 49, 54, 56, 70, 83, 101
Meltzer, Richard 24
Messiaen, Olivier 40
Metallica 79
Miasma 65, 67, 108, 111
Miller, Phil 46
Minnear, Kerry 27, 28
Modern Talking 91
Monkman, Francis 23
Montgomery, Wes 83
Moody Blues 14, 22, 30
Moorcock, Michael 24
Moore, Kevin 68
Moran, Gayle 48

Morgenstein, Rod 69
Mori, Ikue 40, 85, 87
Morrison, Van 95
Morse, Neal 62, 70, 144
Moses, Bob 43
Moss, David 83, 84, 85
Mothers of Invention 15, 36, 43, 95
Motian, Paul 35
Mountain 105
Mozart, Wolfgang Amadeus 12
Muller, Bob 76, 77
Müller, Heiner 34, 83, 95
Mussorgskij, Modest 12, 24
Myung, John 28, 65, 68, 69

Naked City 41
National Health 42, 46, 141
Nice, The 14, 23, 24
Nono, Luigi 20, 21
Norlander, Erik 65
Nucleus 42, 45

Oasis 91
Oehring, Helmut 19
Oldfield, Mike 14, 20, 26, 39, 105
Ollu, Franck 86
Orwell, George 64
Ostertag, Bob 40

Page, Jimmy 83, 116
Palmer-James, Richard 31
Parker, Alan 50
Parker, Maceo 59
Parkins, Zeena 40, 41, 85, 87
Parsons, Alan 23
Pastorius, Jaco 61
Pearlman, Sandy 24
Pere Ubu 53
Petrucci, John 68, 69
Petry, Wolfgang 137
Pink Floyd 6, 12, 14, 15, 18, 22, 23, 24, 25, 30, 33, 34, 35, 46, 50, 54, 55, 60, 61, 63, 64, 81, 90, 95, 101, 102, 122, 123, 126, 139, 142, 143, 160, 163
Platypus 65, 69
Police 52, 53
Ponty, Jean Luc 48
Portnoy, Mike 62, 68, 69, 70
Preston, Don 35, 95
Prima Klima 153
Prime Time 56, 57, 58

Procol Harum 14
Prokofjew, Sergej 80
Public Image LTD 51

Queensryche 64, 65, 142

Radio Symphonie Orchester Frankfurt 35
Rage 79, 80, 124
Ramones 53
Ratledge, Michael 45
Ravel, Maurice 82
Reed, Lou 57
Return to Forever 44, 49, 141
Riga Festival Orchestra 81
Riley, Terry 20, 21, 23, 26
Rodgers, Nile 59
Rolling Stones 22, 55, 60
Rotten, Johnny 51
Roxy Music 23
Rudess, Jordan 69
Rundel, Peter 34, 35, 83
Rush 22, 24, 63, 68
Rypdal, Terje 7, 81, 82, 83, 102, 104, 107, 124, 160, 163

Sakamoto, Ryuichi 54
Sanders, Pharoah 57
Santana, Carlos 37, 49, 91, 121
Satie, Erik 71
Savatage 67
Scarfe, Gerald 50
Schiphorst, Iris ter 19
Schmidt, Irmin 33
Schostakowitsch, Dimitrij 80
Scorpions 79
Sex Pistols 50, 51
Shakespeare, Robbie 59
Shakti 49
Sharrock, Sonny 58, 59
Shepp, Archie 59
Sherinian, Derek 65, 69
Shorter, Wayne 44, 47
Shulman, Derek 28, 29
Shulman, Phil 28, 29
Shulman, Ray 27, 28, 29
Sinclair, David 46
Sinclair, Richard 26
Sinfield, Peter 30
Siouxsie and the Banshees 53
Skeleton Crew 41, 87
Skopelitis, Nicky 59

8. Personen- und Gruppenregister

Sky 23
Slapp Happy 40
Slickaphonics 58
Sly & Robbie 59
Sly and the Family Stone 44
Smith, Jocelyn B. 83, 84, 85
Smith, Martin 28
Smith, Patti 153
Smolski, Dmitri 79, 80, 81
Smolski, Victor 78, 79, 80, 81, 102, 124, 157
Snè, Normunds 81
Soft Machine 6, 14, 15, 18, 27, 35, 39, 42, 43, 45, 46, 47, 105, 141
Soldier String Quartet 60
Spears, Britney 104
Spock's Beard 6, 61, 62, 63, 144
Steve Morse Band 69
Sting 53, 90
Stockhausen, Karlheinz 33, 36, 39
Stockhausen, Markus 82
Stolt, Roine 70
Stranglers 52, 53
Strawinsky, Igor 28, 29, 30, 36
Styx 23
Suchorsky, Michael 57
Sugarcubes 29
Supertramp 15, 20, 23
Swallow, Steve 43
Sylvian, David 32, 54
Symphonic Orchestra National State TV & Radio Company of the Republic Belarus 79, 80

Tabor, Ty 69
Tacuma, Jamaaladeen 57
Talking Heads 31, 32, 53
Tangerine Dream 33
Television 53
Tempest 42
Terrana, Mike 78, 80
Threshold 65
Tippett, Keith 27, 32, 45, 101
TNT 82
Torn, David 32, 54, 57, 58, 74, 95
Transatlantic 6, 61, 62, 70, 104, 144
Trewavas, Pete 62, 70
Trey Gunn Band *siehe* Gunn, Trey
Tribal Tech 77, 106, 177

Turner, Tina 90

U.K. 32, 95, 104
Ulmer, James „Blood" 56, 57, 58

Van Der Graaf Generator 164
Varèse, Edgar 36
Viola, Bill 86
Vitous, Miroslav 61

Wagner, Peter „Peavy" 78, 79, 80
Wakeman, Rick 26
Walden, Michael Narada 48
Waters, Roger 23, 25, 33, 34, 55, 123, 163
Weather Report 44, 61, 141
Weathers, John 28
Webern, Anton 36
Weill, Kurt 84, 85
Wenders, Wim 91
Wesley, Fred 59
Wetton, John 31
Wheeler, Kenny 54
White, Lenny 44
White, Timothy 55
Whiterussian Symphonic Orchestra *siehe* Symphonic Orchestra National State TV & Radio Company of the Republic Belarus
Who 116
Williams, John 23
Williams, Tony 42, 44, 47, 60, 141
Willis, Gary 77
Winter, Stefan 86
Wyatt, Robert 7, 14, 35, 45, 46

Xenakis, Iannis 36
XTC 53

Yaw, Bruce 57
Yes 14, 18, 22, 23, 25, 26, 27, 31, 50, 54, 60, 61, 62, 63, 68, 73, 95, 139, 154, 160
Young, Larry 44

Zappa, Frank 11, 15, 17, 18, 31, 33, 35, 36, 37, 38, 39, 43, 69, 86, 105, 122, 140, 142, 154, 163
Zawinul, Joe 44
Zlatko 5, 63
Zorn, John 36, 40, 41, 55, 95

www.ingramcontent.com/pod-product-compliance
Lightning Source LLC
Chambersburg PA
CBHW030443300426
44112CB00009B/1134